jQuery

LE GUIDE COMPLET

Micro Application

1ère Édition - Juin 2011

Auteurs

Timothy STUBBS et Guillaume ALLAIN

ISBN : 978-2-300-036194

ISSN : 1950-0289

MA EDITIONS
20-22, rue des Petits-Hôtels
75010 PARIS

Avant-propos

Destinée aussi bien aux débutants qu'aux utilisateurs initiés, la collection *Guide Complet* repose sur une méthode essentiellement pratique. Les explications, données dans un langage clair et précis, s'appuient sur de courts exemples. En fin de chaque chapitre, découvrez, en fonction du sujet, des exercices, une check-list ou une série de FAQ pour répondre à vos questions.

Vous trouverez dans cette collection les principaux thèmes de l'univers informatique : matériel, bureautique, programmation, nouvelles technologies...

Conventions typographiques

Afin de faciliter la compréhension des techniques décrites, nous avons adopté les conventions typographiques suivantes :

- **gras** : menu, commande, boîte de dialogue, bouton, onglet.
- *italique* : zone de texte, liste déroulante, case à cocher, bouton radio.
- `Police bâton` : Instruction, listing, adresse internet, texte à saisir.
- ✂ : indique un retour à la ligne volontaire dû aux contraintes de la mise en page.
- Dans l'ensemble de l'ouvrage, la syntaxe `.fonction()` est utilisée pour désigner une fonction jQuery. Par exemple `.ready()` ou `.show()`.

REMARQUE

Il s'agit d'informations supplémentaires relatives au sujet traité.

ATTENTION

Met l'accent sur un point important, souvent d'ordre technique qu'il ne faut négliger à aucun prix.

ASTUCE

Propose conseils et trucs pratiques.

DEFINITION

Donne en quelques lignes la définition d'un terme technique ou d'une abréviation.

REMERCIEMENTS

Nous souhaitons remercier toute l'équipe de Lucca et en particulier l'équipe dirigeante ; Gilles Satgé, Frédéric Pot, Bruno Catteau et Nicolas Faugout qui nous ont permis de réaliser une partie de notre ouvrage sur notre temps de travail.

Nous remercions également Guillaume, Jérémie, Louise et Romain qui ont contribué à la relecture de ce livre.

INTRODUCTION

Félicitations ! En choisissant ce livre, vous entrez dans le cercle des développeurs qui souhaitent améliorer l'ergonomie de leurs sites web.

Du glisser-déposer au calendrier interactif en passant par les requêtes AJAX et les applications pour smartphones, jQuery va vous aider à implémenter des fonctionnalités avancées de façon simple, rapide et indépendante de la configuration logicielle de l'utilisateur final.

1.1. jQuery, qu'est-ce que c'est ?

jQuery est une bibliothèque JavaScript qui facilite le développement d'applications ou de sites web interactifs.

DEFINITION

Bibliothèque

En informatique, une bibliothèque (ou "*library*" en anglais) est un regroupement de ressources utilisées pour le développement d'applications. Une bibliothèque est une caisse à outils constituée de fonctions, de classes et de valeurs, qui permettent de simplifier certains traitements.

Historique

JavaScript est un langage de programmation utilisé pour la gestion des interactions dans les navigateurs web (Internet Explorer, Firefox, Chrome, Safari...). Il a été créé en 1995, pratiquement au même moment que les premières versions d'Internet Explorer et de Netscape, "*l'ancêtre*" de Firefox. À cette époque, les normes de navigation n'étaient pas encore totalement établies. Les navigateurs n'ont donc pas tous implémenté JavaScript et les CSS (feuille de style) de la même façon. Les fonctions de jQuery sont conçues pour prendre en compte ces différences et obtenir un résultat identique sur l'ensemble des navigateurs.

Le 14 janvier 2006, John Resig présente pour la première fois jQuery : une bibliothèque JavaScript avec une forte utilisation des sélecteurs CSS, dont le premier objectif est de simplifier l'usage de JavaScript. Huit mois plus tard, le 26 août 2006, la première version stable est disponible. Depuis, l'anniversaire de la première présentation de jQuery est souvent célébré avec la sortie d'une nouvelle version.

Grâce à des bibliothèques JavaScript comme jQuery, on voit se développer de plus en plus d'applications web. Les applications web emblématiques comme Gmail, Facebook, Amazon, Groupon ou Twitter peuvent être définies comme des sites web hautement interactifs.

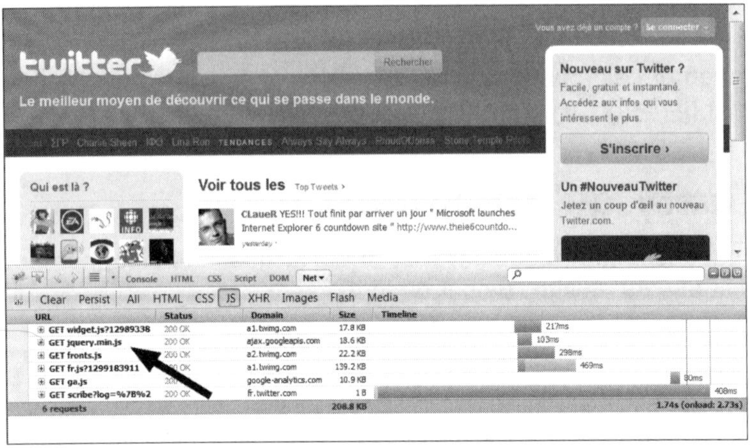

Figure 1.1 : Utilisation de jQuery dans les sources de Twitter

Dès 2007, apparaît en parallèle de jQuery le plug-in jQuery UI (*User Interface*). Ce plug-in est devenu presque aussi important que jQuery lui-même.

En septembre 2009, le jQuery Project voit le jour. Il s'occupe de tous les projets jQuery : jQuery Core, jQuery UI, Sizzle (moteur de sélecteur) et QUnit (outil de test de régressions). La sortie de jQuery Mobile est annoncée en août 2010 ; c'est un module complémentaire de jQuery permettant de faire des développements web optimisés et compatibles avec la plupart des terminaux mobiles.

jQuery dispose de tous les atouts d'une bonne bibliothèque logicielle :

- Il a une bonne courbe d'apprentissage (facilité de création de projets simples pour débuter, puis de plus en plus complexes).
- Il réunit une large communauté d'utilisateurs et de développeurs.
- Il est simple à mettre en place (même sur un projet existant).
- Il propose des nouvelles versions fréquentes et pertinentes.
- Il est utilisé par les leaders (Google, Amazon, Twitter, Microsoft, Drupal…).
- Il dispose d'un grand nombre de plug-ins.
- Il permet la création de nouveaux plug-ins.
- L'utilisation de jQuery est en forte croissance depuis sa création.

La bibliothèque JavaScript la plus populaire

Début 2011, jQuery est utilisé dans :

- 22 % du million de sites les plus visités (voir la ligne la plus basse de la capture suivante) ;
- 32 % des 100 000 sites les plus visités (voir la ligne du milieu) ;
- 42 % du top 10 000 (voir la ligne la plus haute).

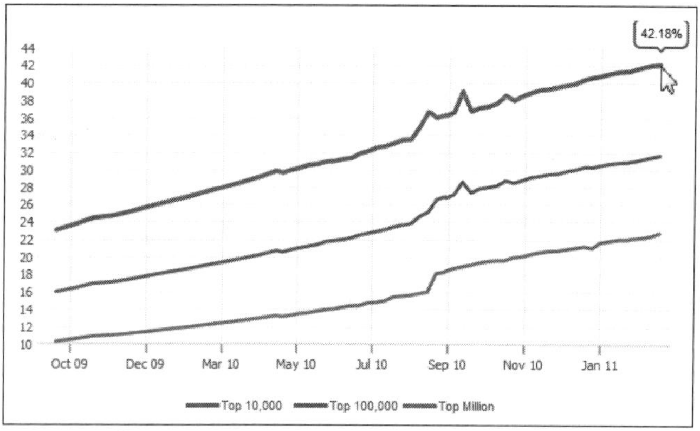

Figure 1.2 : Évolution des taux d'utilisation de jQuery depuis octobre 2009 (http://trends.builtwith.com/javascript/JQuery)

Avec Google Tendance, on peut également remarquer une forte évolution des recherches mondiales d'information sur jQuery.

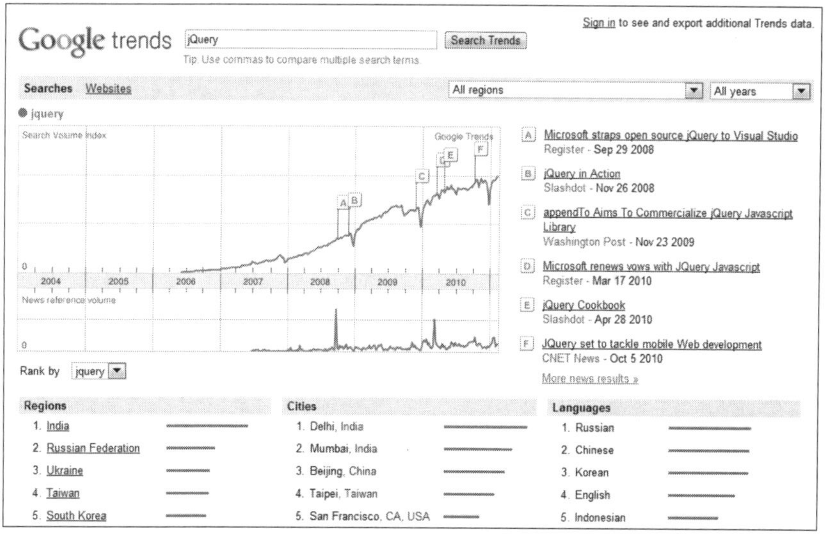

Figure 1.3 : Google Tendance : jQuery

jQuery Mobile connaît également une forte croissance.

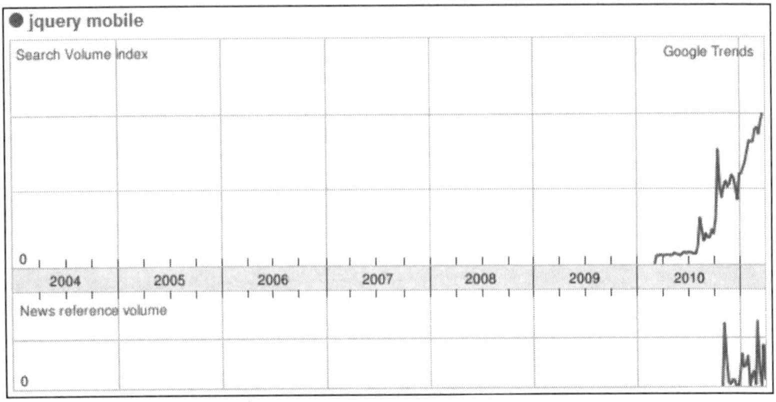

Figure 1.4 : Google Tendance : jQuery Mobile

Premier exemple : l'art de la concision

Le slogan de jQuery : "*write less, do more*" (écrire moins, en faire plus). Ce qui nécessite dix lignes de code en JavaScript "pur" peut être écrit en une seule ligne avec jQuery.

Prenons un exemple simple : soit une balise HTML `<ul>` avec pour identifiant `monUL`. Vous souhaitez mettre en rouge une balise `<li>` sur deux. Le code HTML suivant s'occupe du numérotage des puces :

```
<html>
   <body>
      <ul id="monUL">
         <li>0</li>
         <li>1</li>
         <li>2</li>
         <li>3</li>
      </ul>
   </body>
</html>
```

Si vous n'avez jamais utilisé les balises `<ul>` et `<li>`, il s'agit simplement de puces. Le code HTML précédent affiche donc :

- *0*
- *1*
- *2*
- *3*

Le code JavaScript "pur" pour cette tâche est assez long et complexe :

```
// Récupération de l'élément ayant pour identifiant "monUL"
var ul = document.getElementById('monUL');

// Récupération des puces contenues par "monUL"
var lis = ul.children;

// On boucle sur chaque puce
for (var index = 0; index < lis.length; index++) {
   // Si l'élément est pair
   if (index % 2 == 0) {
      // On le met en rouge
      lis[index].style.color = 'red';
   }
}
```

Vous récupérez tout d'abord l'objet correspondant à la balise `<ul id="monUL">` et ensuite ses enfants (`ul.children`) : les puces. Puis, vous itérez sur chaque puce : si l'index de l'itération est pair (`index` modulo `2`), alors vous attribuez le style CSS couleur rouge.

C'est assez compliqué, n'est-ce pas ?

Son équivalent avec jQuery est nettement plus court et plus lisible :

```
$('#monUL li').filter(':even').css('color', 'red');
```

Un sélecteur CSS récupère les puces (`<li>`) de la balise `<ul id="monUL">`.

```
$('#monUL li').filter(':even').css('color', 'red');
```

Ensuite la fonction jQuery `.filter()` permet de ne garder que les puces paires ("even" en anglais).

```
$('#monUL li').filter(':even').css('color', 'red');
```

Enfin la fonction `.css()` attribue la couleur rouge.

```
$('#monUL li').filter(':even').css('color', 'red');
```

Si cet exemple vous semble tout de même un peu confus, ne vous inquiétez pas. Toutes ces fonctions jQuery sont étudiées en détail et illustrées avec des exemples progressifs dans les chapitres suivants.

Les points-clés de jQuery

En plus de la lisibilité du code, voici une liste des atouts de jQuery qui seront traités dans ce livre :

- Sélecteurs CSS : accéder aux différentes balises du document avec de simples sélecteurs CSS.

- AJAX simplifié : communiquer simplement avec un serveur web, sans devoir recharger la page.
- Manipulation des éléments DOM : créer une nouvelle balise, modifier son contenu, etc.
- Manipulation du CSS : récupérer le style d'une balise, modifier son style, etc.
- Gestion des événements : gérer un clic sur un bouton, suivre le déplacement de la souris, etc.
- Effets et animations : faire apparaître ou disparaître une balise avec un effet de fondu.
- Utilitaires jQuery : fonctions de manipulation de tableaux JavaScript, d'objets JSON, etc.
- Modules complémentaires puissants : jQuery UI, jQuery Mobile.

1.2. HTML, CSS, JavaScript, PHP : qui fait quoi ?

Si vous avez déjà fait du développement web, alors tous ces termes vous sont déjà familiers :

- **HTML** (*HyperText Markup Language*) est un langage de balisage ("*markup language*" en anglais) qui permet de *structurer* et de mettre en forme le contenu d'une page.

```
<html>
   <body>
      Je suis un texte HTML
   </body>
</html>
```

- **CSS** (*Cascading Style Sheets*) est un langage de style qui permet de gérer la *présentation* des documents structurés (comme une page HTML). Le style peut être basique (police, gras, italique, couleur...) ou plus avancé (dimension, position, transparence...).

```
.grosTexteRouge {
   color: red ;
   font-size: 40px;
}
```

- **JavaScript** est un langage de programmation côté client (dans le navigateur) qui gère le *comportement* d'une page web : manipulation du contenu de la page (HTML), interaction avec l'utilisateur, etc. Par exemple, l'affichage d'un message d'alerte sur le navigateur est géré en JavaScript. jQuery est une bibliothèque basée sur ce langage.

```
<script type="text/javascript">
   alert("Je suis une alerte JavaScript");
</script>
```

- **PHP** (*PHP: Hypertext Preprocessor*, un acronyme récursif ; *Personal Home Page* initialement) est un langage de programmation côté serveur, qui permet de générer des pages dynamiques. PHP est interprété par le serveur web et génère du HTML, qui est affiché dans le navigateur. PHP peut communiquer avec une base de données comme MySQL, pour stocker des données.

```
<?php
   echo 'Je suis un message du serveur PHP';
?>
```

Dans la source d'un fichier HTML, on retrouve la structure (HTML), la présentation (les fichiers CSS inclus ou les styles locaux) et le comportement (les fichiers JavaScript inclus ou les scripts locaux) :

```
<html>
   <head>
      <!--
         Présentation:
         - Feuilles de style
         - Styles locaux
      -->
      <link rel="stylesheet" type="text/css"
         media="…" href="…" />
      <style type="text/css">…</style>

      <!--
         Comportement:
         - Fichiers JavaScript
         - JavaScript local
      -->
      <script type="text/javascript" src="…"></script>
      <script type="text/javascript">…</script>
   </head>

   <body>
      <!--
         Structure HTML
      -->
   </body>
</html>
```

Prenons maintenant l'exemple de l'utilisation d'un forum pour comprendre à quel moment interviennent ces différents langages :

1 Un utilisateur appelle la page d'un topic d'un forum, par exemple **www.mon-forum.com/message-345.html**. Dans cette URL, le numéro 345 fait référence à l'identifiant unique du topic. Le navigateur fait alors une requête vers le serveur qui héberge **www.mon-forum.com** et demande la page **message345.html**.

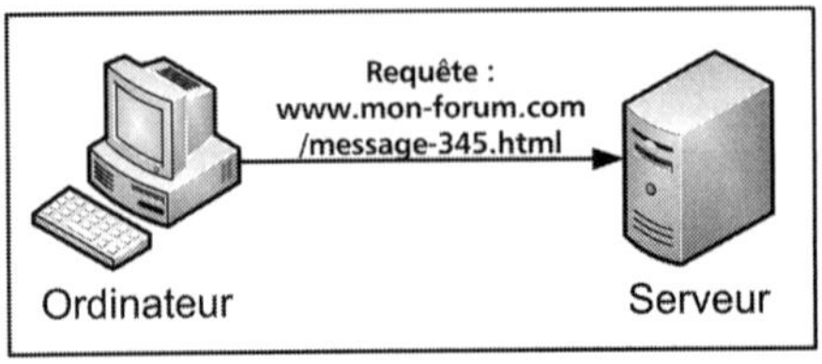

Figure 1.5 : Requête du navigateur vers le serveur

2 Les messages sont stockés dans une base de données (comme MySQL). Un script serveur (PHP) récupère ces messages dans la base de données (MySQL) et fabrique une structure HTML.

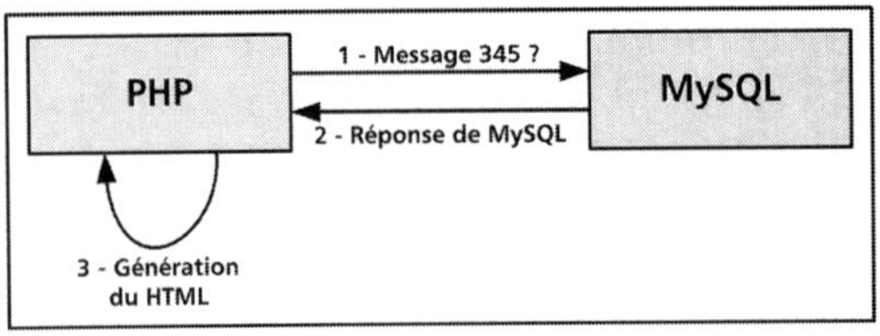

Figure 1.6 : Génération de la page HTML sur le serveur

3 Le code HTML généré est envoyé au navigateur.

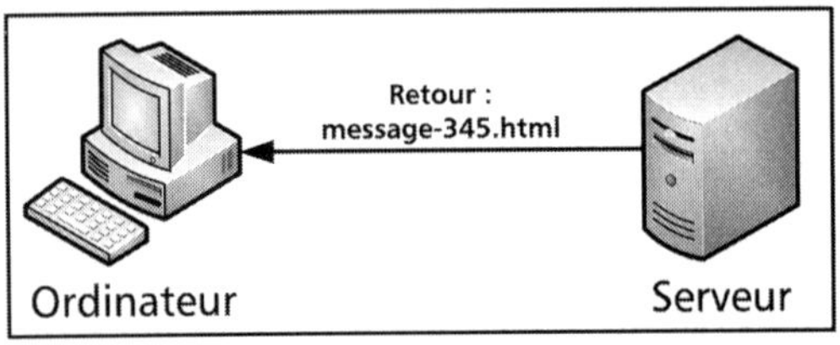

Figure 1.7 : Réponse du serveur

4 À l'arrivée du code HTML dans le navigateur, la feuille de style est chargée, puis appliquée pour mettre en forme les balises HTML.

5 JavaScript entre en action lorsque l'utilisateur commence à interagir avec la page (saisie d'un message à poster, mise en gras du texte, ajout d'une image…).

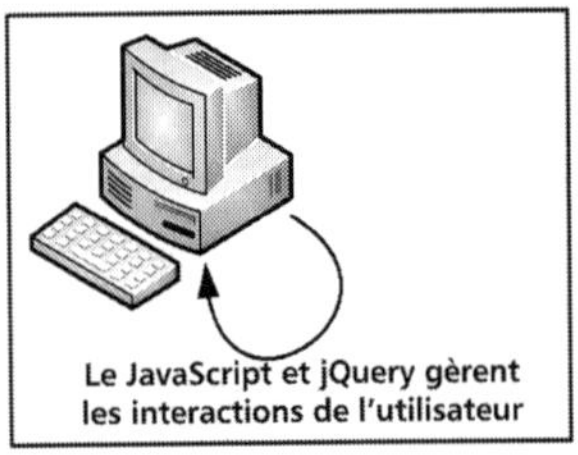

Figure 1.8 : Intervention de JavaScript sur le navigateur

6 Si l'utilisateur soumet un nouveau message, il est envoyé au script PHP qui se charge de l'ajouter dans MySQL.

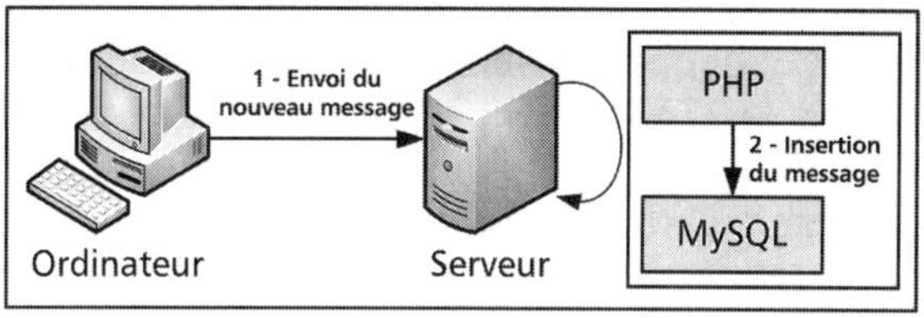

Figure 1.9 : Le nouveau message est envoyé au serveur, puis inséré dans la base de données

1.3. Un environnement de développement simple et gratuit

L'environnement de développement dépend toujours du langage de programmation. Pour le développement d'applications ou de sites web, vous avez besoin des outils suivants :

- un éditeur de texte ;
- un navigateur avec un débogueur JavaScript.

Un éditeur de texte

L'éditeur de texte le plus basique sur Windows est le Bloc-notes. Il est pratique pour quelques modifications dans un fichier, mais il n'est pas suffisant pour du développement. Tout éditeur de texte qui se respecte doit avoir un minimum de fonctionnalités avancées. Quelques exemples de ces fonctionnalités :

- coloration syntaxique ;
- affichage du numéro des lignes ;
- fonctions de recherche et de remplacement avancées ;
- possibilité d'annuler et de rétablir les modifications successives.

Si vous n'avez pas d'éditeur de texte préféré, nous vous recommandons Notepad++ (www.notepad-plus-plus.org). Ce dernier est gratuit (et open source) !

Un navigateur

Tout le monde a son navigateur web favori. Mais lorsque l'on développe des pages web, et surtout que l'on débogue du code JavaScript, Mozilla Firefox (www.mozilla.com) est le navigateur le plus populaire. Firefox est fourni avec un excellent débogueur JavaScript et il est également possible d'installer des extensions dédiées au développement web :

- Firebug (**http://getfirebug.com**) est l'outil le plus puissant pour le développement web. Il permet de déboguer facilement le code JavaScript, d'inspecter et modifier le code HTML et CSS à la volée, d'analyser les requêtes AJAX, etc. Nous utiliserons régulièrement Firebug tout au long de ce livre. Nous expliquerons donc son installation et ses fonctionnalités détaillées.
- Web Developer (**http://chrispederick.com/work/web-developer**) est une barre d'outils qui ajoute quelques fonctionnalités à portée de main (désactivation du cache, gestion des cookies, redimensionnement du navigateur…).

REMARQUE

Tester impérativement son site sur les autres navigateurs

Les navigateurs web n'affichent pas toujours le code HTML et CSS de la même façon et JavaScript est parfois interprété de façon différente. *jQuery permet justement de gommer ces différences.* Mais il est conseillé de tester son travail également sur les autres navigateurs (principalement Internet Explorer et Chrome).

1.4. Ce que vous allez apprendre

Dans ce livre, nous allons aborder l'ensemble des facettes de jQuery avec des exemples progressifs et des cas concrets.

Étape 1 : les bases

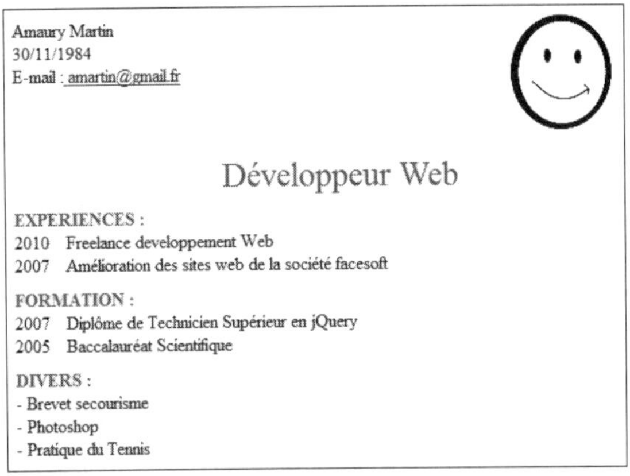
Amaury Martin
30/11/1984
E-mail : amartin@gmail.fr

Développeur Web

EXPERIENCES :
2010 Freelance developpement Web
2007 Amélioration des sites web de la société facesoft

FORMATION :
2007 Diplôme de Technicien Supérieur en jQuery
2005 Baccalauréat Scientifique

DIVERS :
- Brevet secourisme
- Photoshop
- Pratique du Tennis

Figure 1.10 : Création d'un CV en jQuery

Nous allons tout d'abord décrire les bases de jQuery : la mise en place, les manipulations de HTML, la gestion des classes CSS, les méthodes de débogage et la souplesse des sélections d'éléments grâce à la syntaxe CSS.

Étape 2 : la gestion des interactions côté client

Nous nous intéresserons ensuite à la gestion des événements JavaScript (clic de souris, utilisation du clavier...). Nous introduirons la notion de plug-in pour parler du plug-in jQuery User Interface, presque aussi célèbre que jQuery. Grâce à ce plug-in, il sera possible de programmer des animations, de redimensionner des éléments et d'opérer des glisser-déposer.

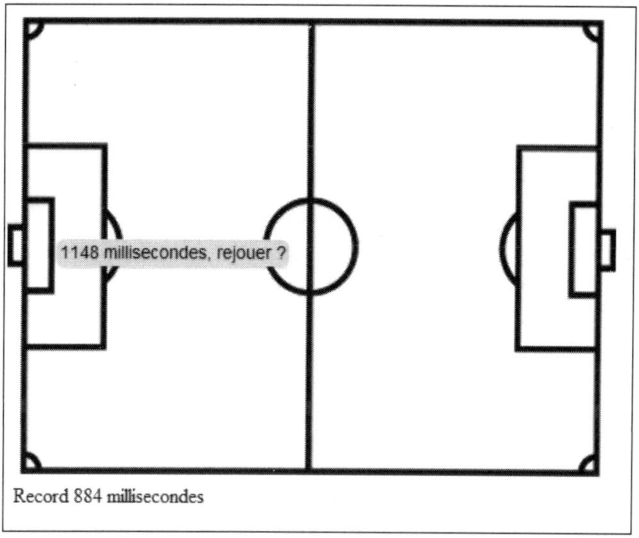

Figure 1.11 : Création d'un mini-jeu pour la mise en pratique de la gestion des événements

Étape 3 : la gestion des interactions client/serveur

Nous expliquerons ensuite comment créer un formulaire de contact avec un système de validation en temps réel. Ce type d'exercice permet d'augmenter considérablement l'ergonomie d'un formulaire car l'internaute est accompagné à chaque étape de sa démarche. Ce cas pratique vous permettra également de découvrir la syntaxe JSON et AJAX, qui permet de communiquer avec un serveur web sans devoir recharger la page.

Figure 1.12 : Formulaire d'envoi d'email en AJAX avec validation des informations en temps réel

Étape 4 : les interfaces avancées

Nous approfondirons ensuite le plug-in jQuery User Interface en introduisant tous ses widgets : calendriers, onglets dynamiques, menus accordéons, boutons, auto-complétion, etc. Vous apprendrez à ajouter chaque widget à un site, à les paramétrer pour qu'ils fassent exactement ce que vous souhaitez, et également à adapter leur design afin qu'ils s'intègrent parfaitement dans votre application web.

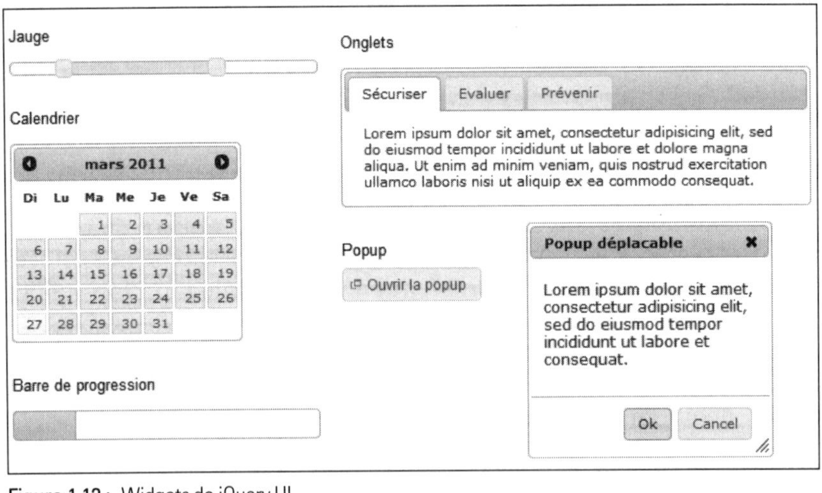

Figure 1.13 : Widgets de jQuery UI

Étape 5 : la communication avec des applications tierces

Après avoir étudié le plug-in jQuery UI, vous verrez comment élaborer vos propres plug-ins jQuery. Vous construirez un plug-in qui affichera les derniers messages des pages Facebook (**www.facebook.com**) et Twitter (**www.twitter.com**) d'AlloCiné (**www.allocine.fr**). Pour cela, vous utiliserez les API de ces deux applications web. Cela vous permettra également de découvrir JSONP qui permet d'effectuer des requêtes AJAX entre deux domaines différents.

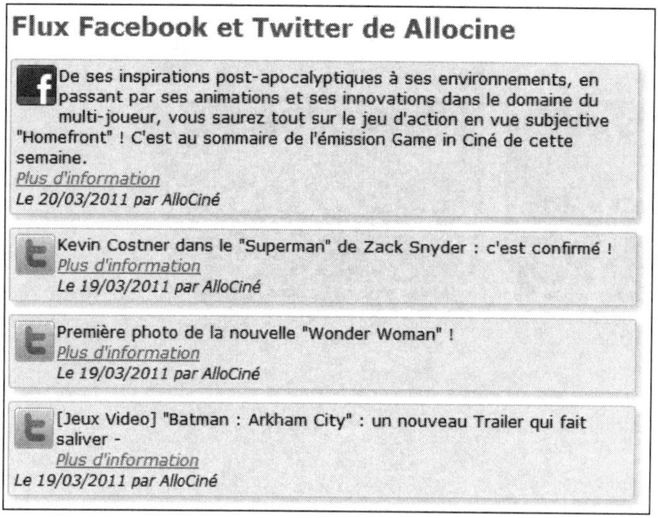

Figure 1.14 : Le plug-in affichera les derniers posts des pages Facebook et Twitter d'AlloCiné

Étape 6 : les interfaces mobiles

Nous finirons cet ouvrage avec une présentation de jQuery Mobile : une bibliothèque JavaScript dédiée aux smartphones. Cette bibliothèque est actuellement en phase alpha de développement. Nous aborderons les contraintes du développement pour mobile, la structure d'une page mobile, et les nouveaux types d'événements (par exemple, l'événement "*swipe right*", ou "*glissement vers la droite*", pour déverrouiller un iPhone). Vous terminerez votre apprentissage par la création d'un site-vitrine mobile réalisable en moins de 1 heure.

Figure 1.15 : Le site mobile

CRÉER UNE PREMIÈRE PAGE AVEC JQUERY

Vous disposez désormais d'un environnement de développement (Firefox et Notepad++). Vous pouvez l'utiliser et créer une première application jQuery. Il s'agit d'une page HTML exposant un CV. Cet exemple va permettre de créer un projet de A à Z. Vous verrez comment structurer un site interactif (HTML, CSS, JavaScript) et découvrirez les principes fondamentaux de jQuery.

2.1. Manipuler le code HTML après le chargement de la page

L'intérêt de jQuery et du langage JavaScript en général est la possibilité d'agir sur le code HTML directement depuis le navigateur (client) sans régénérer la page (serveur).

Créer la structure d'un site web

Il faut tout d'abord créer l'arborescence des fichiers du site web. À l'intérieur du répertoire de base, vous allez créer un sous-répertoire *CSS* pour les feuilles de style, un sous-répertoire *IMG* pour les images et un sous-répertoire *JS* pour les fichiers JavaScript.

Tout d'abord, dans un fichier HTML, vous allez mettre la structure du CV. Le CV est composé d'un en-tête comprenant une photo et des coordonnées, d'un titre, puis de plusieurs sections qui reprennent le parcours professionnel.

```
<html>
<head>
   <meta http-equiv="Content-Type"
         content="text/html;
         charset=iso-8859-1">
   <title>A. Martin - Développeur Web</title>
</head>

<body>
   <!--image dans le coin supérieur droit-->
   <div style="position:absolute;right:20px;" >
      <img SRC="img/smiley.png" border="0" height="100" />
   </div>

   <div class="enteteCV" >
      Amaury Martin <br>
      <div id="divAge" >30/11/1984</div>
      E-mail :
      <a href="mailto:amartin@gmail.fr">
         amartin@gmail.fr
      </a>
```

```
  </div>

  <div id="titreCV" class="titreCV">
     Développeur Web
  </div>

  <!--SECTION1-->
  <div class="titreSection" >EXPÉRIENCES :</div>
  <div class="dateCV">2010</div>
  Freelance developpement Web<br />
  <div class="dateCV">2007</div>
  Amélioration des sites web de la société facesoft<br />

  <!--SECTION2-->
  <div class="titreSection" >FORMATION :</div>
  <div class="dateCV">2007</div>
  Diplôme de Technicien Supérieur en jQuery<br />
  <div class="dateCV">2005</div>
  Baccalauréat Scientifique<br />

  <!--SECTION3-->
  <div class="titreSection" id="divers" > DIVERS :</div>
  - Brevet secourisme<br />
  - Photoshop<br />
  - Pratique du tennis<br />

</body>
</html>
```

Pour le CV, on retrouve une structure HTML classique. La balise <html> contient un en-tête (<head>) et un corps (<body>).

> REMARQUE
>
> **Titre du CV et des sections**
>
> Pour la structure du contenu, vous avez utilisé principalement des éléments <div>. Ces éléments ont un style neutre, contrairement aux éléments <h1>, <h2>, etc. Vous devez donc définir le style de ces éléments avec un fichier CSS. Vous n'avez pas besoin de redéfinir les propriétés comme les marges, la taille, etc.

Voici maintenant le contenu de la feuille CSS à utiliser :

```
.titreCV{
   font-size:30px;
   color:#555555;
   margin-top: 60px;
   margin-left: 190px;
}
.titreSection{
   font-weight:bold;
   color:#555555;
```

```
   margin-top: 10px;
}
. dateCV{
   float:left;
   margin-right:15px;
}
```

Vous pouvez inclure la feuille CSS en ajoutant la balise `<link>` dans le `<head>` du fichier *cv.html*.

```
<link href="css/CV.css"
      type="text/css" rel="stylesheet" media="screen">
```

Voici à quoi ressemble le CV :

Amaury Martin
30/11/1984
E-mail : amartin@gmail.fr

Développeur Web

EXPERIENCES :
2010 Freelance developpement Web
2007 Amélioration des sites web de la société facesoft

FORMATION :
2007 Diplôme de Technicien Supérieur en jQuery
2005 Baccalauréat Scientifique

DIVERS :
- Brevet secourisme
- Photoshop
- Pratique du Tennis

Figure 2.1 : Le CV

Il faudrait bien sûr améliorer le CSS et le HTML pour travailler le design et le contenu du CV afin de l'utiliser réellement dans le cadre d'un recrutement. Mais l'objectif de ce chapitre est de disposer d'une structure simple pour découvrir les bases de jQuery.

Inclure jQuery

Vous allez maintenant inclure jQuery dans ce projet. Pour cela, il suffit de télécharger le fichier sur le site www.jQuery.com.

Figure 2.2 : Choix de la version à utiliser

Sur ce site, vous avez le choix entre la version de production (plus légère mais illisible car on a renommé les variables pour diminuer le poids de la version) et la version de développement (avec un code lisible mais plus longue à charger sur un navigateur). Dans ce chapitre, vous allez télécharger la version de production, car vous allez vous servir des fonctions de base de jQuery. Vous n'avez pas besoin d'aller voir le code de la bibliothèque pour l'utiliser.

Il suffit donc d'ajouter cette ligne dans la balise `<head>` de la page *cv.html*.

```
<script type="text/javascript" src="js/jquery.min.js">
</script>
```

Nous avons choisi d'héberger le script jQuery sur notre propre serveur. Mais il est également possible d'utiliser la bibliothèque jQuery mise à disposition par un tiers. Google met à disposition jQuery, pour que l'on puisse l'inclure dans un site. Il suffit d'utiliser le script suivant :

```
<script type="text/javascript" src="http://ajax.googleapis.com
✂ /ajax/libs/jquery/1.5/jquery.min.js"></script>
```

Ce fonctionnement a plusieurs avantages :

- Des correctifs sont appliqués à jQuery en cas de faille et Google est plus réactif que vous pour appliquer ces patchs. En effet, l'URL **http://ajax.googleapis.com/ajax/libs/jquery/1/jquery.min.js** retournera la dernière version de la bibliothèque. Et l'URL **http://ajax.googleapis.com/ajax/libs/jquery/1.3/jquery.min.js** retournera la dernière sous-version de la branche 1.3.
- Il permet d'éviter de charger votre serveur.
- La mise en cache est partagée avec les autres sites que le navigateur a déjà visités. Supposons qu'un visiteur s'intéresse à votre CV. S'il a déjà visité un site qui utilisait le fichier jQuery de Google, alors son navigateur utilisera la version locale qu'il a conservée (cache). jQuery n'aura pas besoin d'être téléchargé de nouveau. Cela réduira donc le temps de chargement de votre CV.
- Google dispose de nombreux serveurs disséminés sur tous les continents, la source jQuery sera téléchargée sur le serveur le plus proche de sorte que la vitesse de chargement sera accélérée.

Pour le développement de ce projet, nous conseillons d'utiliser une version locale pour l'avoir à disposition en cas d'un développement hors ligne.

Voici la structure finale du webCV :

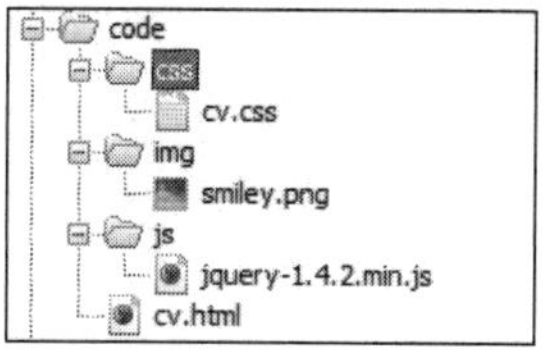

Figure 2.3 : Arborescence des fichiers

À vos marques, $(document).ready(), partez !

Vous allez maintenant exécuter vos premiers scripts jQuery. Une instruction jQuery est basée sur le langage de programmation Java Script. Pour que le navigateur l'exécute, elle doit être placée entre les balises <script type="text/javascript"> et </script>.

L'utilisation de la fonction alert() permet de savoir si le script est exécuté et à quel moment.

```
<script type="text/javascript">
   alert('ok');
</script>
```

Si vous placez cette fonction dans le code HTML, une fenêtre modale apparaît dans votre navigateur.

DEFINITION

Fenêtre modale

Une fenêtre modale est une fenêtre qui prend le contrôle total du clavier et de l'écran, et bloque l'exécution de l'ensemble des scripts jusqu'à ce que l'internaute la ferme.

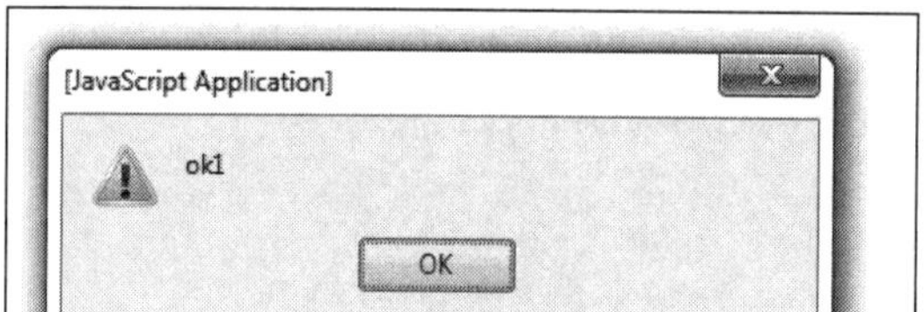

Figure 2.4 : Fenêtre modale d'alerte

Grâce à ces alert() disposées à plusieurs endroits dans le code, vous allez pouvoir comprendre le fonctionnement de la fonction .ready() de jQuery.

Incluez quatre fenêtres modales dans le fichier *cv.html*.

```
<head>
   ...
   <script type="text/javascript" src="js/jquery.min.js">
   </script>
   <script type="text/javascript">
      alert('ok1');
      $(document).ready(function(){
         alert('ok4');
      });
      alert('ok2');
   </script>
</head>

<body>

   <!--image dans le coin supérieur droit-->
   <div style="position:absolute;right:20px;" >
      <img SRC="img/smiley.png" border="0" height="100" >
   </div>

   <script type="text/javascript">
      alert('ok3');
   </script>

   <div class="enteteCV" >
...
```

Dans l'ordre d'apparition du script dans le code, vous avez :

- `Ok1` : dans le header.
- `Ok4` : dans le header, contenu dans la fonction `$(document).ready`.
- `Ok2` : dans le header, après la fonction `$(document).ready`.
- `Ok3` : juste après la photo, mais avant l'en-tête du CV.

Mais dans l'ordre d'exécution, vous avez :

- `Ok1` : page blanche.
- `Ok2` : page blanche.
- `Ok3` : photo affichée.
- `Ok4` : lorsque tout le HTML est chargé.

La fonction `$(document).ready()` permet de s'assurer que l'ensemble de l'arbre DOM est chargé avant de commencer à le manipuler.

> REMARQUE
>
> **Arbre DOM**
>
> Le Document Objet Model est une spécification du W3C (l'organisme qui établit les standards du Web). Le DOM fournit une représentation d'un document sous forme d'un arbre, pour en permettre la manipulation. Le DOM est

indépendant du langage utilisé pour l'implémenter. Chaque élément qui compose l'arbre est typé et, selon son type, l'élément peut posséder des enfants.

```
<div id="titreCV" class="titreCV">
  Développeur Web
</div>
```

Dans cet exemple, la balise `div` est un élément DOM. Son enfant est l'élément DOM de type texte `Développeur Web`.

Cette fonction est donc très utile car il n'est pas possible d'utiliser un élément DOM inexistant. Par la suite, vous exécuterez donc les fonctions à l'intérieur de la fonction `.ready()`.

Appel multiple

Il est possible d'utiliser `$(document).ready()` plusieurs fois dans la même page. L'ordre d'exécution dépendra de l'ordre d'apparition de ces fonctions dans la page.

Syntaxe

Nous avons utilisé cette syntaxe :

```
$(document).ready(function(){
  // code…
});
```

Comme cette fonction est utilisée dans la plupart des projets, une syntaxe équivalente mais plus concise existe :

```
$(function() {
  // code…
});
```

Modifier un élément

Vous allez maintenant agir directement pour modifier le CV. Tout d'abord, modifiez son titre.

```
<script type="text/javascript">
   $(document).ready(function() {

      $('#titreCV').html('Spécialiste jQuery');

   })
</script>
```

La fonction `$()` accepte en paramètre une chaîne contenant un sélecteur CSS. Elle retourne un objet jQuery qui est une collection d'éléments DOM correspondant au sélecteur.

> ATTENTION
>
> **`$()` retourne un tableau**
>
> Dans ce cas, `$('#titreCV')` retourne un tableau *ayant un seul élément*, qui a pour identifiant `titreCV`. (voir les *Annexes* en fin d'ouvrage).

La fonction `$()` est un alias pour la fonction `jQuery()`. `$('#titreCV')` est donc équivalent à `jQuery('#titreCV')`. Comme cette fonction est régulièrement employée, il est plus rapide d'utiliser `$()`.

La méthode `.html()` s'applique à tous les éléments du tableau renvoyés par `$('#titreCV')`. Dans cet exemple, le tableau contient un seul élément. `$('#titreCV').html('Spécialiste jQuery');` remplace donc `Développeur Web` (le code html de l'élément ayant pour identifiant `titreCV`) par la chaîne qu'on lui passe en paramètre, `Spécialiste jQuery`.

> ATTENTION
>
> **Test de l'existence du DOM**
>
> À chaque utilisation d'une fonction qui se base sur des éléments HTML de la page, il faut bien entendu s'assurer que ces éléments sont présents. C'est pourquoi vous exécutez `$('#titreCV').html()` à l'intérieur de `$(document).ready()`.

Le titre du CV apparaît donc ainsi :

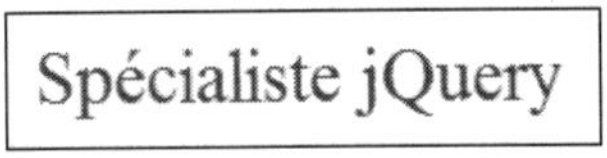

Figure 2.5 : Titre du CV après changement

L'utilisation de jQuery pour ce type de modification n'a aucun intérêt puisqu'on aurait pu remplacer directement la balise HTML

```
<div id="titreCV" class="titreCV">Développeur Web</div>
```

par celle-ci :

```
<div id="titreCV" class="titreCV">Spécialiste jQuery</div>
```

L'utilisation de jQuery devient vraiment intéressante quand les modifications que l'on souhaite effectuer dépendent du contexte de l'utilisateur qui consulte le CV.

Par exemple, générez l'âge qui s'affiche dans l'en-tête en fonction de la date de consultation du CV.

```
// On calcule l'âge
var maintenant = new Date();
var maDateNaissance = new Date(1984,10,30);
// Attention les mois en JavasSript commencent à 0
// janv:0 févr:1 mars:3… dec:11

// On calcule le nombre d'années
var monAge = maintenant.getFullYear()-maDateNaissance
✂ .getFullYear();
// Si l'anniversaire est déjà passé on ajoute 1 an
if (maDateNaissance.getMonth()>maintenant.getMonth()){
   // mois supérieur
   monAge+=1;
}else if (maintenant.getMonth()==maDateNaissance.getMonth()
&& maDateNaissance.getDate()>=maintenant.getDate()){
   // mois de naissance, jour supérieur
   monAge+=1;
}

// On affiche dans l'élément ayant pour id divAge le résultat
$('#divAge').html(monAge + 'ans');
```

Cela permet d'avoir un CV avec un âge mis à jour de façon automatique.

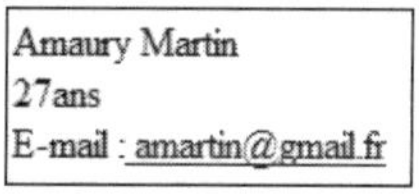

Figure 2.6 : L'âge est mis à jour automatiquement

Dans les deux exemples précédents, vous avez modifié le HTML d'éléments existants. Vous allez maintenant ajouter dynamiquement un élément au CV. Si le CV est consulté un samedi ou un dimanche, vous allez mentionner la possibilité de travailler le week-end, grâce à la fonction `.after()`.

```
// La personne qui s'intéresse au CV
// le regarde le week-end
if(maintenant.getDay() == 0 || maintenant.getDay() == 6 ){
   $('#divers').after('- Horaires souples (weekend…)<br>');
}
```

Si le jour est un dimanche (`0`) ou un samedi (`6`), vous ajoutez le texte après l'élément ayant pour identifiant `divers`. Le dernier bloc du CV est bien mis à jour.

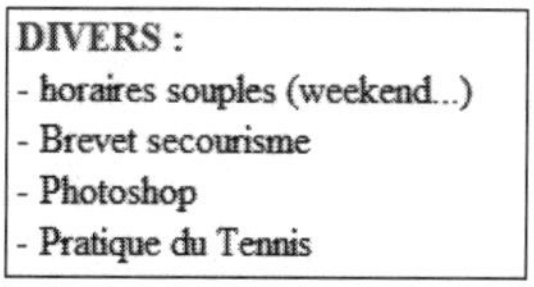

Figure 2.7 : Ligne ajoutée

Vous avez utilisé les fonctions .html() et .after() dans les exemples précédents.

Il existe de nombreuses fonctions pour modifier le code HTML d'une page. Comme pour .html() et .after(), ces fonctions s'appliquent sur un objet jQuery (par exemple, celui retourné par la fonction $()). Nous allons définir les fonctions de manipulation du DOM les plus courantes.

Tableau 2.1 : Fonctions de manipulation du code HTML à connaître

Fonction	Effet
.after('moncontenu')	Insère moncontenu après l'élément sélectionné.
.before('moncontenu')	Insère moncontenu avant l'élément sélectionné.
.html('moncontenu')	Remplace le contenu de l'élément sélectionné par moncontenu.
.append ('moncontenu')	Insère moncontenu dans l'élément sélectionné à la suite des éléments existants.
.prepend ('moncontenu')	Insère moncontenu dans l'élément sélectionné avant les éléments existants.
.wrap ('<balise> </balise>')	Entoure l'élément sélectionné par la balise passée en paramètre.
.wrapInner ('<balise> </balise>')	Entoure les enfants de l'élément sélectionné par la balise passée en paramètre.

REMARQUE

Sélection multiple

Dans le tableau précédent, nous avons considéré que la fonction $() retournait un tableau ne contenant qu'un seul élément. Mais cette fonction peut retourner un tableau contenant plusieurs éléments. Dans ce cas, la fonction de manipulation sera appliquée à chaque élément du tableau.

Modifier le style

Vous pouvez donc modifier le contenu d'une page web avec jQuery. Il est également possible de modifier le style des éléments de façon très simple. Par exemple, pour éviter de trop fatiguer la vue du lecteur (il faut prendre soin de celui qui vous recrute !), il est possible d'améliorer la lisibilité des sections. En ce sens, modifiez la couleur de police utilisée pour les titres.

Ajoutez cette classe CSS :

```
.titreBleu{
   color:blue;
   text-decoration:underline;
}
```

Puis appliquez-la à tous les titres de section.

```
$('.titreSection').addClass('titreBleu');
```

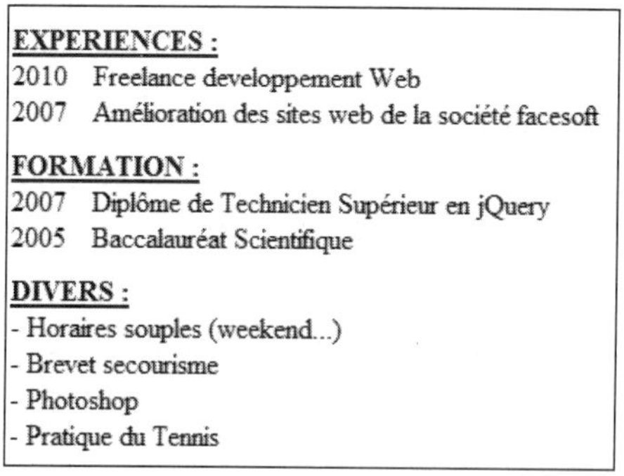

Figure 2.8 : Modification des titres de section

Tous les titres de section ont été affectés : en effet, `$('.titreSection')` retourne un tableau contenant les trois titres de section et `.addClass()` s'applique à toute cette collection d'éléments.

Pour appliquer la classe CSS à un élément unique, vous pouvez utiliser la fonction `.eq(index)`. Cette fonction retourne un tableau avec un seul élément. `index` désigne la position de l'élément dans l'ensemble des éléments retournés.

`$('.titreSection')` retourne un tableau à trois éléments.

`$('.titreSection').eq(0)` retourne un tableau à un élément (celui d'index 0).

`$('.titreSection').get(0)` ou `$('.titreSection')[0]` retourne un élément DOM (celui d'index 0). Les fonctions jQuery, comme `.html()`, ne peuvent donc pas être utilisées après un `.get()` car `.html()` agit sur un objet jQuery uniquement (collection d'éléments DOM).

> **Décompte JavaScript**
> Le premier élément retourné a pour index 0, le deuxième 1, etc.

Dans cet exemple, `$('.titreSection')` renvoie trois éléments :

Tableau 2.2 : Index des éléments

Élément	Index
expérience	0
formation	1
divers	2

Donc, l'instruction `$('.titreSection').eq(0).addClass('titreBleu');` n'affecte que le titre de section "expérience".

Vous avez utilisé la fonction `.addclass()`. Il existe d'autres méthodes propres à jQuery pour manipuler les classes CSS.

Tableau 2.3 : Fonctions de manipulation des classes à connaître

Fonction	Effet
`.addClass('maClasse')`	Ajoute la classe CSS `maClasse` à l'élément sélectionné.
`.removeClass('maClasse')`	Retire la classe CSS `maClasse` à l'élément sélectionné.
`.toggleClass('maClasse')`	Supprime la classe CSS `maClasse` si elle est déjà présente ; ajoute la classe CSS `maClasse` dans le cas contraire.

Il est également possible d'agir directement sur les propriétés CSS d'un élément. Pour cela, jQuery dispose de la fonction `.css(propriété, valeur)`.

Ainsi, l'instruction `$('.titreSection').css('border', '1px solid black');` ajoute une bordure noire de 1 pixel autour de tous les titres de menu.

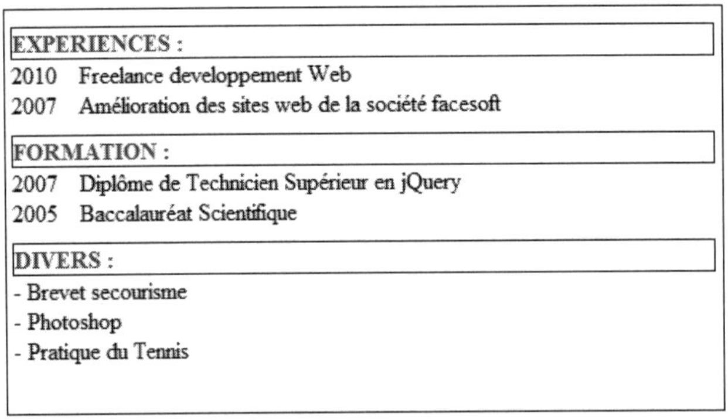

Figure 2.9 : Application d'une bordure

Cette fonction prend également en paramètre des couples propriété/valeur. Ces couples doivent être notés en JSON (JavaScript Object Notation).

Cette notation est étudiée en détail au chapitre *Créer une première page avec jQuery* .

Par exemple, l'instruction

```
$('.titreSection').css({
   "border": "1px solid black",
   "color": "white",
   "background-color": "grey"
});
```

ajoute une bordure aux titres de section et utilise une police blanche sur fond gris.

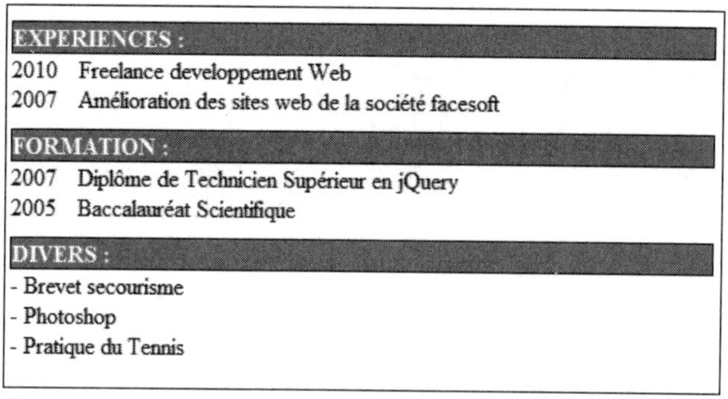

Figure 2.10 : Application de plusieurs propriétés

Enfin, `.css()` accepte également de recevoir une fonction comme paramètre. Ainsi, la valeur affectée à la propriété de style peut varier en fonction de l'index de l'élément retourné. Vous allez appliquer une fonction qui diminue la taille des dates du CV en fonction de l'index. Pour cela, utilisez la fonction suivante :

```
function(index) {
   return 16 - 3*index ;
}
```

Si le paramètre `index` a pour valeur 2, cette fonction retourne $10 = 16 - 3 \times 2$.

Si, pour diminuer la police de l'ensemble des dates, vous appliquez maintenant la fonction

```
$('.dateCV').css('font-size', function(index) {
   return 16 - 3*index ;
});
```

vous obtenez :

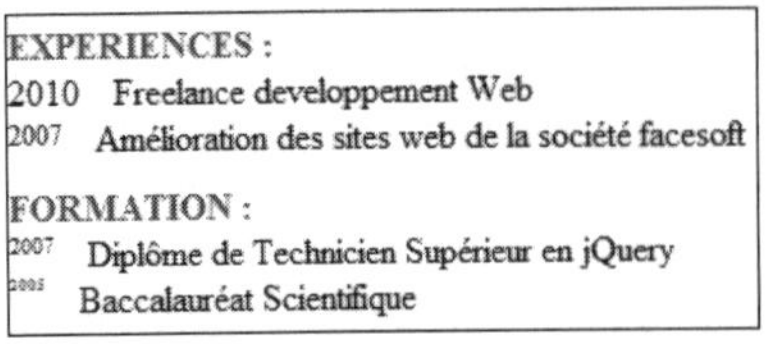

Figure 2.11 : Application d'une fonction

Déboguer avec Firebug

Firebug est un outil indispensable pour les développeurs web. Cette extension de Firefox permet d'éditer du code HTML, de contrôler les styles définis dans les fichiers CSS, d'exécuter du JavaScript et de vérifier les requêtes AJAX.

1 Pour utiliser Firebug, vous devez d'abord installer Firefox (www.mozilla-europe.org/fr/firefox/).

Figure 2.12 : Installer Firefox

2 Une fois Firefox installé, utilisez-le pour aller sur https://addons.mozilla.org/fr/firefox/addon/firebug/ (autres solutions : faire une recherche Google ou aller sur le site officiel de Firebug, http://getfirebug.com/).

3 Cliquez sur **Ajouter à Firefox.**

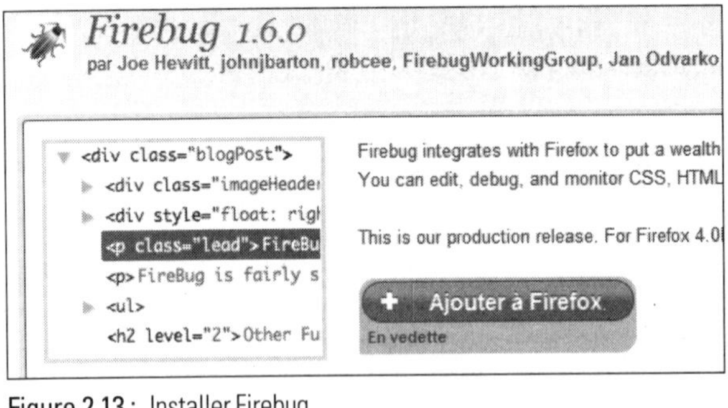

Figure 2.13 : Installer Firebug

4 Une fois Firefox relancé, un petit insecte grisé s'affiche dans le coin inférieur droit du navigateur.

Figure 2.14 : Icône Firebug

5 Activez tous les panneaux (**Enable all panels**) pour toutes les pages web (**On for all Web pages**).

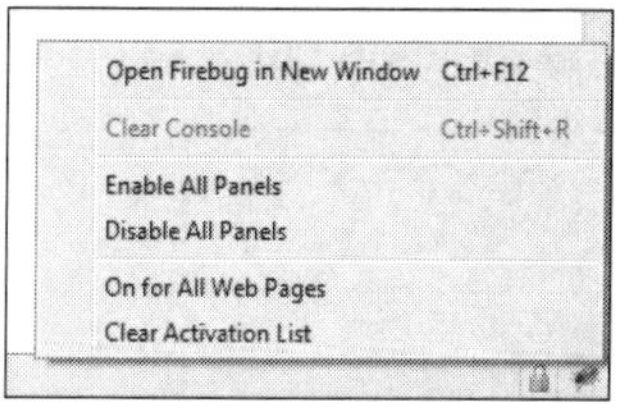

Figure 2.15 : Activation de Firebug

6  Vous pouvez maintenant inspecter le code HTML ; cela permet d'afficher le code source des éléments de la page qui sont survolés par la souris. Dans la barre d'onglets de Firebug, ouvrez l'onglet **HTML**, puis activez l'inspection (deuxième icône de la barre d'outils Firebug).

7 Passez la souris sur les éléments à inspecter, par exemple l'image du CV.

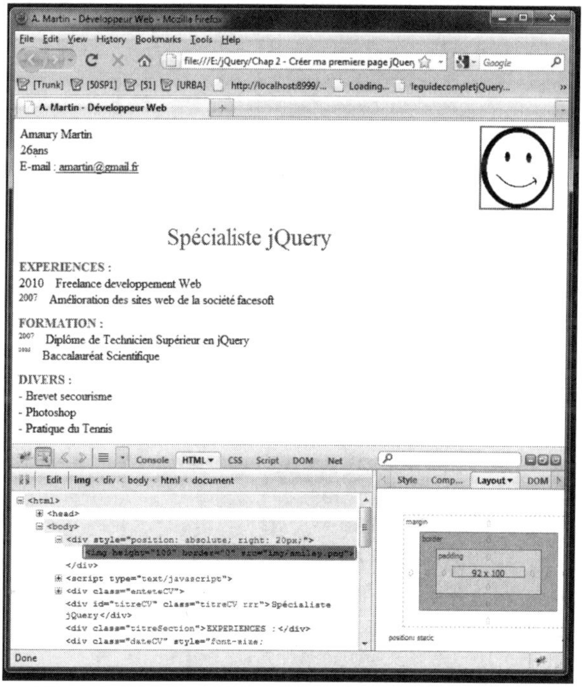

Figure 2.16 : Inspection de l'image du CV

L'élément HTML est entouré d'une bordure bleue et le code source est mis en valeur dans la fenêtre de Firebug. Vous pouvez éditer le code source de la page directement depuis la fenêtre de Firebug. Les modifications sont appliquées en temps réel, ce qui est très pratique pour tester un attribut de style par exemple. Attention, ces modifications ne sont pas enregistrées. Vous devrez les refaire dans Notepad++. Ainsi il est possible de modifier la taille de l'image.

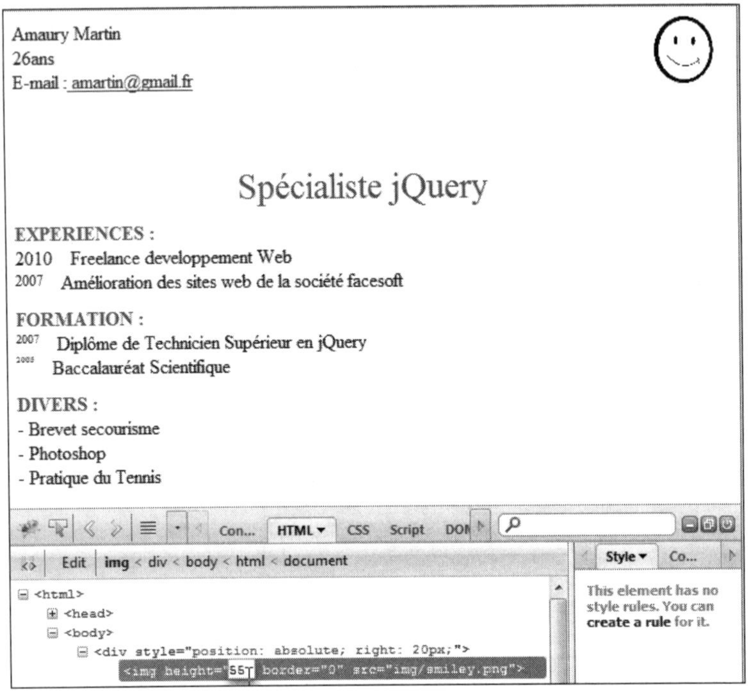

Figure 2.17 : Édition du HTML dans Firebug

La fenêtre de droite de l'onglet **HTML** détaille les propriétés de l'élément sélectionné. Le sous-onglet **Style** permet de voir l'ensemble des classes et des attributs de style affectés à l'élément. Dans l'exemple suivant, regardez de plus près l'élément ayant pour id `titreCV`.

Le sous-onglet **Style** recense les propriétés de style affectées à l'élément. Ici, l'élément est affecté par la classe CSS `titreCV` et par la propriété `font-size` directement inscrite sur la balise (via l'attribut `style`). L'attribut `font-size: 31px` de l'élément a remplacé l'attribut `font-size: 30px` de la classe CSS. En effet, l'attribut de style situé dans la balise HTML est prioritaire sur celui des feuilles de style. Pour plus d'informations sur les priorités CSS, vous pouvez consulter le *Guide Complet – CSS* aux éditions Micro Application.

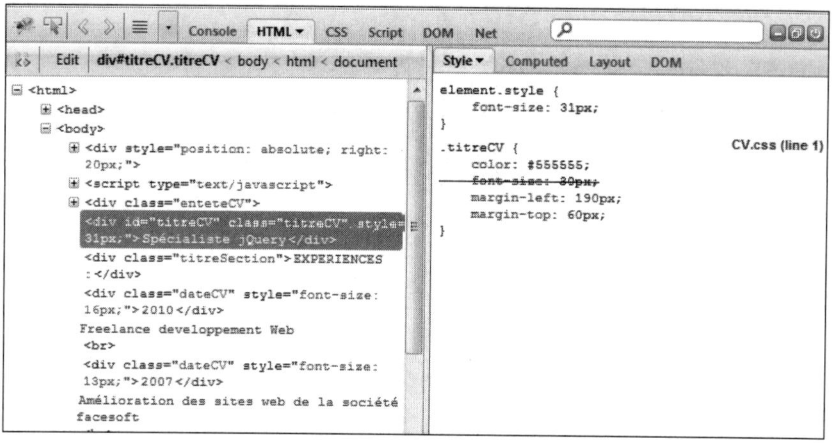

Figure 2.18 : Style d'un élément dans Firebug

Le sous-onglet **Layout** indique les propriétés de taille et de position de l'élément. Par exemple, l'élément `titreCV` a bien une taille de 512 pixels × 36 pixels, une marge de 60 pixels de haut et de 190 pixels de large, aucune bordure ni marge intérieure (`=padding`).

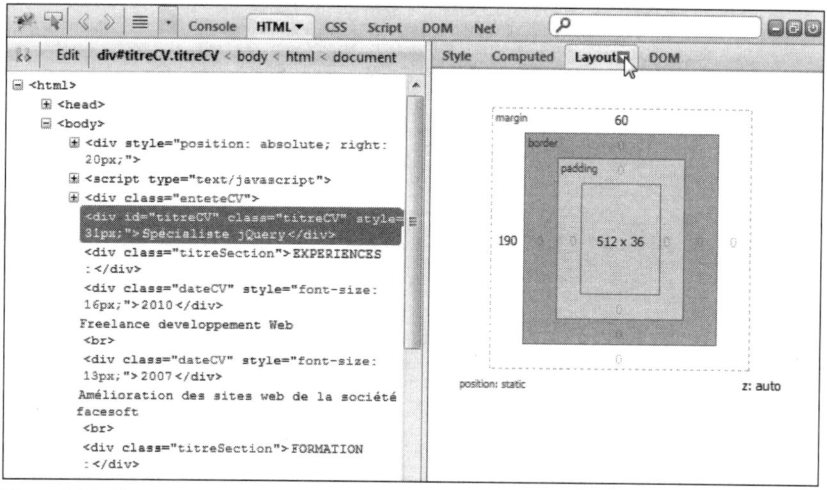

Figure 2.19 : Position d'un élément dans Firebug

L'onglet **Console** de Firebug permet d'afficher des logs définis dans le code JavaScript.

Le code

```
$(document).ready(function(){
   console.log('DocumentReady');
   for (i = 0; i <= 3; i = i+1)
```

```
        console.log('itération numéro '+i);
    }
});
```

donne ce résultat dans la fenêtre Firebug :

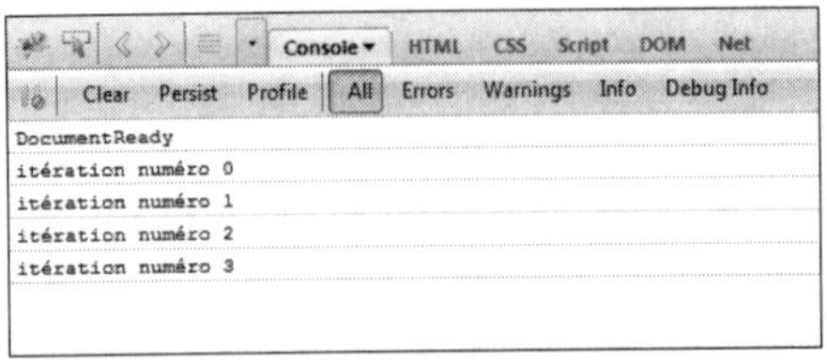

Figure 2.20 : Console.log() Firebug

Il est également possible de passer des objets JavaScript en paramètre de cette fonction de log.

```
console.log(new Date());
console.log(document.getElementById('titreCV'));
console.log($('#titreCV'));
```

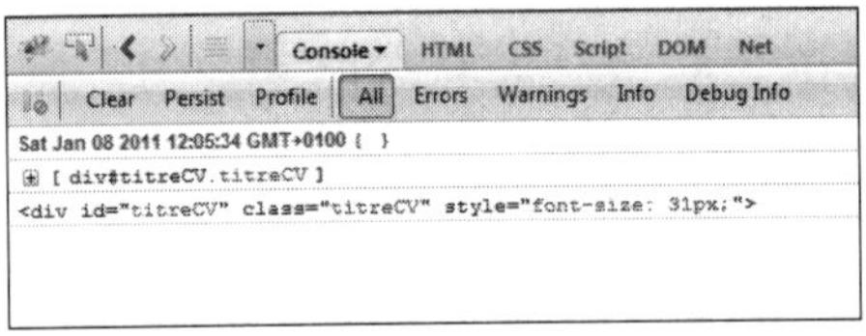

Figure 2.21 : Console.log({objet})

`$('#titreCV')` retourne `document.getElementById('titreCV')` encapsulé dans un tableau (cf. *Annexes* en fin d'ouvrage pour obtenir plus de détails).

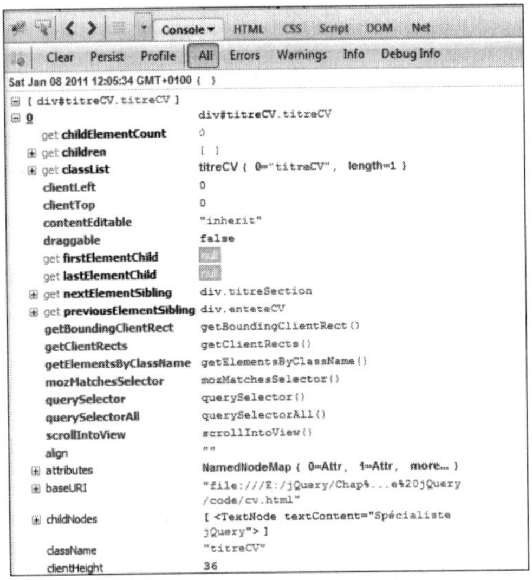

Figure 2.22 : Élément jQuery dans Firebug

Pour afficher l'arbre DOM de l'élément `titreCV`, il suffit de sélectionner le sous-onglet **DOM**. L'arbre DOM d'un élément permet d'accéder au contenu, au style et à la structure de l'élément.

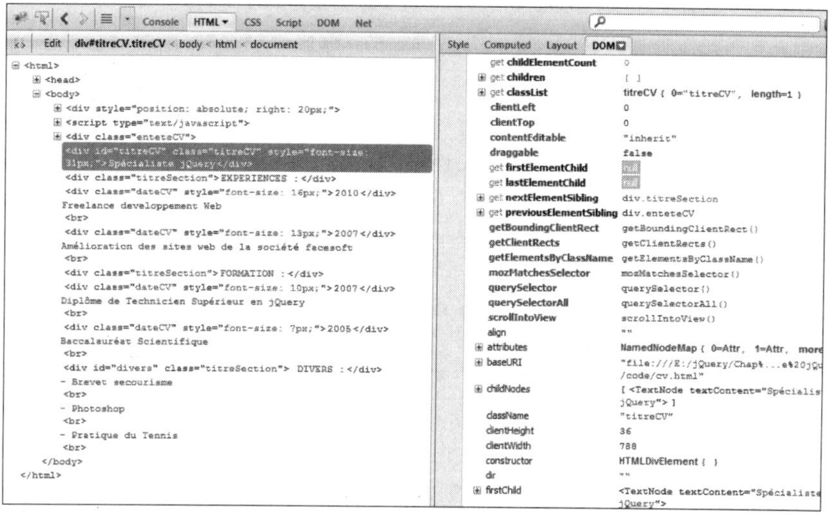

Figure 2.23 : DOM de titreCV

Il permet également d'afficher le détail des erreurs JavaScript. Par exemple, si une parenthèse est oubliée à la fin d'une instruction, Firebug indiquera l'erreur `1 Error` en bas à droite à la place de l'icône de Firebug. Puis il précisera le type d'erreur et la ligne qui pose problème.

```
console.log($('#titreCV');
```

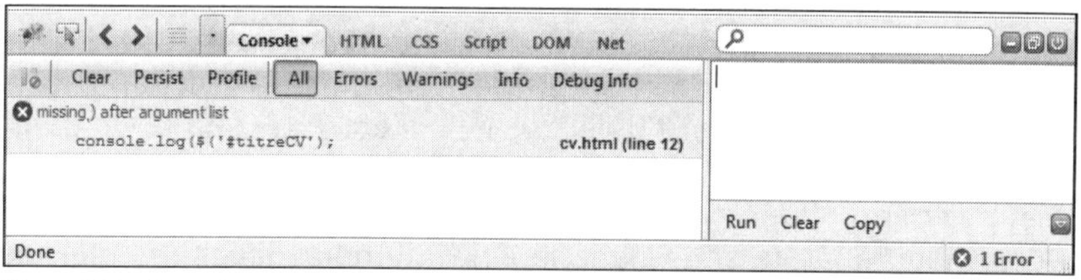

Figure 2.24 : Parenthèse manquante

Sous l'onglet **Console**, il est possible d'exécuter du JavaScript à la volée. Il suffit d'entrer les commandes

```
console.log('Firebug est un débogueur JavaScript');
console.log($('#titreCV').html());
```

et de cliquer sur **Run**.

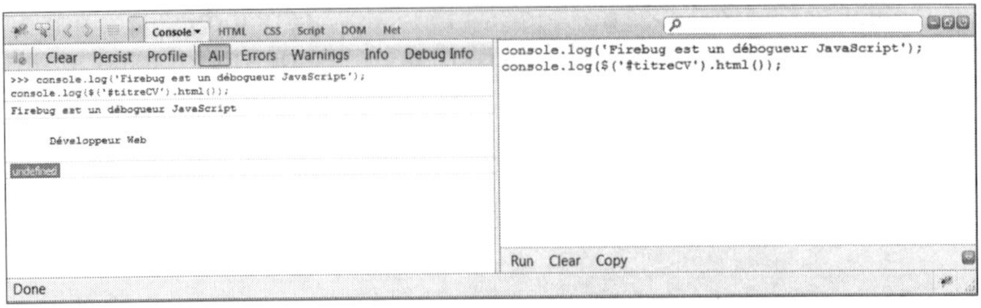

Figure 2.25 : Exécution directement depuis Firebug

REMARQUE

Console.log dans la console

Dans la console de Firebug, la fonction `console.log()` n'est pas nécessaire.

Firebug est donc un outil de débogage JavaScript très puissant. Il est disponible en version complète uniquement sur le navigateur Firefox. Sous Internet Explorer, Safari, Opera ou Chrome, il est possible d'utiliser Firebug Lite, qui reprend la majorité des fonctionnalités de Firebug.

ASTUCE

Firebug Lite sous Internet Explorer

Pour utiliser Firebug Lite sous Internet Explorer, allez sur le site **http://getfirebug.com/firebuglite** puis mettez en favori le lien disponible. Enfin, pour ouvrir Firebug et inspecter un site, cliquez sur ce favori.

N'oubliez pas de retirer les `console.log()` de votre code JavaScript avant de passer votre projet en production. Cette instruction cause une erreur JavaScript si l'objet `console` n'est pas défini. Or dans Internet Explorer, le navigateur encore le plus populaire, cet objet n'est pas défini. Pour avoir le détail d'une erreur JavaScript, cliquez sur le triangle jaune situé dans le coin inférieur gauche d'Internet Explorer (voir fig. 2.26).

ASTUCE

console.log() sous Internet Explorer

Il est possible d'éviter les bogues dus aux instructions `console.log` résiduelles sous Internet Explorer en définissant cette fonction si elle n'existe pas à l'ouverture du navigateur. Pour cela, insérez le code JavaScript suivant :

ASTUCE

```
try {
  console.log('init console loging…done');
} catch(e) {
  console = { log: function() {} }
}
```

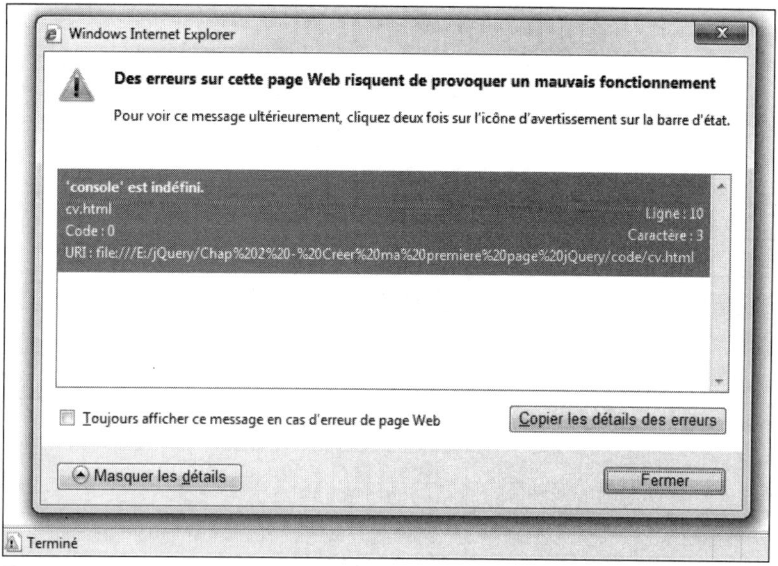

Figure 2.26 : Erreur JavaScript sous Internet Explorer

Définir les dimensions, tailles et positions

Grâce à Firebug, vous allez pouvoir étudier les fonctions de position et de dimension de jQuery. Ces fonctions sont essentielles si vous souhaitez maîtriser votre design au pixel près.

La taille d'un élément HTML dépend de quatre valeurs : la marge extérieure (`margin`), la bordure (`border`), la marge intérieure (`padding`) et la largeur/hauteur (`width/height`) de l'élément lui-même.

Les trois couches externes (`margin`, `padding`, `border`) peuvent être définies séparément pour chacune de leurs composantes.

```
margin-top: 4px;
margin-right: 2px;
margin-left: 5px;
margin-bottom: 10px;
```

Tableau 2.4 : Sélecteurs généraux

Fonction	Retour
`.height()`	Hauteur de l'élément
`.innerHeight()`	Hauteur + `Padding-top` + `Padding-bottom`
`.outerHeight()` ou `.outerHeight(false)`	Hauteur + `Padding-top` + `Padding-bottom` + `Border-top` + `Border-bottom`

`.outerHeight(true)`	Hauteur +
	`Padding-top` + `Padding-bottom`
	+
	`Border-top` + `Border-bottom`
	+ `Margin-top` + `Margin-bottom`

`.width()`	Largeur de l'élément
`.innerWidth()`	Largeur + `Padding-left` + `Padding-right`
`.outerWidth()`	Largeur + `Padding-left` + `Padding-right` + `Border-left` + `Border-right`
`.outerWidth(true)`	Largeur + `Padding-left` + `Padding-right` + `Border-left` + `Border-right` + `Margin-left` + `Margin-right`
`.position()`	Position `top` et `left` du coin supérieur gauche relative à l'élément parent
`.offset()`	Position `top` et `left` du coin supérieur gauche relative au document général
`.scrollLeft()`	Position de l'ascenseur horizontal
`.scrollTop()`	Position de l'ascenseur vertical

REMARQUE

Casse JavaScript

Les fonctions de jQuery sont sensibles à la casse : `innerheight` n'est pas une fonction jQuery ; il faut utiliser `innerHeight`. La casse utilisée est la *camelCase* (casse de chameau). Cela fait référence aux creux et bosses d'un dos de chameau que représentent l'alternance de majuscules et de minuscules dans les mots écrits à la suite les uns des autres.

Prenons pour exemple un élément `div` ayant les propriétés suivantes :

```
<div style="
     margin:4px;
     border:5px black solid;
     padding:6px;
     height:40px;
     width:40px;"
     id="DivComparaisonIEFF" >
```

```
    40x40
</div>
```

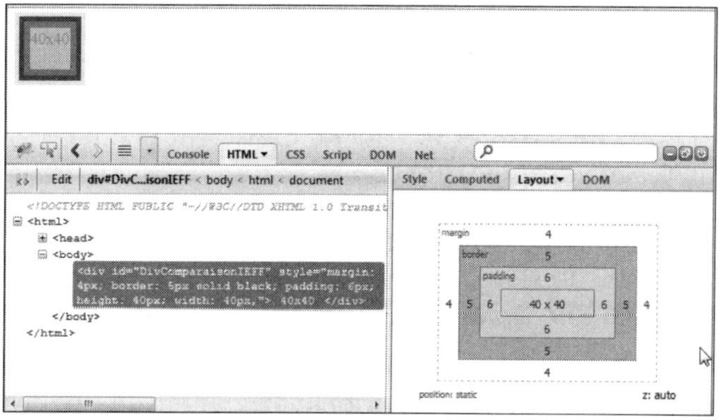

Figure 2.27 : Layout de la div

Le code suivant

```
$(document).ready(function(){
   var valeur = $('#DivComparaisonIEFF').height();
   console.log('height '+ valeur );
   valeur = $('#DivComparaisonIEFF').innerHeight();
   console.log('innerHeight:'+ valeur );
   valeur = $('#DivComparaisonIEFF').outerHeight()
   console.log('outerHeight:'+ valeur );
   valeur = $('#DivComparaisonIEFF').outerHeight(true)
   console.log('outerHeight(true):'+ valeur );

   valeur = $('#DivComparaisonIEFF').offset().left
   console.log('offset left:'+ valeur );
   valeur = $('#DivComparaisonIEFF').offset().top
   console.log('offset top:'+ valeur );
});
```

donne dans Firebug :

Figure 2.28 : Fonctions de dimension de jQuery

`InnerHeight` = 40 + 6 + 6 = 52

`outerHeight` = 40 + 6 + 6 + 5 + 5 = 62

`outerHeight(true)` = 40 + 6 + 6 + 5 + 5 + 4 + 4 = 70

Aujourd'hui, les navigateurs respectent relativement bien les préconisations du W3C, mais cela n'a pas toujours été le cas. Et quelques reliquats de ces problèmes d'interopérabilité persistent encore. Par exemple, si vous exécutez l'instruction `$('#DivComparaisonIEFF').height();`, vous obtenez des résultats différents pour Firefox (40 px) et pour Internet Explorer (18 px). En effet, Internet Explorer intègre les marges intérieures (2 × 6 px) et les bordures (2 × 5 px), soit 22 px dans le calcul de la hauteur. Donc au final, l'élément est affiché avec une hauteur de 40 – 22 = 18 px.

Pour éviter ce genre de problème, vous pouvez ajouter une balise `doctype` en haut du document HTML.

```
<!DOCTYPE html PUBLIC
"-//W3C//DTD XHTML 1.0 Transitional//EN"
"http://www.w3.org/TR/xhtml1/DTD/xhtml1-transitional.dtd">
```

ASTUCE

DTD : Déclaration de Type de Document

La DTD sert principalement à la validation du (X)HTML. Cependant, la DTD a été utilisée par les développeurs de navigateurs pour détecter si le site est codé à l'ancienne ou s'il est plus récent et qu'il respecte un format universel normalisé.

Il est possible de faire valider une page HTML sur **http://validator.w3.org**. L'analyse met en valeur les points qui ne respectent pas la norme du W3C.

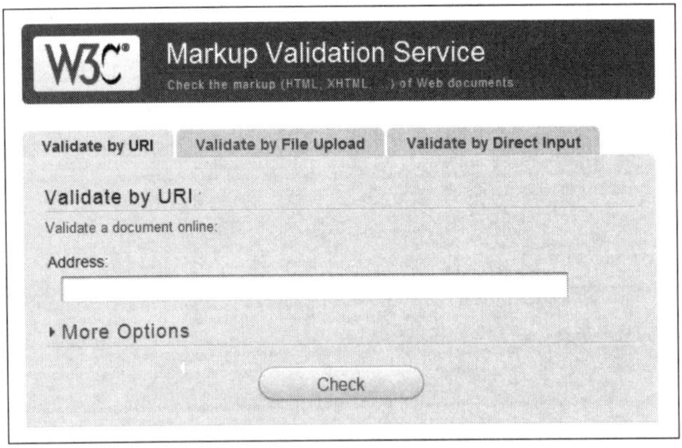

Figure 2.29 : Validation W3C

Si le site est accepté, vous avez la réponse suivante :

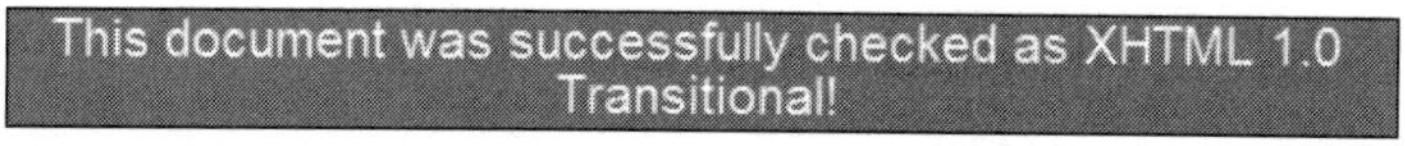

Figure 2.30 : Validation réussie

2.2. Tout est dans le style : les sélecteurs CSS

Dans les exemples précédents, vous avez déjà utilisé les sélecteurs CSS. Un sélecteur CSS pour jQuery est une chaîne de caractères qui cible le ou les éléments du DOM que l'on souhaite manipuler.

jQuery se base sur une syntaxe déjà existante, celle des CSS.

Les principaux sélecteurs

Voici un récapitulatif des principaux sélecteurs.

L'instruction `$("#divAge")` sélectionne la balise `<div>` ayant pour id `divAge`. Un identifiant id doit être unique sur une page web.

```
<div class="enteteCV" >
   Amaury Martin <br />
   <div id="divAge" >01/01/1984</div>
   E-mail :
   <a HREF="mailto:amartin@gmail.fr">
   amartin@gmail.fr </a>
</div>

<div class="titreCV"> Développeur Web</div>
```

L'instruction `$(".titreCV")` sélectionne la balise `<div>` ayant pour classe CSS `titreCV`. Une classe CSS peut être appliquée à plusieurs éléments.

```
<div class="enteteCV" >
   Amaury Martin <br />
   <div id="divAge" >01/01/1984</div>
   E-mail :
   <a HREF="mailto:amartin@gmail.fr">
   amartin@gmail.fr </a>
</div>

<div class="titreCV"> Développeur Web</div>
```

L'instruction `$("a")` sélectionne les éléments de type `<a>`.

```
<div class="enteteCV" >
   Amaury Martin <br />
   <div id="divAge" >01/01/1984</div>
   E-mail :
   <a HREF="mailto:amartin@gmail.fr">
   amartin@gmail.fr
   </a>
</div>

<div class="titreCV"> Développeur Web</div>
```

Ce sont les sélecteurs les plus utilisés, mais il en existe une grande quantité permettant de réaliser une sélection plus précise.

Voici d'abord quelques sélecteurs généraux.

Tableau 2.5 : Sélecteurs généraux

Fonction	Sélection
$("*")	Sélectionne tous les éléments (éléments body et head inclus).
$(":empty")	Sélectionne les éléments vides (sans nœud enfant et sans texte).
$(":parent")	Sélectionne les éléments qui ont des nœuds enfants.
$(":header")	Sélectionne les éléments de type header (<h1>, <h2>…).
$(":image")	Sélectionne les images (<img>).
$(":disabled")	Sélectionne les éléments désactivés (ayant leur attribut disabled à la valeur disabled).
$(":enabled")	Sélectionne les éléments activés.
$(":hidden")	Sélectionne les éléments masqués ayant un attribut de style display à la valeur none (attention, le sélecteur :hidden retourne également les éléments contenus dans l'en-tête de la page : head, title, meta, script…).
$(":visible")	Sélectionne les éléments visibles ayant un attribut de style display différent de none.

.class1.class2

L'instruction $(".class1.class2") sélectionne l'élément ayant pour class la class1 et la class2.

```
<div class="class1"> texte1 </div>

<div class="class2"> texte2 </div>

<div class="class1 class2"> texte3 </div>
```

:contains(texte)

L'instruction $("div:contains(texte2)") sélectionne les éléments <div> contenant la chaîne texte2.

```
<body >
<div class="class1"> texte1 </div>
<div class="class2"> texte2 </div>
<div class="class1 class2"> texte3 </div>
</body>
```

La casse dans le texte recherché est importante. Dans l'exemple précédent, l'instruction `$("div:contains(Texte2)")` ne sélectionne aucun élément.

Dans cet exemple, il faut également préciser l'élément `$("div:contains(texte2)")` ou la classe CSS `$(".class2:contains(texte2)")` qui contient le texte que vous recherchez. Autrement, `$(":contains(texte2)")` retourne aussi l'élément `body` car, par filiation, il contient également la chaîne `texte2`.

:not(selecteur)

L'instruction `$("input:not(:checked)")` sélectionne les éléments `input` qui ne sont pas cochés.

```
<div>
   <input type="checkbox" name="SW1" />
   <span>Un nouvel espoir</span>
</div>
<div>
   <input type="checkbox" name="SW2" checked="checked" />
   <span>L'Empire contre-attaque</span>
</div>
<div>
   <input type="checkbox" name="SW3" />
   <span>le retour du Jedi</span>
</div>
```

:selected

L'instruction `$("select option:selected")` récupère les éléments d'une liste déroulante qui sont sélectionnés.

```
<select name="starWars" multiple="multiple">
   <option>
      Un nouvel espoir
   </option>
   <option selected="selected">
      L'Empire contre-attaque
   </option>
   <option>
      le retour du Jedi
   </option>
</select>
```

Les éléments `input` qui constituent les formulaires doivent souvent être manipulés. Ils ont donc leurs sélecteurs spécifiques.

Tableau 2.6 : Sélecteurs input	
Fonction	**Sélection**
`$(":input")`	Sélectionne tous les `input`, `textarea`, `select` et `button`.
`$(":button")`	Sélectionne les `input` de type `button`.
`$(":checkbox")`	Sélectionne les `input` de type `checkbox`.
`$(":checked")`	Sélectionne les `checkbox` qui sont cochées.
`$(":file")`	Sélectionne les `input` de type `file`.
`$(":password")`	Sélectionne les `input` de type `password`.
`$(":radio")`	Sélectionne les `input` de type `radio`.
`$(":reset")`	Sélectionne les `input` de type `reset`.
`$(":submit")`	Sélectionne les `input` de type `submit`.
`$(":text")`	Sélectionne les `input` de type `text`.

Sélecteurs selon les attributs de la balise

Le sélecteur

```
$("input[id][name$='man']")
```

sélectionne les éléments `input` ayant un attribut `id` et un attribut `name` finissant par la chaîne de caractère `man`.

Tableau 2.7 : Sélecteurs basés sur les attributs	
Fonction	**Sélection**
`[attribut=valeur]`	Recherche les éléments pour lesquels l'attribut spécifié vaut la valeur définie.
`[attribut]`	Recherche les éléments pour lesquels l'attribut spécifié est fourni.
`[attribut!=valeur]`	Recherche les éléments pour lesquels l'attribut spécifié est différent de la valeur définie.
`[attribut$=valeur]`	Recherche les éléments pour lesquels l'attribut spécifié termine par la valeur définie.
`[attribut*=valeur]`	Recherche les éléments pour lesquels l'attribut spécifié contient la valeur définie.
`[attribut^=valeur]`	Recherche les éléments pour lesquels l'attribut spécifié commence par la valeur définie.
`[filtreattribut1]` `[filtreattribut2]`... `[filtreattributN]`	Permet de combiner plusieurs filtres sur les attributs `filtreattribut1`, `filtreattribut2` et `filtreattributN`.

Filtre d'un élément selon sa position dans la sélection

Lorsque plusieurs éléments sont retournés par un premier sélecteur, il est possible d'utiliser d'autres sélecteurs de type filtre. Les sélecteurs de type filtre récupèrent uniquement certains éléments en fonction de leur position dans le tableau.

Prenons l'exemple d'un tableau de 3 lignes et de 3 colonnes.

```
<table border="1">
   <tr>
      <td>TD 0</td><td>TD 1</td><td>TD 2</td>
   </tr>
   <tr>
      <td>TD 3</td><td>TD 4</td><td>TD 5</td>
   </tr>
   <tr>
      <td>TD 6</td><td>TD 7</td><td>TD 8</td>
   </tr>
</table>
```

L'instruction `$("td")` retourne un objet contenant un tableau de 9 éléments, numérotés de 0 à 8.

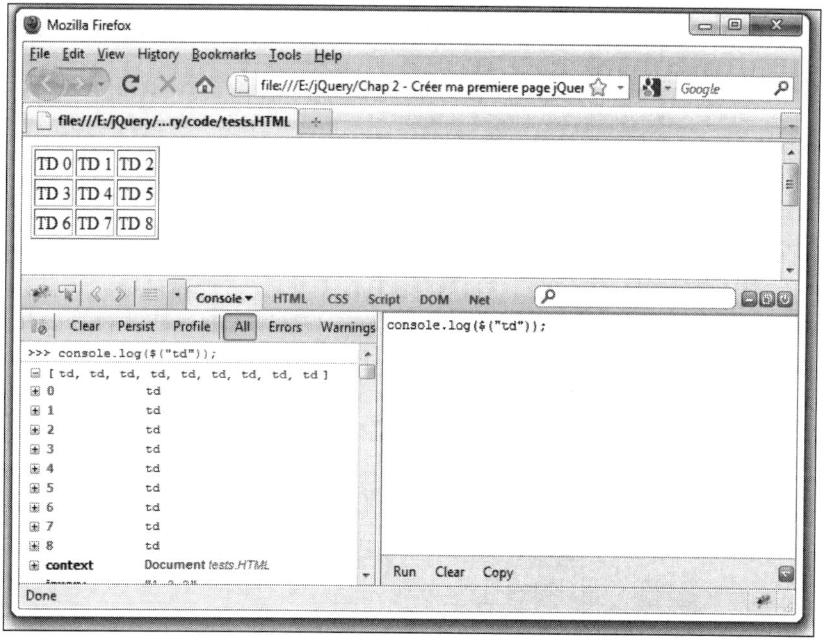

Figure 2.31 : Instruction $("td")

L'instruction

```
$("td:eq(3)").html("Sélection");
$("td:even").css("background-color","black");
```

remplace le contenu du quatrième élément (`TD 3`) par le texte `Sélection` et met en noir l'arrière-plan de toutes les cases paires (`TD 0`, `TD 2`, `TD 4`, `TD 6` et `TD 8`).

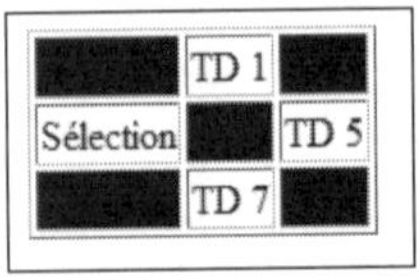

Figure 2.32 : Instruction $("td")

Tableau 2.8 : Sélecteurs basés sur la position des éléments dans la sélection

Fonction	Sélection
`:eq(index)`	Retourne l'élément de la sélection ayant pour position l'index envoyé en paramètre. Attention le premier élément a pour index 0.
`:even`	Retourne l'élément de la sélection ayant un index pair (très pratique pour les alternances de couleurs dans les tableaux).
`:odd`	Retourne l'élément de la sélection ayant un index impair.
`:gt(index)`	Retourne l'élément de la sélection ayant une position strictement supérieure à l'index envoyé en paramètre.
`:lt(index)`	Retourne l'élément de la sélection ayant une position strictement inférieure à l'index envoyé en paramètre.
`:last`	Retourne le dernier élément de la sélection.

Filtre d'un élément selon sa hiérarchie

L'arbre DOM est organisé de façon hiérarchique : un élément peut être un enfant, un frère ou un parent d'un autre élément. Par exemple, `body` est un enfant de `html` et c'est un frère de `head`.

Tableau 2.9 : Sélecteurs basés sur la hiérarchie des éléments dans la sélection

Fonction	Sélection
`:first-child`	Retourne les premiers enfants des éléments correspondant à la recherche.
`:last-child`	Retourne les derniers enfants des éléments correspondant à la recherche.
`:nth-child(index)`	Retourne les enfants des éléments correspondant à la recherche ayant pour position l'index.
`:only-child`	Retourne les éléments de la sélection qui ont un seul enfant.
`:has(selecteur)`	Retourne les éléments dont au moins un de leurs enfants répond au sélecteur.

Opérateurs de sélection

Pour encore plus de précision dans la sélection, jQuery propose des opérateurs de base permettant de combiner les sélecteurs.

L'instruction

```
$("tr:even, tr:eq(1) td:eq(1)").css("background-color","black");
```

colorie en noir l'arrière-plan de tous les `<tr>` pairs et le deuxième `<td>` du deuxième `<tr>`.

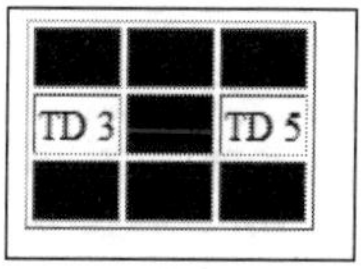

Figure 2.33 : Opérateurs de sélection

Tableau 2.10 : Sélecteurs basés sur la hiérarchie des éléments dans la sélection

Fonction	Sélection
`SelecteurParent SelecteurEnfant`	Retourne les éléments désignés par le `SelecteurEnfant` descendant des éléments désignés par le `SelecteurParent`.
`SelecteurParent > SelecteurEnfant`	Retourne les enfants de niveau 1 désignés par le `SelecteurEnfant` descendant des éléments désignés par le `SelecteurParent`. Les enfants de niveau supérieur ne sont pas concernés.
`SelecteurPrécédent + SelecteurSuivant`	Retourne les éléments désignés par le `SelecteurSuivant` qui se trouvent après les éléments désignés par le `SelecteurPrécédent` qui sont au même niveau hiérarchique.
`Selecteur1, Selecteur2, SelecteurN`	Retourne les éléments correspondant au `Selecteur1` ou au `Selecteur2` ou au `SelecteurN`.

REMARQUE

Liste exhaustive des fonctions

Ce chapitre recense les sélecteurs principaux de jQuery. Vous trouverez la liste exhaustive de ces fonctions sur le site jQuery.com ou en français sur **http://jquery.developpeur-web2.com**.

Les caractères spéciaux dans les sélecteurs

Certains caractères sont des caractères spéciaux de jQuery : `# ; & , . + * ~ ' : " ! ^ $ [ ] ( ) = > | /`.

Pour utiliser ces caractères dans l'attribut `id` d'un élément, il est nécessaire de protéger le caractère en le faisant précéder par deux anti-slashs (\\). Cette protection est appelée un échappement. Par exemple, pour sélectionner un élément ayant pour id `toto!titi`, utilisez l'instruction `$("#toto\\!titi")`.

2.3. Sept trucs et astuces

Voici quelques astuces qui seront valables dans la plupart des projets jQuery.

Utiliser les attributs id et class

Pour manipuler un élément en particulier, il est très efficace de lui affecter un identifiant `id`. Cet identifiant doit être unique dans la page. Il permet de manipuler l'élément de façon isolée. La classe CSS peut être appliquée à plusieurs éléments. On l'utilise pour appliquer un style ou une fonction JavaScript à un groupe d'éléments. Il est possible d'affecter plusieurs classes à un même élément (en les séparant par des espaces).

```
<div id="laCommunauteDeLAnneau"
   class="film tolkien leSeigneurDesAnneaux"></div>
```

Chaîner les instructions

La majorité des fonctions jQuery retournent un objet jQuery (soit le même objet, soit un objet contenant des éléments DOM différents selon la fonction utilisée, comme `.filter()`). Il est donc possible de chaîner les instructions.

```
$('.maClasse').show().css('color', 'red').filter(':even')
✂ .css('border', '1px solid black');
```

Cette instruction affiche les éléments ayant pour classe CSS `maclasse`.

```
$('.maClasse').show().css('color',
✂ 'red').filter(':even').css('border', '1px solid black');
```

Puis ces éléments sont affichés en rouge.

```
$('.maClasse').show().css('color',
✂ 'red').filter(':even').css('border', '1px solid black');
```

Ensuite on applique un filtre pour ne garder que les éléments d'index pair.

```
$('.maClasse').show().css('color', 'red')
✂ .filter(':even').css('border', '1px solid black');
```

Enfin, une bordure est appliquée aux éléments d'index pair.

```
$('.maClasse').show().css('color', 'red').filter(':even')
✂ .css('border', '1px solid black');
```

Gérer les conflits entre bibliothèques JavaScript

Beaucoup de bibliothèques JavaScript, comme Prototype, définissent leur propre fonction `$()`. Cela peut donc poser un problème si vous souhaitez utiliser deux bibliothèques.

`$` est simplement un alias pour jQuery.

Pour utiliser en parallèle jQuery et d'autres bibliothèques JavaScript comme Prototype, ou pour utiliser jQuery sur un projet existant ayant déjà défini certaines fonctions JavaScript, il faut s'assurer que les fonctions ne seront pas redéfinies. Pour cela, jQuery met à disposition la fonction `.noConflict()`, qui permet d'éviter que jQuery définisse la fonction `$()`.

```
jQuery.noConflict();
```

À la place de `$()`, on peut utiliser `jQuery()`.

```
jQuery("#laCommunauteDeLAnneau").hide();
```

Il est alors possible d'utiliser, dans les mêmes lignes de code, la fonction `$()` appartenant à une autre librairie comme prototype.

```
jQuery("#laCommunauteDeLAnneau").hide();
$("laCommunauteDeLAnneau").fonctionDePrototype();
```

Il est possible de choisir le nom de la fonction qui remplacera `$()`.

```
var bibliothequejQuery = jQuery.noConflict();
```

La fonction `$()` de jQuery a été remplacée par `bibliothequejQuery`.

```
bibliothequejQuery("laCommunauteDeLAnneau ").hide();
```

Détecter le navigateur utilisé

Il est possible de détecter le navigateur utilisé par la personne qui visite la page de votre site grâce à la fonction `$.browser()`. En général, il est conseillé d'éviter de faire des exceptions de code propres à un navigateur. Mais cela peut être utile pour activer/désactiver certaines fonctionnalités, ou pour faire des statistiques sur le comportement des utilisateurs.

Par exemple, pour savoir si les utilisateurs d'Internet Explorer viennent voir le CV, écrivez :

```
// La personne qui s'intéresse à votre CV
// le regarde depuis Internet Explorer
if( $.browser.msie ){
   $('#conclusion').html('Mon navigateur préféré est IE') ;
}
```

Gérer un projet

Si vous souhaitez mettre votre CV en ligne, commencez par le concevoir sur une feuille de papier. Pour être efficace, il faut avoir une idée précise du résultat que l'on veut obtenir et des différentes étapes nécessaires à la réalisation du projet avant de se lancer dans le code. Certes, les modifications sont aisées et le résultat immédiat. Pour autant, ce genre de projet web peut prendre beaucoup plus de temps que prévu si l'on n'a pas une idée précise des objectifs à atteindre et des moyens à utiliser. *"Que l'on me donne six heures pour couper un arbre, j'en passerai quatre à préparer ma hache."* (Abraham Lincoln)

Rafraîchir le cache JavaScript

Lorsque vous effectuez une modification du JavaScript de la page, la modification peut ne pas être prise en compte directement par votre navigateur. Cela vient du fait que le navigateur peut garder en cache le fichier JavaScript précédent. À chaque modification JavaScript, il est préférable de forcer le rafraîchissement du cache en actualisant la page avec la combinaison Ctrl+F5.

ASTUCE

Désactivation du cache

La barre d'outils *Web Developer* (**https://addons.mozilla.org/fr/firefox/addon/web-developer/**) de FireFox dispose d'une option pour désactiver le cache (*Disable*/*Disable Cache*).

Séparer structure, présentation et comportement

Structure et présentation

Dans les projets web, il faut séparer dans la mesure du possible la présentation de la structure. Par exemple, pour avoir le texte "Hello World" (structure) dans un carré rouge avec un côté de 300 pixels (présentation), la façon la plus simple en HTML est d'écrire :

```
<div style="width: 300px; height: 300px;
   line-height: 300px; text-align: center;
   background-color: red;">Hello World</div>
```

Dans ce code nous avons mélangé la structure et la présentation en utilisant l'attribut `style` directement dans la balise HTML. Si nous avons d'autres balises <div> avec la même présentation, nous sommes obligés de recopier l'attribut style.

```
<div style="width: 300px; height: 300px;
   line-height: 300px; text-align: center;
   background-color: red;">Bonjour</div>

<div style="width: 300px; height: 300px;
   line-height: 300px; text-align: center;
   background-color: red;">Hola</div>
```

Et si nous voulons changer la couleur, il faut le faire à trois endroits différents. C'est pourquoi il est recommandé de séparer la présentation de la structure et de privilégier l'utilisation des classes CSS. Commençons par la balise <div> :

```
<div class="hello">Hello World</div>
```

L'attribut class permet de faire la liaison entre la présentation et la structure. La classe CSS hello est ajoutée dans la section <head> de la page :

```
<style type="text/css">
   div.hello {
      width: 300px;
      height: 300px;
      line-height: 300px;
      text-align: center;
      background-color: red;
   }
</style>
```

Il est plus simple à présent d'ajouter des balises ayant ce style.

```
<div class="hello">Bonjour</div>
<div class="hello">HOLA</div>
```

Définir des classes CSS dans un fichier de feuilles de style au lieu d'inclure la présentation directement dans le code HTML a de nombreux avantages :

- Le code HTML est moins encombré et donc plus facile à comprendre.
- Tout le code lié à la présentation est regroupé au même endroit. Cela facilite les modifications dans le futur.
- La classe CSS peut être réutilisée pour d'autres balises HTML.
- Vous pouvez construire plusieurs feuilles de style pour facilement customiser la présentation de votre site. **www.csszengarden.com** est un excellent exemple en la matière. Il a une structure HTML constante, mais sa présentation change complètement suivant le design (feuille de style) que l'utilisateur choisit.

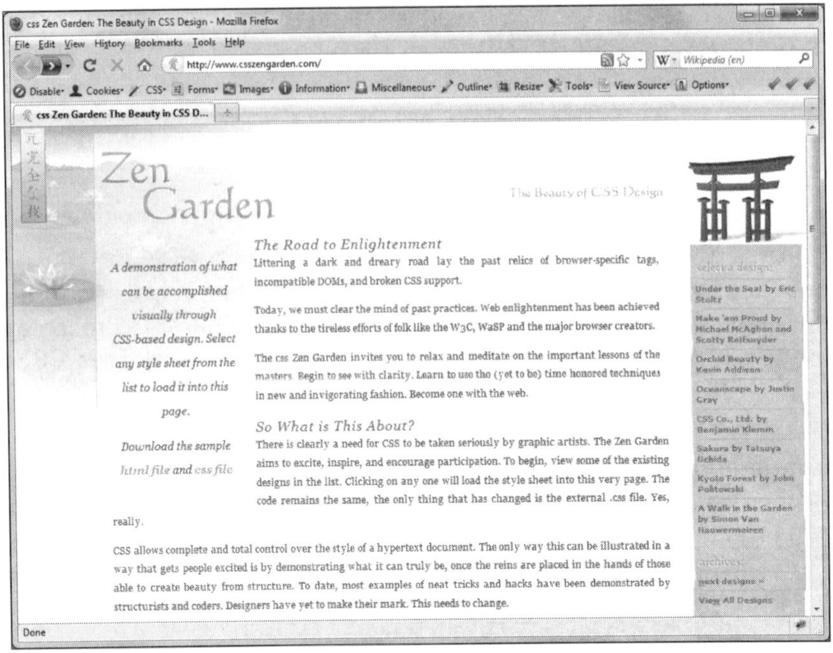

Figure 2.34 : Le site Zen Garden avec le style par défaut

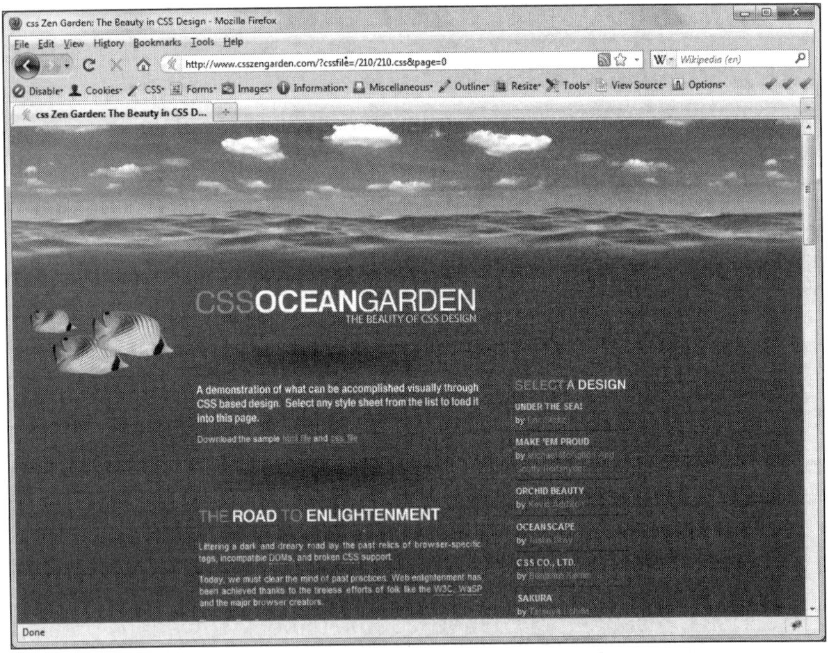

Figure 2.35 : Le site Zen Garden avec le style Oceanscape

Le code HTML est exactement la même, seule la feuille de style a changé.

Structure et comportement

Il faut également séparer la structure et le comportement. Pour comprendre la différence entre ces deux couches, prenons un exemple simple : un bouton HTML (structure) qui change la couleur de fond de la page lorsque l'utilisateur clique dessus (comportement).

Le plus simple pour parvenir à cela est d'utiliser la balise `<input>` avec l'attribut `onclick`.

```
<input type="button" id="monBouton" value="Cliquez-moi"
  onclick="document.body.style.backgroundColor = 'red';" />
```

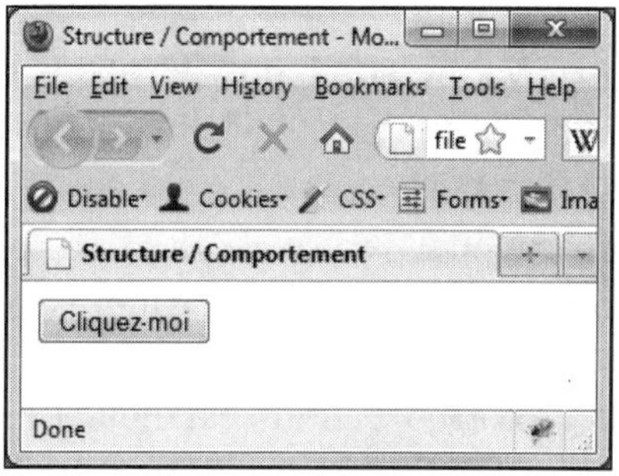

Figure 2.36 : Un bouton HTML

Nous avons mélangé la structure et le comportement, ce qui est une mauvaise pratique. Nous devons les séparer. Cette technique est appelée le JavaScript discret (ou *Unobtrusive JavaScript* en anglais). Commençons par la structure :

```
<input type="button" id="monBouton" value="Cliquez-moi" />
```

Lorsqu'on clique sur ce bouton, il ne se passe rien. Nous devons donc ajouter le comportement, c'est-à-dire l'événement `onclick`, au bouton. Ce code va dans la section `<head>` du fichier HTML.

```
<head>
   <script type="text/javascript">
      window.onload = function() {
         document.getElementById('monBouton').onclick =
         function() {
            document.body.style.backgroundColor = 'red';
         }
      }
   </script>
</head>
```

Ce n'est pas la peine d'apprendre cette syntaxe JavaScript car vous allez utiliser jQuery pour la gestion des événements.

Reportez-vous à ce sujet au chapitre *Donner vie à un site : les animations et les événements.*

Voici un aperçu de la syntaxe :

```
<head>
   <script type="text/javascript">>
   $(document).ready(function() {
      $('#monBouton').click(function(){
         $('#monBouton').css('background-color','red')
      })
   });
   </script>
</head>
```

La séparation de la structure et du comportement oblige à écrire quelques lignes en plus. Le bouton HTML ne semble avoir aucune action, car les actions sont attachées directement au code JavaScript. Cette technique a bien entendu des avantages :

- Le code HTML n'est pas mélangé avec du code JavaScript.
- Vous pouvez ainsi utiliser la gestion des événements de jQuery (ce qui assure une compatibilité entre les différents navigateurs).
- La gestion des paramètres et du contexte d'exécution est meilleure (nous y reviendrons en détail dans les chapitres suivants).

2.4. Check-list

Ce qu'il faut retenir de ce chapitre sur les bases de jQuery :

- Inclure jQuery.

```
<script type="text/javascript" src="http://ajax.googleapis.com
✂ /ajax/libs/jquery/1/jquery.min.js"></script>
```

- Utiliser `$(document).ready()`.

```
$(document).ready(function() {
   // code à exécuter
})
```

- Modifier du code HTML existant (quelques exemples de fonctions `.html()`).

```
$(document).ready(function() {
   $('#titreCV').html('Spécialiste jQuery');
})
```

- Le retour de la fonction `$()` est toujours un tableau d'objets, même si c'est un tableau à un seul élément (voir les *Annexes* en fin d'ouvrage).
- Insérer du contenu contextuel.

```
// La personne qui s'intéresse à votre CV le regarde
// le week-end
if(maintenant.getDay() == 0 || maintenant.getDay() == 7 ){
   $('#divers').after('- Horaires souples (weekend...)<br>');
}
```

- Traiter du CSS.

```
$('.titreSection').css({
   "border" : "1px solid black",
   "color" : "white",
   "background-color" : "grey"
});
```

- Utiliser Firebug.

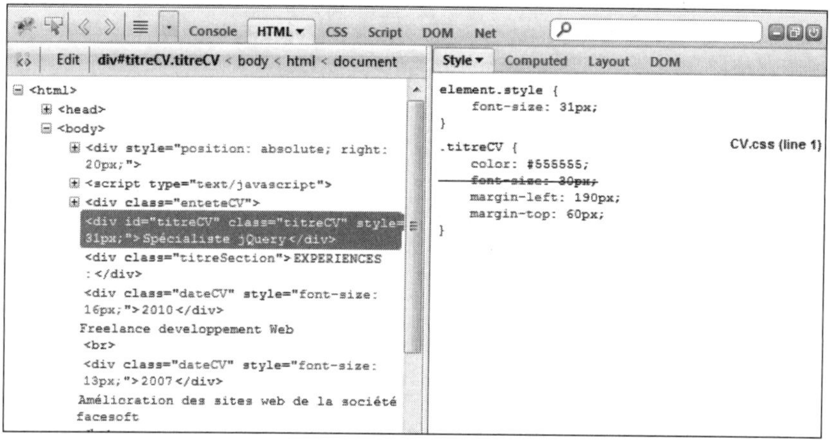

Figure 2.37 : Firebug

- Utiliser les sélecteurs pour manipuler les événements HTML en fonction de leur nature et de leurs attributs.

```
$("tr:even,tr:eq(1) td:eq(1)")
✂ .css("background-color","black");
```

- Chaîner les instructions.

```
$('.maClasse').show().css('color', 'red').filter(':even')
✂ .css('border', '1px solid black');
```

Tout ce qui a été vu dans ce chapitre concerne principalement ce que le programmeur souhaite afficher sur l'écran de l'utilisateur. Dans le chapitre suivant, nous allons nous intéresser aux actions de l'internaute.

CHAPITRE 3

DONNER VIE À UN SITE : LES ANIMATIONS ET LES ÉVÉNEMENTS

Nous allons maintenant envisager la gestion des événements susceptibles de se produire lorsqu'un internaute visite une page web. En effet, chaque action de l'utilisateur (mouvement de la souris, clic, touche du clavier...) est détectée par le navigateur. Une grande partie de l'ergonomie d'un site web est liée aux réactions qui répondent aux sollicitations de l'internaute. Nous allons donc revenir sur les bases de la gestion des événements, ce qui sera d'ailleurs très utile dans les chapitres suivants.

Ensuite, nous étudierons le plug-in UI (*User Interface*). Ce plug-in très puissant facilite la gestion de certaines tâches JavaScript courantes mais complexes, comme le redimensionnement d'un élément, le tri d'une liste et le glisser-déposer, etc.

3.1. Gérer les événements

JavaScript est un langage où la gestion des événements prend une place centrale. Le développeur peut gérer les interactions de l'utilisateur dans son interface. La gestion des événements diffère selon les navigateurs utilisés. jQuery permet de gommer ce problème en proposant un framework de gestion des événements compatible avec tous les navigateurs.

Pour commencer, étudions le clic de la souris en JavaScript puis en jQuery sur un bouton classique.

Pour cela, ajoutez l'attribut `onclick` sur l'élément HTML.

```
<a class="bouton" onclick="alert('Clic sur le bouton');" >
✂ Bouton </a>
```

Il est possible de définir une fonction JavaScript directement ou bien de renvoyer vers sa définition.

```
function clicSurBouton(){
   alert('Clic sur le bouton');
}
```

Le lien HTML avec l'attribut `onclick` :

```
<a class="bouton" onclick="clicSurBouton();" > Bouton </a>
```

Il est également possible de définir l'événement `onclick` sans polluer le HTML.

```
function clicSurBouton() {
   alert('Clic sur le bouton');
}
$(document).ready(function() {
   document.getElementById("bouton1").onclick = clicSurBouton;
});
```

Le lien HTML, avec aucune trace de l'événement :

```
<a id="bouton1" class="bouton">Bouton</a>
```

L'équivalent jQuery donne :

```
function clicSurBouton(){
   alert('Clic sur le bouton');
}
$(document).ready(function(){
   $("#bouton1").click(clicSurBouton);
});
```

Ces quatre codes ont le même résultat. Au clic sur le bouton, une fenêtre modale apparaît :

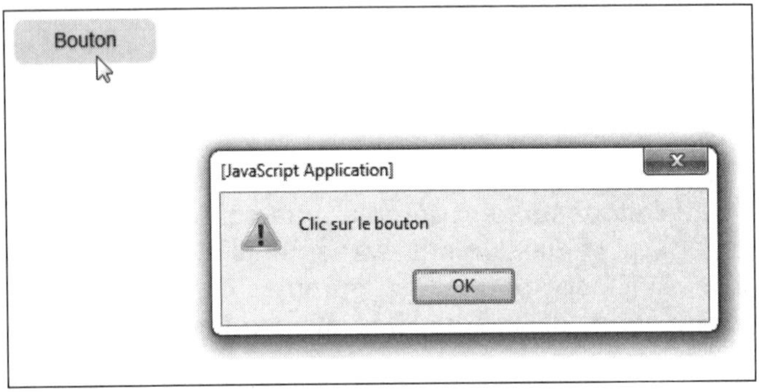

Figure 3.1 : Événement onclick

Voici un tableau récapitulatif des événements JavaScript :

Tableau 3.1 : Liste des événements JavaScript

Événement	**L'événement se déclenche quand :**
`blur`	Un élément perd le focus.
`change`	Le contenu du champ est modifié. Cet événement se déclenche juste avant le `blur`.
`click`	L'utilisateur clique sur un élément.
`dblclick`	L'utilisateur double-clique sur un élément.
`error`	Une erreur au chargement d'une image ou d'un document survient.
`focus`	Le focus est mis sur un élément.
`keydown`	L'utilisateur enfonce n'importe quelle touche du clavier.
`keypress`	L'utilisateur enfonce une touche du clavier correspondant à un caractère (Ctrl et Maj ne sont pas concernés par exemple).
`keyup`	L'utilisateur relâche une touche.
`mousedown`	L'utilisateur clique sur un bouton de la souris.
`mousemove`	La souris a bougé.

Tableau 3.1 : Liste des événements JavaScript

Événement	L'événement se déclenche quand :
`mouseout`	La souris quitte un élément.
`mouseover`	La souris arrive sur un élément.
`mouseup`	L'utilisateur relâche le bouton de la souris.
`resize`	La fenêtre est redimensionnée.
`select`	Un texte est sélectionné.
`onbeforeunload`	L'utilisateur s'apprête à quitter la page. L'événement se déclenche juste avant. Cela permet par exemple de demander à l'utilisateur s'il veut vraiment quitter la page quand il clique sur **Fermer tous les onglets** : il risque alors de perdre le contenu d'un formulaire qu'il a commencé à remplir.
`unload`	L'utilisateur quitte la page.

Surveiller les événements avec .bind()

L'exemple précédent fait intervenir la fonction `.click()` de jQuery.

```
$("#bouton1").click(clicSurBouton);
```

Cette fonction permet d'attacher un gestionnaire d'événement (event handler) sur l'élément ayant pour identifiant `bouton1`. Dans ce cas, la fonction passée en paramètre est `clicSurBouton()`.

La fonction `.click()` de jQuery est en réalité un raccourci d'une fonction plus générale, `.bind()`.

En effet, `$("#bouton1").click(clicSurBouton);` est l'équivalent de `$("#bouton1").bind('click',clicSurBouton);`.

Comme pour `.click()`, la fonction `.bind()` dispose de raccourci pour tous les événements. Voici la liste de ces raccourcis : `.blur()`, `.focus()`, `.focusin()`, `.focusout()`, `.load()`, `.resize()`, `.scroll()`, `.unload()`, `.click()`, `.dblclick()`, `.mousedown()`, `.mouseup()`, `.mousemove()`, `.mouseover()`, `.mouseout()`, `.change()`, `.select()`, `.submit()`, `.keydown()`, `.keypress()`, `.keyup()` et `.error()`.

La fonction `.bind()` prend donc en paramètre l'événement déclencheur. Il est possible de lui passer un ou plusieurs événements.

```
function clicSurBouton(){
   $("#bouton1").html($("#bouton1").html() + "!")
}
$("#bouton1").bind('mouseover mouseout', clicSurBouton);
```

Le code précédent ajoute des points d'exclamation à chaque fois que la souris arrive ou repart du bouton.

Il est possible d'attacher plusieurs gestionnaires d'événement au même élément. L'exemple suivant ajoute les trois caractères `!?!` à chaque clic sur le bouton.

```
function clicSurBoutonInterrogation(){
   $("#bouton1").html($("#bouton1").html()+"?")
}
function clicSurBoutonExclamation(){
   $("#bouton1").html($("#bouton1").html()+"!")
}
$("#bouton1").bind('click', clicSurBoutonExclamation);
$("#bouton1").bind('click', clicSurBoutonInterrogation);
$("#bouton1").bind('click', clicSurBoutonExclamation);
```

Figure 3.2 : Ajout de caractères sur le onclick

Type d'événement personnalisé

jQuery permet de créer des événements. Vous pouvez par exemple définir l'événement "evenementpersonnalise".

```
$("#bouton1")
✂ .bind('evenementpersonnalise',clicSurBoutonExclamation);
```

Vous pouvez ensuite déclencher cet événement avec la fonction `.trigger()`.

```
$("#bouton1").trigger('evenementpersonnalise');
```

Contexte d'exécution : this

Pour agir sur l'élément cible de l'événement, il est possible d'utiliser le mot-clé `this`. Par exemple, si vous affectez à la classe `bouton` le gestionnaire d'événement

```
function clicSurBoutonInterrogation(){
   $(this).html("nouveau texte") ;
}
$(".bouton").bind('click', clicSurBoutonInterrogation);
```

et que vous disposiez trois boutons sur la page

```
<a id="bouton1" class="bouton"   > Bouton1 </a>
<a id="bouton2" class="bouton"   > Bouton2 </a>
<a id="bouton3" class="bouton"   > Bouton3 </a>
```

seul le code HTML du bouton qui a été la cible du clic sera modifié en `nouveau texte`.

Figure 3.3 : Événement onclick contextuel

Il est possible de définir la fonction envoyée en paramètre de `.bind()` de façon anonyme. En effet, vous utilisez la fonction `clicSurBoutonInterrogation` qu'une seule fois. Vous n'avez donc pas besoin de lui attribuer un nom. Incluez-le directement dans l'appel de `.bind()`.

```
$(".bouton").bind('click', function(){
  $(this).html("nouveau texte");
});
```

Envoyer les paramètres au gestionnaire d'événement

Le code

```
var message = 'Joyeux Noël';
$('#bouton1').bind('click', function() {
   alert(message);
});
```

affiche le message d'alerte "Joyeux Noël" suite au clic sur le bouton.

Mais supposons que vous affectez une autre valeur à la variable `message`.

```
var message = 'Joyeux Noël';
$('#bouton1').bind('click', function() {
   alert(message);
});
message = 'Bonne année';
$('#bouton1').bind('click', function() {
   alert(message);
});
```

Deux messages d'alerte successifs apparaîtront avec un texte identique "*Bonne année*", car au moment de l'exécution, la variable `message` a cette valeur. Pour souhaiter un "*Joyeux Noël*" puis une "*Bonne année*", il faut envoyer la valeur de la variable `message` en paramètre de la fonction.

```
var message = 'Joyeux Noël';
$('#bouton1').bind('click', {msg: message}, function(event) {
   alert(event.data.msg);
});
message = 'Bonne année';
$('#bouton1').bind('click', {msg: message}, function(event) {
   alert(event.data.msg);
});
```

Vous avez utilisé de façon anticipée l'objet `event` dont nous détaillerons les propriétés dans la suite de ce chapitre. Sachez que cet objet contient tous les détails relatifs à l'événement déclenché. Dans ce cas, `event.data` est l'objet passé en deuxième paramètre de `.bind()`. Si l'on met un objet plus complexe, `{msg:message, jour:25, mois:12, temperature:"0°C"}`, le résultat que l'on obtient est :

```
var message = 'Joyeux noël';
$('#bouton1').bind(
   'click',
   {msg: message,jour:25,mois:12,temperature:"0°C"},
   function(event) {
      alert(event.data.msg);
      // résultat : Joyeux noël
      alert(event.data.jour);
      // résultat : 25
      alert(event.data.mois);
      // résultat : 12
      alert(event.data.temperature);
      // résultat : 0°C
   }
);
```

.unbind()

Pour retirer un gestionnaire d'événement d'un élément, il faut utiliser la fonction `.unbind()`.

Par exemple, pour empêcher un second clic sur un bouton, écrivez :

```
function clickSurUnElement(){
   $(this).html('Vous avez déjà cliqué sur ce bouton') ;
   $(this).unbind('click');
}
$(".bouton").bind('click', clickSurUnElement);
```

Au premier clic sur chaque élément de classe `bouton`, la fonction `clickSurUnElement()` est exécutée. Le contenu du bouton est remplacé puis `.unbind()` retire la gestion du clic sur ce bouton.

Si plusieurs fonctions sont attachées au même élément, la fonction `.unbind()` les retire toutes.

```
function clickSurUnElement1(){
   console.log('clickSurUnElement1') ;
   $(this).unbind('click');
}
function clickSurUnElement2(){
   console.log('clickSurUnElement2')
}
$(".bouton").bind('click', clickSurUnElement1);
$(".bouton").bind('click', clickSurUnElement2);
```

Pour choisir une fonction spécifique à détacher, il faut utiliser les espaces de noms (namespace).

```
function clickSurUnElement1(){
   $(this).html('Vous avez déjà cliqué sur ce bouton') ;
   console.log('clickSurUnElement2') ;
   $(this).unbind('click.espaceDeNom1');
}
```

```
function clickSurUnElement2(){
   console.log('clickSurUnElement1') ;
}

$(".bouton").bind('click.espaceDeNom1', clickSurUnElement1);
$(".bouton").bind('click.espaceDeNom2', clickSurUnElement2);
```

La ligne `$(this).unbind('click.espaceDeNom1');` retire uniquement le gestionnaire d'événement qui exécute la fonction `clickSurUnElement1()`.

event : la boîte noire d'un événement

Lorsque qu'un utilisateur effectue un changement d'état de son interface (utilisation du clavier, clic sur un élément...), un événement est déclenché. Cet événement peut être traité par le code JavaScript. Il est par exemple possible d'empêcher la saisie des voyelles dans un champ de texte. Un événement génère un objet JavaScript `event` qui contient toutes les caractéristiques de l'action.

Chemin de propagation : le bouillonnement

Lorsqu'un clic est effectué sur un élément, l'objet `event` est créé et se propage dans l'arbre DOM. Il se diffuse tout d'abord de la racine du document vers l'élément, c'est la phase de capture. Puis il atteint l'élément cible. Finalement, il remonte de parent en parent vers la racine du document ; cette troisième phase est la phase de bouillonnement.

jQuery ne prend en compte que le bouillonnement. Pour le constater, vous avez besoin d'un ensemble d'éléments imbriqués.

```
<html>
<body>
   <div id="divCadreExt" class="fondgris bordurepleine" >
      <div id="divCadreInt"
         class="fondblanc bordurepointillee" >
         <a id="bouton1" class="bouton"   > Bouton1 </a>
         <a id="bouton2" class="bouton"   > Bouton2 </a>
      </div>
      <a id="bouton3" class="bouton"   > Bouton3 </a>
   </div>
</body>
</html>
```

Pour distinguer visuellement les groupes d'éléments, appliquez-leur des styles très différents.

```
.fondgris{
   Background-color: #CCCCCC;
}
```

```
.fondblanc{
   background-color: #FFFFFF;
}
.bordurepleine{
   border: 1px black solid;
}
.bordurepointillee{
   border: 2px black dashed;
}
#divCadreExt{
   width: 400px;
   height: 150px;
}
#divCadreInt{
   width: 250px;
   height: 70px;
}
```

Puis affectez la fonction `clickSurUnElement()` à tous les éléments du DOM. Cette fonction affichera le nom de la balise (`tagName`) et son identifiant (`id`) dans la console Firebug.

```
function clickSurUnElement(){
   var el = this;
   console.log("Balise:"+ el.tagName + el.id);
}

$("*").bind('click',clickSurUnElement);
```

Si on clique sur le `bouton 1`, les événements seront déclenchés successivement sur les éléments `bouton1`, `divCadreInt`, `divCadreExt`, `body` et `html`.

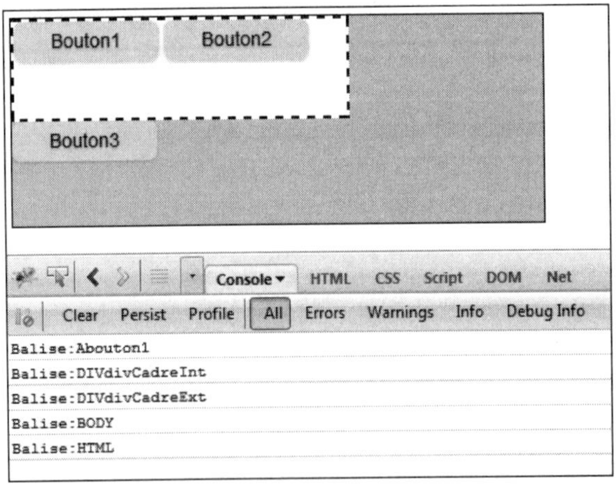

Figure 3.4 : Bouillonnement du clic sur le bouton 1

Alors qu'un clic sur le `divCadreExt` déclenchera uniquement les événements `divCadreExt`, `body` et `html`.

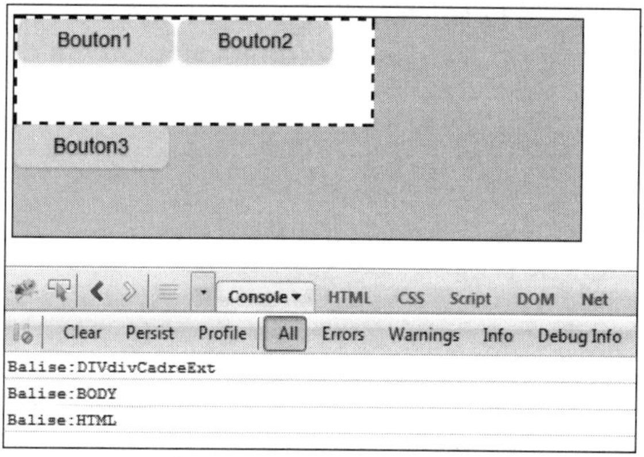

Figure 3.5 : Bouillonnement du clic sur le `divCadreExt`

Dans certaines situations, le bouillonnement est gênant car on ne souhaite pas déclencher les événements des éléments parents. Pour éviter le bouillonnement, utilisez la méthode jQuery `stopPropagation()` de l'objet `event`.

```
clickSurUnElement= function(event){
   event.stopPropagation();
   el= this;
   console.log("Balise:"+ el.tagName + el.id);
}
```

Dans ce cas, au clic sur le bouton 1, aucun bouillonnement n'aura lieu.

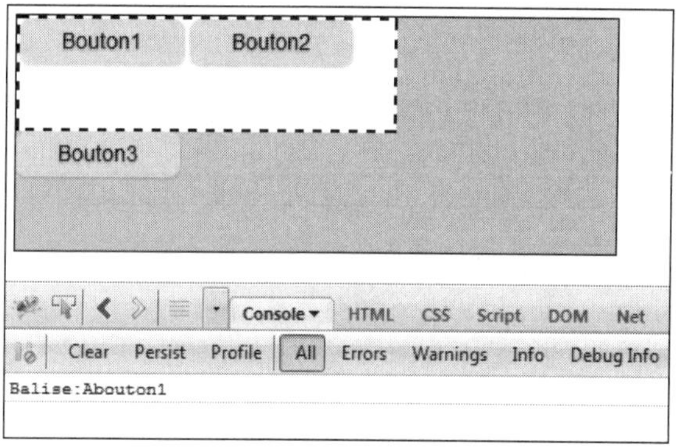

Figure 3.6 : Bouillonnement stoppé

Propriétés de l'objet event

L'objet `event` était géré de manière différente suivant les navigateurs. Par exemple, pour trouver la position de la souris, on disposait de syntaxes différentes selon les navigateurs. jQuery simplifie l'utilisation du JavaScript en rendant le code compatible avec tous les navigateurs.

L'exemple suivant affiche dans la console de Firebug le type d'événement et la position de la souris sur l'axe horizontal au moment du clic.

```
function clickSurUnElement(event){
   console.log("type: " + event.type);
   console.log("clientX: " + event.clientX);
   console.log("élément traité: " + event.currentTarget);
   console.log("taille navigateur: " + event.screenX
               + "*" + event.screenY);
   console.log(event)
}
$(".bouton").bind('click', clickSurUnElement);
```

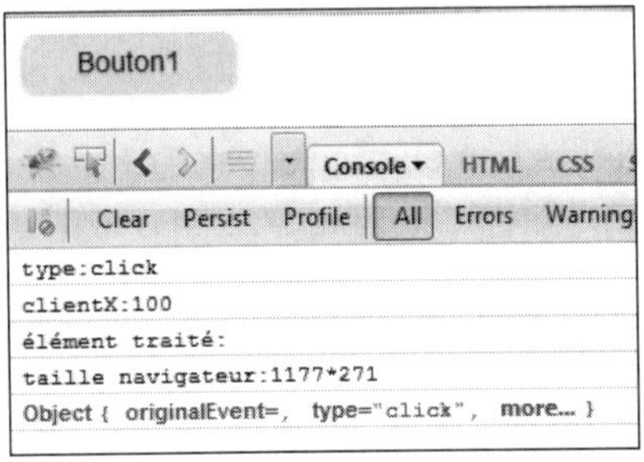

Figure 3.7 : Propriété de l'objet event

Un tableau récapitulatif des principales propriétés de l'objet `event` donne un aperçu des possibilités de traitement que permet cet objet.

Tableau 3.2 : Liste des événements JavaScript

Propriété	Valeur
`event.currentTarget`	L'élément DOM atteint par `event`.
`event.target`	L'élément DOM cible initial.
`event.pageX`	Position horizontale de la souris sur la page (scroll horizontal compris).
`event.pageY`	Position verticale de la souris sur la page (scroll vertical compris).
`event.clientX`	Position horizontale de la souris sur la partie visible du navigateur.
`event.clientY`	Position verticale de la souris sur la partie visible du navigateur.
`event.timeStamp`	Nombre de millisecondes depuis le 1er janvier 1970 au moment de l'événement.
`event.type`	Type d'événement (`click`, `load`, `mouseOver`, `focus...`).
`event.which`	Valeur Unicode de la touche concernée.
`event.data`	Permet de récupérer les données envoyées en paramètre de la fonction.

Considérons l'événement `keydown` qui se déclenche à chaque frappe sur une touche de clavier. Vous avez besoin d'un champ de texte.

```
<input type="text" />
```

Attachez à ce champ la fonction `caracterePresse` qui affiche la propriété `which` de `event`.

```
function caracterePresse (event){
   console.log(event.which);
}
$("input").bind('keydown', caracterePresse);
```

Tableau 3.3 : Exemples pour la propriété `which` **de** `event`

Touche	Valeur
[A]	97
[B]	98
[C]	99
...	...
[Y]	121
[Z]	122
[↵]	13
[⇤]	8
[Barre d'espace]	32

Voici un exemple de capture de la touche du clavier pressée pour empêcher la personne de saisir des voyelles :

```
function caracterePresse (event){
   if(event.which == 97 || event.which == 101 ||
      event.which == 121 || event.which == 117 ||
      event.which == 105 || event.which == 117 ){
         return false
   }
}
$("input").bind('keydown',caracterePresse);
```

REMARQUE

Raccourci pour les caractères spéciaux

En général, vous avez surtout besoin de détecter les touches spéciales comme [↵], [⇆], etc. Mettre leur valeur numérique directement dans le code n'est pas très pratique. Le plug-in jQuery UI, décrit plus loin dans ce chapitre, facilite le travail avec l'objet `$.ui.keyCode`. En effet, cet objet contient la valeur de toutes ces touches.

Par exemple, pour détecter la touche ↵, vous pouvez utiliser le code suivant :

```
if(event.which == $.ui.keyCode.ENTER) {
  // ...
}
```

ALT	18	NUMPAD_DECIMAL	110
BACKSPACE	8	NUMPAD_DIVIDE	111
CAPS_LOCK	20	NUMPAD_ENTER	108
COMMA	188	NUMPAD_MULTIPLY	106
COMMAND	91	NUMPAD_SUBTRACT	109
COMMAND_LEFT	91	PAGE_DOWN	34
COMMAND_RIGHT	93	PAGE_UP	33
CONTROL	17	PERIOD	190
DELETE	46	RIGHT	39
DOWN	40	SHIFT	16
END	35	SPACE	32
ENTER	13	TAB	9
ESCAPE	27	UP	38
HOME	36	WINDOWS	91
INSERT	45		
LEFT	37		
MENU	93		

Figure 3.8 : console.log ($.ui.keyCode);

Cas pratique : créer un mini-jeu

Vous allez réaliser un petit jeu de rapidité pour tester l'utilisation de `event.data`.

Un bouton/ballon doit apparaître à un endroit aléatoire de l'écran. Le but du jeu est de cliquer le plus vite possible sur le bouton.

Figure 3.9 : Jeu de rapidité event.data

Pour cela, vous avez besoin d'un ballon

```
<a id="bouton1" class="bouton" > Bouton1 </a>
```

d'un terrain de jeu

```
$("html").width(500);
$("html").height(400);
$("html").css('background-image', 'url(terrain.jpg)');
$("html").css('background-repeat', 'no-repeat');
```

d'un écran des scores

```
<span id="meilleurScore" > </span>
```

et d'un arbitre qui place le ballon, mesure les temps de réaction et affiche les scores.

```
var meilleurScore = -1;

function placementAleatoireDuBouton(){
   $("#bouton1").css('left', $("html").width()*Math.random());
   $("#bouton1").css('top', $("html").height()*Math.random());
   $("#bouton1").html('Ici');
   $("#bouton1").unbind('click');
   $("#bouton1").bind('click',
                      {'dateDepart':new Date()},
                      jeuTempsReaction);
}

function jeuTempsReaction(event){
   var dateDuClic = new Date();
   var tempsDeReaction = dateDuClic - event.data.dateDepart
   $("#bouton1").html(tempsDeReaction + ' ms, rejouer ?')
   $("#bouton1").unbind('click');
   $("#bouton1").bind('click',placementAleatoireDuBouton);
   afficheRecord(tempsDeReaction);
}

function afficheRecord(score){
   if(meilleurScore < 0 || meilleurScore > score){
      meilleurScore = score ;
      $("#meilleurScore").html("Record "+score+" millisecondes");
   }
}

placementAleatoireDuBouton();
```

Pour le placement du ballon, vous utilisez la fonction `Math.random()` qui retourne un nombre aléatoire compris entre 0 et 1.

```
$("#bouton1").css('left', $("html").width()*Math.random());
$("#bouton1").css('top', $("html").height()*Math.random());
```

Ces deux lignes permettent de positionner aléatoirement le ballon à l'horizontale et à la verticale sur le terrain. Vous vous assurez ensuite de bien nettoyer le ballon (`.unbind('click')`), puis vous lui affectez la fonction `jeuTempsReaction` sur l'événement `click`.

```
$("#bouton1").bind('click',{'dateDepart':new Date()},jeuTempsReaction);
```

Au moment où vous affectez cette fonction, vous mémorisez l'instant précis de cette affectation. Ce paramètre sous forme d'objet JSON sera attaché à l'objet `event`. Vous le réutilisez donc dans la fonction `jeuTempsReaction` pour obtenir l'écart entre le moment de l'affectation et le moment du clic.

```
var tempsDeReaction = dateDuClic - event.data.dateDepart
```

Il est donc possible de transférer des informations concernant le contexte d'affectation au moment de l'exécution !

Ensuite, vous affichez le score sur le ballon et vous replacez le ballon si le joueur souhaite améliorer son score.

```
$("#bouton1").html(tempsDeReaction + ' ms, rejouer ?')
$("#bouton1").unbind('click');
$("#bouton1").bind('click', placementAleatoireDuBouton);
```

Enfin, avec la fonction `afficheRecord()`, vous affichez le record de la partie, qui est mémorisé dans la variable `meilleurScore`.

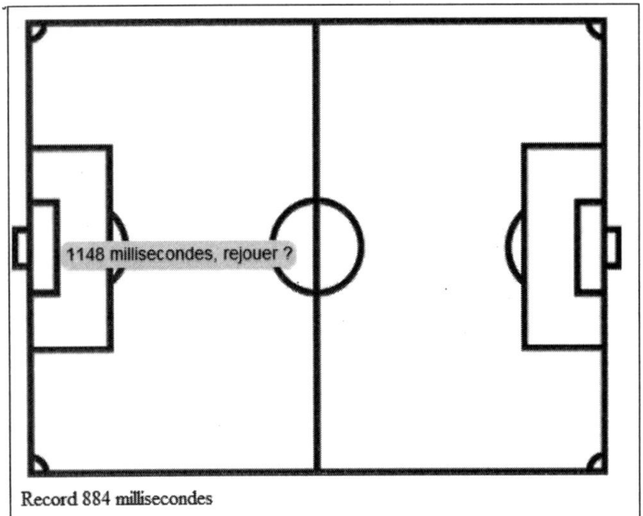

Figure 3.10 : Après plusieurs tentatives

> REMARQUE
>
> **Optimisation**
>
> Pour garder le code lisible dans ce chapitre, nous n'avons pas utilisé, dans la fonction `placementAleatoireDuBouton()`, le chaînage `$("#bouton1") .css(…).css(…).html(…).unbind(…).bind(…)`. Le chaînage permet d'éviter de relancer la recherche de l'élément `#bouton1` avec la fonction `$()`. Il est donc très important pour l'optimisation du code.

REMARQUE

Une autre solution est de stocker dans une variable `var monObj = $("#bouton1")` l'élément recherché à la première recherche, puis d'utiliser `monObj.css(…)`, `monObj.html(…)`, etc.

```
function placementAleatoireDuBouton(){
  var moObj = $("#bouton1") ;
  monObj.css('left', $("html").width()*Math.random());
  monObj.css('top', $("html").height()*Math.random());
  monObj.html('Ici');
  monObj.unbind('click');
  monObj.bind('click',
                  {'dateDepart':new Date()},
                  jeuTempsReaction);
}
```

REMARQUE

Optimisation `bind()`/`unbind()`

Dans cet exemple, vous exécutez la fonction `.unbind()` avant l'appel de la fonction `.bind()` pour supprimer les événements attachés au clic.

À la place de la fonction `.bind()`, vous pourriez utiliser la fonction `.one()` qui est son équivalent, à l'exception du fait que `.one()` n'attache la fonction que pour un seul clic ; c'est exactement ce que vous recherchez. Avec `.one()`, vous n'avez plus besoin de `.unbind()`.

```
function placementAleatoireDuBouton(){
  var moObj = $("#bouton1") ;
  monObj.css('left', $("html").width()*Math.random());
  monObj.css('top', $("html").height()*Math.random());
  monObj.html('Ici');
  monObj.unbind('click');
  monObj.one('click',
                  {'dateDepart':new Date()},
                  jeuTempsReaction);
}
```

Évidemment, pour impressionner vos amis et éviter de perdre à votre propre jeu, vous pouvez ajouter une petite subtilité : le dopage !

```
var doseDopage = 0;
function dopage(event){
   if(event.which == 100 ){
      doseDopage = 300;
   }

}
$("*").bind('keypress', dopage)
```

Vous ajoutez l'événement `dopage` dès qu'une touche du clavier est enfoncée. Si c'est la touche [D] (ayant pour code 100), vous attribuez 300 millisecondes de bonus au moment du calcul du temps de réaction.

```
var tempsDeReaction = dateDuClic - event.data.dateDepart
tempsDeReaction -= doseDopage;
afficheRecord(tempsDeReaction);
```

ATTENTION

Dopage

Le dopage nuit gravement à l'intégrité du codeur, à n'utiliser qu'en cas d'extrême urgence.

Surveiller les nouveaux-nés en .live()

La fonction `.live()` peut remplacer la fonction `.bind()` avec un léger twist. Lorsqu'on appelle la fonction `.bind()`, seuls les éléments présents au moment de cet appel sont concernés. Les éléments introduits après l'exécution de `.bind()` ne sont pas affectés. La fonction `.live()` permet justement d'attacher un événement à un élément, peu importe l'heure de son entrée en existence.

Prenons un exemple assez simple pour illustrer la différence entre `.bind()` et `.live()`. Vous disposez de deux boutons, ayant pour classe `bouton`. Vous attachez (`.bind()`) une fonction pour gérer l'événement `click` : lorsque vous cliquez sur l'un de ces boutons, son libellé devient "Nouveau Texte".

```
<!-- code HTML -->
<a id="bouton1" class="bouton">Bouton1</a>
<a id="bouton2" class="bouton">Bouton2</a>

// Code JavaScript : on attache l'événement
$(".bouton").bind('click', function() {
   $(".bouton").html("Nouveau Texte")
});
```

Vous ajoutez ensuite un troisième bouton, avec la même classe `bouton`.

```
$('body')
   .append('<a id="bouton3" class="bouton">Bouton3</a>');
```

Lorsque vous cliquez sur ce nouveau bouton, rien ne se passe. Cela est dû au fait que ce troisième bouton n'existait pas encore au moment de l'appel de `.bind()`.

Pour que le bouton 3 réagisse également au clic, il suffit d'utiliser la fonction `.live()`.

```
$(".bouton").live('click', function() {
   $(".bouton").html("Nouveau Texte")
});
```

Pour retirer les événements qui ont été affectés par `.live()`, utilisez la fonction `.die()`.

```
$(".bouton").die('click');
```

Le contexte d'exécution : what is "this" ?

Le mot-clé `this` est utilisé dans les langages orientés objet, pour décrire l'instance de l'objet en cours de manipulation. `this` est le contexte d'exécution.

Voici un exemple de classe en JavaScript. Cette classe permettra d'instancier (de déclarer) des animaux :

```
function Animal() {
   this.nom = "";
   this.categorie = "";
   this.son = "";
   this.presentation = function(){
      alert(this.son + " , je suis " + this.nom + " le " +
      this.categorie);
   }
}

// Création d'un chien
var monChien = new Animal();
monChien.nom = "Brutus";
monChien.categorie = "chien";
monChien.son = "OUAF";

// Création d'une autre instance
var monChat = new Animal();
monChat.nom = "Felix";
monChat.categorie = "chat";
monChat.son = "MIAOW";

monChien.presentation();
monChat.presentation();
```

La classe `Animal` dispose de trois propriétés, `nom`, `categorie`, `son`, et d'une méthode, `presentation()`.

```
var monChien = new Animal();
```

Cette ligne déclare une variable de type `Animal`. Vous donnez ensuite la valeur des différents attributs du chien.

```
monChien.nom = "Brutus";
monChien.categorie = "chien";
monChien.son = "OUAF";
```

Vous instanciez de même un nouvel objet de type `Animal`, un chat cette fois.

Vient enfin l'exécution de la méthode `presentation()` pour chacune de ces deux instances.

```
monChien.presentation();
monChat.presentation();
```

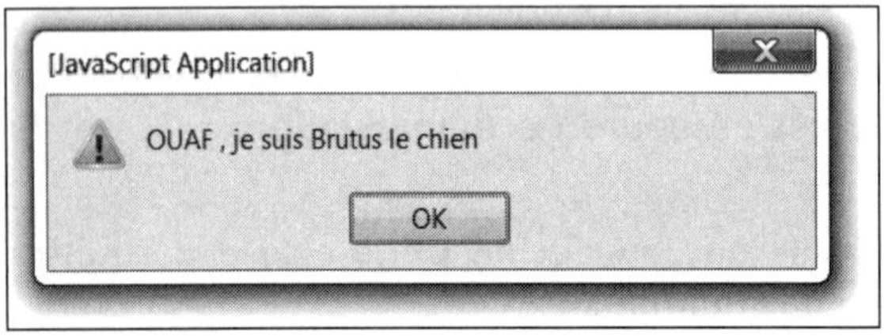

Figure 3.11 : Aboiement

Figure 3.12 : Miaulement

Le mot-clé `this` fait référence à l'objet utilisé. Vous obtenez donc un comportement différent selon que vous utilisez la méthode `presentation()` avec l'objet `monchien` ou `monchat`.

```
alert(this.son + " , je suis " + this.nom + " le " +
      this.categorie);
```

C'est bien pratique. Mais si l'utilisation de `this` a beaucoup d'avantages, il y a des pièges dans lesquels il ne faut pas tomber. Voici le piège classique :

```
$(".bouton").click( monChien.presentation );
```

Au clic sur le bouton, on obtient :

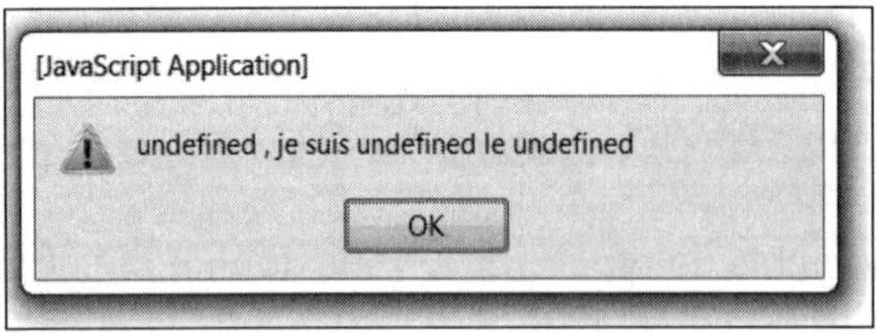

Figure 3.13 : Mauvais contexte

En effet, dans ce cas, le contexte n'est plus l'objet `monChien` mais le `bouton` qui a fait l'objet du clic !

Le bouton appelle donc la méthode `présentation()`, alors qu'il ne dispose pas de `nom`, ni de `catégorie`, ni de `son` ; ces attributs sont pour lui `undefined`.

Heureusement, il est possible de choisir le contexte passé en paramètre grâce à la fonction `$.proxy()` de jQuery.

```
$(".bouton").click(
   $.proxy(monChien.presentation, monChien)
);
```

Cette fonction prend en premier paramètre la méthode à exécuter puis en second paramètre le contexte d'exécution.

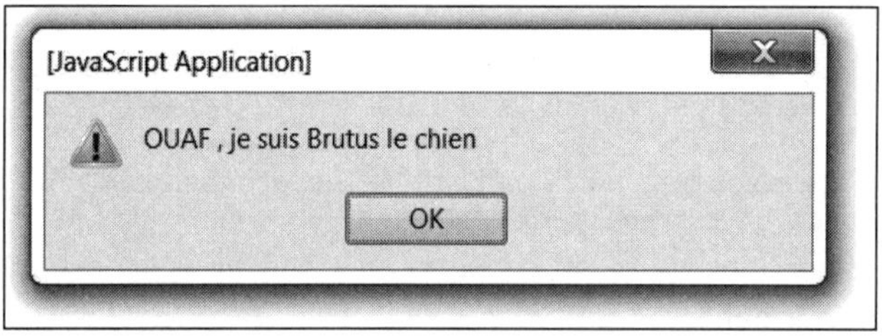

Figure 3.14 : Aboiement

3.2. Aller plus loin avec les événements avancés : le plugin jQuery UI

jQuery dispose d'une large gamme de plugins qui peuvent être ajoutés suivant les besoins du projet. Tous ces plugins se basent sur jQuery, il faut donc ajouter *jQuery Core* au projet avant d'ajouter un plugin.

jQuery UI (Interface Utilisateur) est un plugin qui permet aux développeurs d'ajouter à leurs projets JavaScript des effets visuels, des interactions et des widgets de grande qualité en quelques lignes de code. Nous allons nous concentrer dans ce chapitre sur les effets et les interactions mis à disposition par jQuery UI.

RENVOI

Les widgets et les thèmes, quant à eux, sont traités au chapitre *Les widgets de jQuery UI*.

Le plugin jQuery UI est développé par la communauté (il fait partie du projet jQuery.org). Chacun d'entre nous peut participer à son débogage, aux propositions de mise à jour et à son développement. Les widgets sont conçus pour être paramétrables, aussi bien au niveau du style que du comportement. La bibliothèque est simple à manier, elle repose sur une utilisation en deux étapes : la première consiste à trouver l'élément à manipuler, la seconde à lui appliquer une méthode de UI.

Chaque fonctionnalité de jQuery UI est faite pour fonctionner de façon identique sur tous les navigateurs.

Utiliser le plugin UI

Pour utiliser les fonctionnalités de jQuery UI, il suffit d'ajouter le plugin à la liste des références JavaScript dans le header du fichier HTML. Comme pour jQuery, il est possible d'utiliser le fichier stocké sur un serveur tiers

```
<script type="text/javascript" src="http://ajax.googleapis.com
✂ /ajax/libs/jquery/1.5/jquery.min.js">
</script>
<script type="text/javascript" src="https://ajax.googleapis.com
✂ /ajax/libs/jqueryui/1.8/jquery-ui.js">
</script>
```

ou un fichier situé en local.

```
<script type="text/javascript"
        src="jquery-1.5.min.js">
</script>
<script type="text/javascript"
        src="jquery-ui-1.8.min.js">
</script>
```

Pour télécharger jQuery UI, rendez-vous sur la page **http://jqueryui.com/download.**

Personnaliser le plugin UI

jQuery fait environ 75 Ko dans sa version compressée, alors que le plugin jQuery UI fait à lui seul 200 Ko.

Pour éviter des temps de chargement trop long, il est possible de personnaliser la version du plugin : jQuery UI permet de télécharger uniquement les fonctionnalités que l'on souhaite utiliser. Cela permet d'optimiser la taille de ce plugin et donc de diminuer la durée du premier chargement (pour les chargements suivants, le JavaScript est mis en cache dans le navigateur ; il n'a donc pas besoin d'être "re-téléchargé").

Dans un premier temps, vous allez télécharger la bibliothèque entière pour pouvoir utiliser toutes les fonctionnalités de UI. Au moment de la mise en production d'un projet, il est possible de retourner sur cette page pour télécharger uniquement les fonctionnalités que vous avez utilisées.

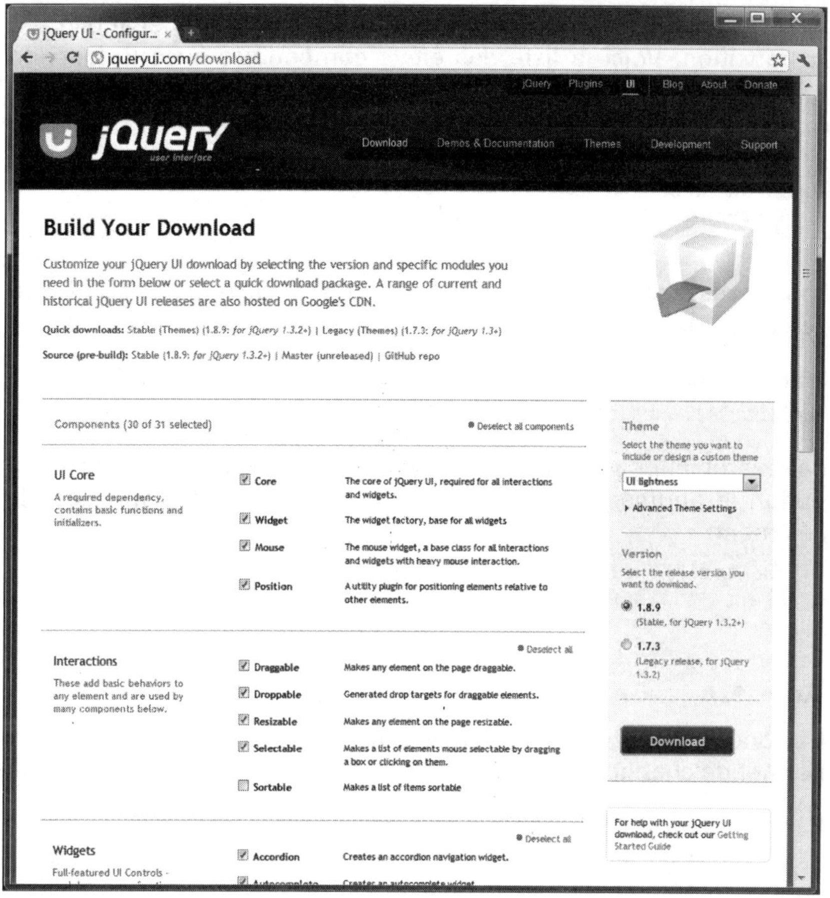

Figure 3.15 : Sélection des éléments du plugin

Les effets et les animations

jQuery UI redéfinit certaines fonctions présentes dans jQuery, par exemple les fonctions `.show()`, `.hide()` et `.toggle()`.

Vous allez appliquer ces fonctions à un simple bouton HTML.

```
<input type="button" id="bouton1" value="Cliquez moi" />
```

Le seul paramètre définissant l'effet d'apparition, disponible dans jQuery, est la vitesse de transition.

```
$("#bouton1").bind('click',cacheBouton);
function cacheBouton() {
   $("#bouton1").hide('slow');
}
```

Avec jQuery UI, il est également possible de choisir l'effet appliqué à la transition. Voici la liste des effets compatibles avec la fonction `.hide()` : `blind, clip, drop, explode, fold, puff, slide, scale, size, pulsate`.

```
$("#bouton1").bind('click',cacheBouton);
function cacheBouton() {
   $("#bouton1").hide('explode');
}
```

Toutes ces transitions sont visibles en ligne sur la page **http://jqueryui.com/demos/hide/**.

D'autres options sont disponibles : `.hide(effet, [options], [vitesse], [callback])`.

Par exemple, pour l'effet `scale` (échelle), il est possible de passer en option le pourcentage de taille à atteindre avant la disparition de l'élément.

```
$("#bouton1").hide('scale', {percent: 80}, 'slow', function(){
   alert('scale')
});
```

Animate

La fonction `.animate()` est également présente dans jQuery. Elle permet de changer le style d'un élément HTML avec une transition.

Par exemple, vous disposez d'une balise `<div>` ayant pour identifiant `effet`, d'une largeur de 100 px, et vous appliquez cette fonction au clic sur un bouton présent sur la page.

```
$("#bouton" ).click(function() {
   $("#effet").css({width: 1000});
});
```

Le clic sur le bouton fera passer instantanément la largeur de la balise `<div>` de 100 px à 1 000 px. Alors que si vous utilisez la fonction `.animate()` de jQuery UI

```
$( "#bouton" ).click(function() {
   $( "#effet").animate({width: 1000}, 500);
});
```

la `<div>` s'agrandira progressivement pendant 500 millisecondes.

La plupart des propriétés CSS ayant une valeur numérique peuvent être animées : `width`, `left`, `scrollTop`. La propriété `backgroundColor` n'est pas gérée par la fonction `.animate()` de jQuery. Par contre, cette propriété est gérée par jQuery UI.

Donc, si vous affichez une `div` ayant le style CSS

```
#effet {background-color: #EEEE00}
```

et si vous appliquez la fonction de jQuery UI

```
$("#effet").animate({backgroundColor:"#EE0000"},40000);
```

le fond de la `div` va passer lentement (40 000 ms, soit 40 secondes) du jaune au rouge. jQuery UI permet de gérer les transitions de l'ensemble des propriétés ayant pour valeur une couleur (`color`, `borderColor`...).

REMARQUE

Couleurs hexadécimales

Les couleurs HTML peuvent être définies par leur nom, `black`, `white`, `blue`, `yellow`, ou par leur code hexadécimal, respectivement `#000000`, `#FFFFFF`, `#0000FF`, `#FFFF00`.

Le code hexadécimal d'une couleur permet de connaître les quantités de couleurs primaires qui composent la couleur finale. Les trois couleurs primaires utilisées sont le rouge (*Red*), le vert (*Green*) et le bleu (*Blue*). Cela compose le système RGB : `#RRGGBB`. En hexadécimal, le minimum est `00` et le maximum est `FF`.

Le noir `#000000` ne contient aucune couleur : R = `00`, G = `00`, B = `00`.

Le blanc `#FFFFFF` contient toutes les couleurs à leur maximum : R = `FF`, G = `FF`, B = `FF`.

Le bleu `#0000FF` ne contient que du bleu : R = `00`, G = `00`, B = `FF`.

Et le jaune `#FFFF00` est le résultat du mélange du rouge et du vert : R = `FF`, G = `FF`, B = `00`.

Il est bien sûr possible d'utiliser des demi-teintes comme la couleur saumon : `#FA8072`.

La fonction `.animate()` de jQuery UI accepte plus de paramètres que celle de jQuery Core : `.animate( propriétéCSS, [ durée ], [ easing ], [ fonction de rappel ] )`.

Étudions cet exemple :

```
$( "#bouton" ).click(function() {
   $( "#effet" ).animate( {
         backgroundColor: "#EE0000",
         opacity: 0.25,
```

```
         left: '+=50',
         height: 'toggle'
      },
      4000,
      'easeInBounce',
      function() {
         $(this).after('<div>Anim. terminée</div>');
      }
   );
});
```

Au clic sur le bouton, la `div` va devenir rouge (`backgroundColor:"#EE0000"`), son opacité sera de 25 %, elle sera décalée de 50 pixels vers la gauche (`left: '+=50'`) et sa hauteur sera réduite à 0 px. La valeur `toggle` pour la propriété `height` fera réapparaître la `div` en cas de second clic sur le bouton.

La durée de ces changements est de 4 secondes (4 000 ms).

Le "*easing*" que l'on pourrait traduire par "*cinématique de transition*" est par défaut linéaire. Dans cet exemple, `easeInBounce` donne une transition de type rebond.

Vous trouverez la liste des easings possibles et leur représentation sous forme de courbe sur **www.robertpenner.com/easing/easing_demo.html.**

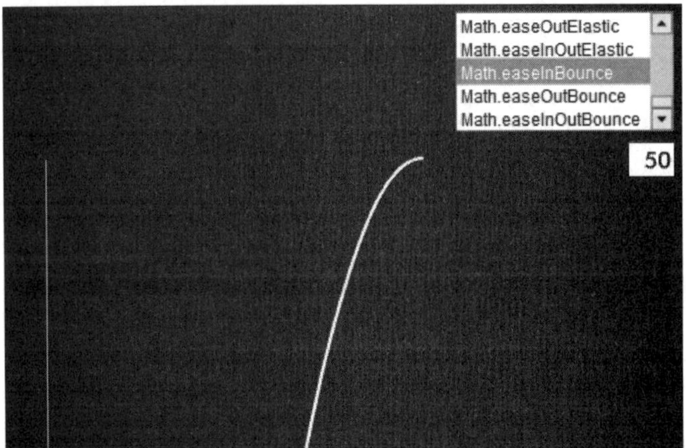

Figure 3.16 : Easing rebond

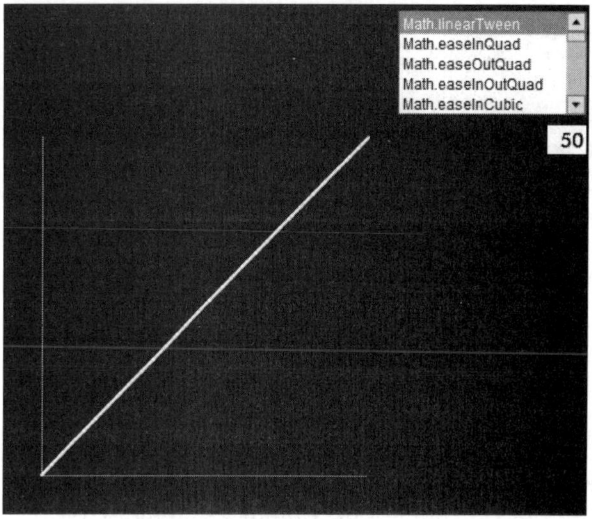

Figure 3.17 : Easing linéaire

Enfin, la fonction de rappel est appelée une fois l'animation terminée.

Animation de Class

Avec le plugin UI, il est possible de faire des transitions en appliquant directement les classes CSS.

```
.classeffet {
   position: relative;
   width: 300px;
   height: 150px;
   font-size: 1.2em;
   border: 1px solid #000;
   background-color: #EEEE00;
   color: #333333;
}
.newClass {
   width: 200px;
   height: 200px;
   font-size: 1.3em;
   background-color: #EE00EE;
   color: #000000;
}
```

Appliquez la class `classeffet` à un élément HTML.

```
<div id="effet" class="classeffet">
      Le terme geek (/gik/) est un anglicisme désignant une
      personne passionnée par un domaine précis.
      Il y a souvent confusion entre les geeks,
      les nolifes, et les nerds…
</div>
```

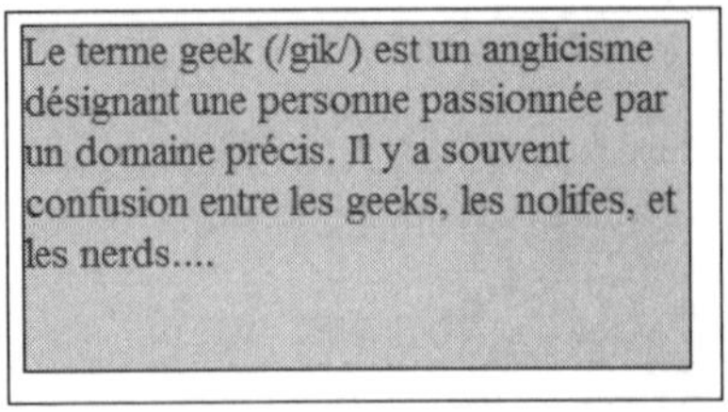

Figure 3.18 : classeffet

Au clic sur l'élément, appliquez la fonction `.addClass()`.

```
$(function() {
   $("#effet").click(function() {
      $("#effet").addClass( "newClass", 1000 );
   });
});
```

L'élément va effectuer des transitions simultanées pour chacun des éléments de style définis dans `newClass`. La largeur va diminuer de 300 à 200 pixels, la hauteur va augmenter, la couleur va changer, etc.

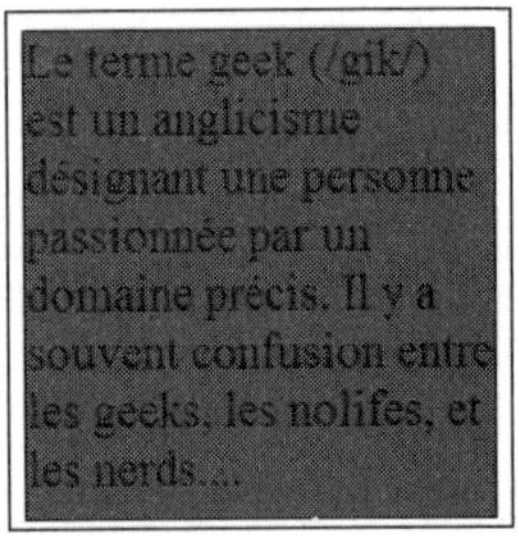

Figure 3.19 : Transition vers newclass

La fonction `.removeClass()` permet de retirer une classe, et `.toggleClass()` permet de retirer la classe si elle est présente et de l'ajouter dans le cas contraire.

Vous avez vu l'essentiel de la gestion des effets JavaScript que permet jQuery UI. Certaines options n'ont pas été abordées ici. Mais il est possible de trouver les aides détaillées de chaque fonction d'effet sur **http://jqueryui.com/docs/Effects/Methods.**

3.3. Ajouter des interactions

Il y a cinq nouveaux types d'interactions définis par jQuery UI. Un élément peut être "glissable" (draggable), "déposable" (droppable), "retaillable" (resizable), sélectionnable (selectable) ou "triable" (Sortable). Vous allez utiliser chacun de ces événements dans des exemples pratiques et, pour chacun, nous détaillerons certaines options de manipulation.

Glisser : .draggable()

Pour rendre un élément "glissable", rien de plus simple avec jQuery UI. Il suffit de lui appliquer la fonction `.draggable()`.

```
$("#effet").draggable();
```

Cette fonction va ajouter la classe `ui-draggable`.

Lorsque l'élément est déplacé, une autre classe est ajoutée : `ui-draggable-dragging`.

Pour contraindre le déplacement sur l'axe vertical uniquement, ajoutez cette option :

```
$("#effet").draggable({axis: "y"});
```

Tableau 3.4 : Liste des options principales de `draggable()`

Option	Effet
`{axis: "y"}`	Déplacement vertical.
`{axis: "x"}`	Déplacement horizontal.
`{containment: "parent"}`	L'élément ne peut pas être déplacé en dehors de la surface de son élément parent.
`{containment: "#element"}`	Déplacement dans la surface de l'élément désigné par son identifiant.
`{distance: 33}`	Déplacement possible si la souris s'est déplacée d'au moins 33 pixels.
`{delay: 987}`	Déplacement possible après 987 millisecondes.
`{grid: [150,10]}`	Le déplacement se fait sur une grille de 150 pixels × 10 pixels.
`{snap: "#elementCible"}`	Si l'élément déplacé s'approche de l'élément cible, alors il s'accrochera à ses bordures.
`{snap: "#elementCible", snapMode: "outer"}`	Si l'élément déplacé s'approche de l'élément cible, alors il s'accrochera aux contours de l'élément cible. Les valeurs possibles pour `snapMode` sont `inner`, `outer` et `both`. `inner` : intérieur. L'élément déplacé s'accroche à la partie interne des bordures de l'élément cible. `outer` : extérieur. L'élément déplacé s'accroche à la partie externe des bordures de l'élément cible. `both` : intérieur ou extérieur.
`{snap: "#elementCible", snapTolerance: 33px}`	Si l'élément déplacé s'approche à 33 pixels de l'élément cible, alors il s'accrochera à ses bordures. La valeur par défaut est de 20 pixels.
`{revert: true}`	L'élément revient à sa place initiale si on relâche la souris.
`{helper: "clone", opacity: 0.7}`	L'élément déplacé a une opacité de 70 % et il est copié. Il reste donc un élément à l'emplacement original.
`{cursor: "move"}`	Change le curseur de la souris lors du déplacement.

Tableau 3.4 : Liste des options principales de `draggable()`

Option	Effet
`{cursorAt: {top: -10, left : -10} }`	La souris se trouve 10 pixels au-dessus et à gauche du coin supérieur gauche de l'élément déplacé.
`{handle: "#elPoignee"}`	Choix de l'élément qui permettra le déplacement. Par exemple, pour une popup, seul l'en-tête permet de la déplacer.

Il est possible de combiner ces différentes options.

```
$( "#effet" ).draggable({
   grid:[90,10],
   cursorAt: { top: -12, left: -20 },
   helper: "clone",
   revert: true,
  opacity: 0.5,
   cursor: "move"
});
```

Trois événements sont disponibles pendant le déplacement d'un élément. Cela permet d'ajouter un traitement particulier à chaque étape du déplacement.

```
$( "#effet" ).draggable({
   start: function() {
      console.log('Début');
      // Votre traitement ici
      // ...
   },
   drag: function() {
      console.log('Déplacement');
      // Votre traitement ici
      // ...
   },
   stop: function() {
      console.log('Fin');
      // Votre traitement ici
      // ...
   }
});
```

Déposer : .droppable()

La fonction `.droppable()` permet de définir le comportement d'un élément lorsqu'il réceptionne un autre élément. Pour un exemple simple de glisser-déposer, prenons un lien que l'on peut déplacer dans une `div` :

```
<div id="emplacement" class="classeffet"></div>
<a href="#" id="bouton">Déplacez-moi</a>
```

Pour repérer la `div`, appliquez-lui une classe CSS avec une bordure.

```
.classeffet {
   width: 300px;
   height: 150px;
   border: 1px solid #000;
}
```

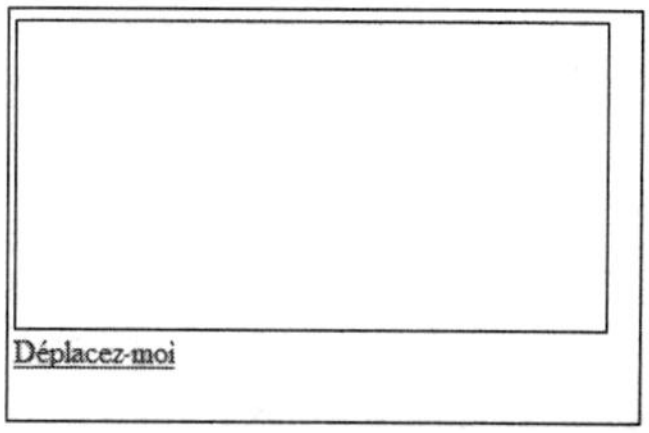

Figure 3.20 : Glisser-déposer

Ajoutez la possibilité de déplacer le lien grâce à la fonction `.draggable()` et modifiez le contenu de la `div` qui réceptionne le lien en ajoutant le texte "Déposé !" en rouge.

```
// Rendre le lien "déplaçable"
$( "#bouton" ).draggable();
// Au moment du drop, on modifie le contenu
// de la div
$( "#emplacement" ).droppable({
   drop: function( event, ui ) {
      $(this).css({color:'red'}).html( "Déposé!" );
      console.log(event);
      console.log(ui);
   }
});
```

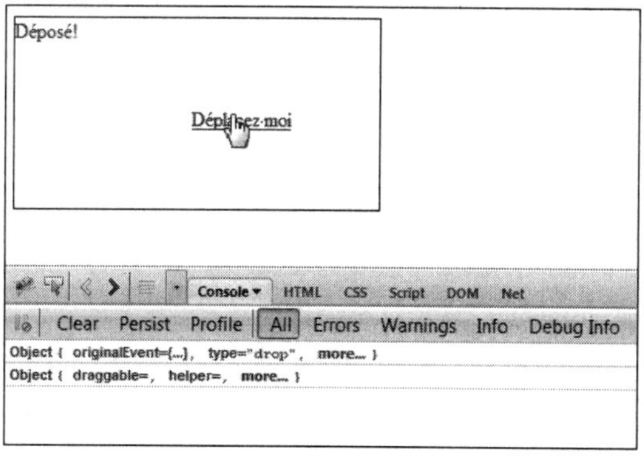

Figure 3.21 : Glisser-déposer réussi

Lorsque l'événement `drop` est appelé, deux arguments lui sont automatiquement passés en paramètre. Le premier `event` est `drop`, qui contient l'ensemble des informations de l'événement (cible, date, position, hauteur de la page...). Le second est un argument jQuery UI, qui contient entre autres l'élément déposé, sa nouvelle position et les distances par rapport à sa position de départ.

`.droppable()` accepte plusieurs options.

Tableau 3.5 : Liste des options principales de `.droppable()`

Option	Effet
`{accept: "#element"}`	Seuls les éléments correspondant au sélecteur `#element` déclenchent le "drop".
`{activeClass: "maClasse"}`	La classe CSS `maClasse` est ajoutée à l'élément "droppable" (capable de recevoir un autre élément) dès qu'un élément est déplacé. Cela permet de mettre en valeur les endroits où l'élément déplacé peut être déposé.
`{hoverClass: "maClasse"}`	La classe CSS `maClasse` est ajoutée à l'élément "droppable" dès qu'un élément est déplacé sur cet élément.
`{greedy: true}`	Évite la propagation de l'événement `drop` (si on déplace un élément sur une `<div>`, ses éléments parents ne réagiront pas à l'événement `drop` car cet événement ne bouillonnera pas).
`{revert: "valid"}`	Repositionne l'élément déplacé à sa position initiale si l'élément est déposé sur un élément "droppable". `$( "#draggable" ).`**`draggable`**`( { revert: "valid" } );`
`{revert: "invalid"}`	Repositionne l'élément déplacé à sa position initiale si l'élément n'est pas déposé sur un élément "droppable". `$( "#draggable" ).`**`draggable`**`( { revert: « invalid » } );`

Les trois événements principaux sont l'arrivée, la sortie et le dépôt d'un élément. Pour chacune de ces actions, vous pouvez effectuer le traitement de votre choix.

```
$( "#emplacement" ).droppable({
   drop: function() {
      console.log("Déposé" );
      // Votre traitement ici
      // …
   },
   over: function() {
      console.log('Entrée');
      // Votre traitement ici
      // …
   },
   out: function() {
      console.log('Sortie');
      // Votre traitement ici
      // …
   }
});
```

Sélectionner : .selectable()

Une liste d'éléments HTML peut être sélectionnée.

```
<ol id="listeSelection">
   <li>HTML</li>
   <li>JavaScript</li>
   <li>PHP</li>
   <li>SQL</li>
   <li>jQuery</li>
   <li>AJAX</li>
   <li>CSS</li>
</ol>
```

Pour rendre sélectionnables certains éléments de cette liste, appliquez la fonction `.selectable()`.

```
$("#listeSelection").selectable();
```

Lorsqu'un élément est sélectionné, deux classes CSS lui sont successivement affectées : la première est la classe `ui-selecting` (en cours de sélection) et la seconde est `ui-selected` (sélectionné). Pour améliorer l'expérience utilisateur, modifiez l'apparence de l'élément à chacune de ces étapes en appliquant des classes différentes.

```
<style type="text/css">
   #listeSelection {
     list-style-type: none;
      width: 200px;
   }
   #listeSelection li {
      margin: 3px;
      padding: 0.4em;
      font-size: 1.4em;
      height: 18px;
   }
   #listeSelection .ui-selecting {
      background: #FECA40;
   }
   #listeSelection .ui-selected {
      background: #F39814;
      color: white;
   }
</style>
```

Après avoir cliqué sur *JavaScript*, *jQuery* et *AJAX* en maintenant enfoncée la touche Ctrl, on obtient :

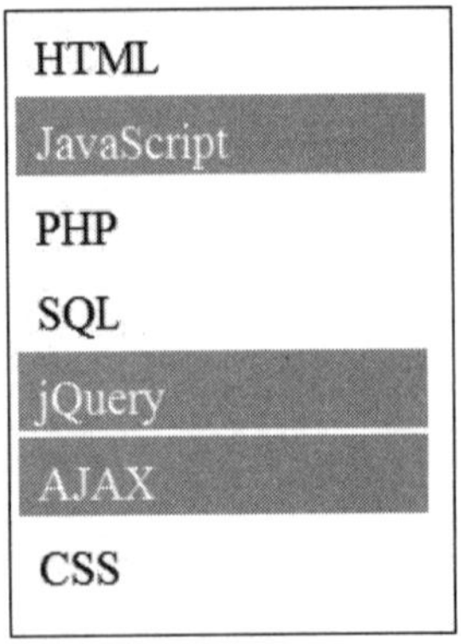

Figure 3.22 : Exemple de sélection

L'événement `stop` est déclenché à la fin de la sélection d'un élément. Vous pouvez en profiter pour afficher dans Firebug la liste des éléments sélectionnés.

```
$( "#listeSelection" ).selectable({
   stop: function() {
      $( ".ui-selected", this ).each(function() {
         var langage = $(this).html();
        console.log(langage);
      });
   }
});
```

Trier : .sortable()

Reprenons la liste HTML utilisée dans l'exemple précédent (`.selectable()`). Vous pouvez appliquer la fonction `.sortable()` sur l'élément <ul> pour rendre ses enfants (<li>) "triables" :

```
$( "#listeSelection" ).sortable();
```

Les options de `.sortable()` sont assez nombreuses. Elles vont de la définition des items "triables" à la liaison de plusieurs listes. Voici un tableau récapitulatif des principales options :

Tableau 3.6 : Liste des options principales de `.droppable()`

Option	Effet
`{placeholder: "clYellow"}`	Permet de définir le style de l'emplacement vide entre deux éléments sur lequel l'élément va être déposé. Ce changement de style est très important pour l'utilisateur, qui doit pouvoir visualiser, lorsqu'il déplace un élément, les emplacements sur lesquels il peut le déposer. On définit la classe dans le fichier CSS. `.clYellow{ background: #FFFF00; }`
`{cancel: ".indeplacable"}`	Permet de définir, via un sélecteur CSS, les éléments impossibles à trier.

Tableau 3.6 : Liste des options principales de `.droppable()`

Option	Effet
`{distance: 33}`	Déplacement possible si la souris s'est déplacée d'au moins 33 pixels.
`{delay: 987}`	Déplacement possible après 987 millisecondes.

Les listes interconnectées sont utilisées par exemple pour mettre dans un e-panier les produits d'un site de e-commerce.

```
<ul id="listeproduit" class="listesInterconnectees">
   <li class="bleu">beurre</li>
   <li class="bleu">oeuf</li>
   <li class="bleu">lait</li>
   <li class="bleu">farine</li>
   <li class="bleu">sucre</li>
</ul>

<ul id="panierConso" class="listesInterconnectees">
   <li class="jaune">moule à gateau</li>
   <li class="jaune">poele</li>
</ul>
```

Pour que l'utilisateur prépare son dessert, vous devez connecter ces deux listes grâce à l'option `connectWith`.

```
$( "#listeproduit, #panierConso" ).sortable({
   connectWith: ".listesInterconnectees"
});
```

ASTUCE

Sélection du texte

Il peut être utile d'appeler la fonction `.disableSelection()` sur les éléments "triables" pour éviter que le texte soit sélectionné en bleu lors des déplacements de la souris.

```
$("#listeproduit, #panierConso").disableSelection();
```

Redimensionner : .resizable()

jQuery UI permet de redimensionner des éléments. Pour illustrer cette fonctionnalité, prenons un exemple avec deux éléments :

```
<div id="NOTresizable" class="ui-widget-content">
   <h3 class="ui-widget-header">Taille fixe</h3>
</div>

<div id="resizable" class="ui-widget-content">
   <h3 class="ui-widget-header">Redimensionnable</h3>
</div>
```

À présent, appliquez-leur le même style.

```
<style type="text/css">
  #resizable, #NOTresizable{
      width: 150px;
      height: 150px;
      padding: 0.5em;
   }
   #resizable h3 ,#NOTresizable h3{
      text-align: center;
      margin: 0;
   }
</style>
```

Mais utilisez la fonction `.resizable()` uniquement pour la deuxième `div` (identifiant `resizable`).

```
<script type="text/javascript">
   $(function() {
      $("#resizable").resizable();
   });
</script>
```

Après un affichage dans le navigateur, aucune des deux `div` n'est redimensionnable. Pour comprendre ce phénomène, examinez Firebug :

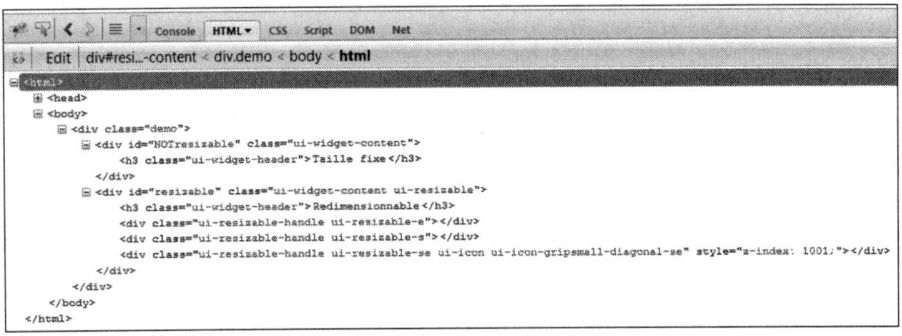

Figure 3.23 : Comparaison dans Firebug des deux div

On remarque que la fonction `.resizable()` a ajouté des éléments et des classes CSS à la deuxième `div`.

Or ces classes (`ui-widget-header`, `ui-resizable-handle`...) ne sont pas définies dans le document actuellement. Pour les ajouter, il suffit d'inclure ce fichier.

```
<link media="all" type="text/css" href="http://ajax.googleapis
✂ .com/ajax/libs/jqueryui/1.8/themes/base/jquery-ui.css"
✂ rel="stylesheet">
```

Cette balise permet l'ajout d'un ensemble de classes CSS nécessaires pour le bon fonctionnement de jQuery UI.

RENVOI

Vous verrez au chapitre *Les widgets de jQuery UI* qu'il est possible de personnaliser facilement un thème pour qu'il s'intègre parfaitement à la charte graphique.

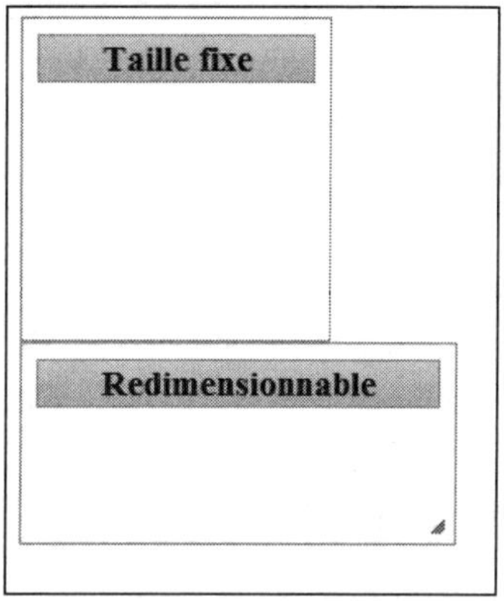

Figure 3.24 : Redimensionnement

Pour redimensionner simultanément deux éléments, vous pouvez utiliser l'option `alsoResize`.

```
$( "#resizable" ).resizable({
   alsoResize: "#resizable2"
});
$( "#resizable2" ).resizable();
```

Ainsi tout redimensionnement de l'élément ayant pour identifiant `resizable` sera répercuté sur l'élément ayant pour identifiant `resizable2`. D'autres options permettent de personnaliser le comportement de `.resizable()` :

Tableau 3.7 : Liste des options principales de `.resizable()`

Option	Effet
`{aspectRatio : 16/9}`	Permet de garder les proportions largeur/hauteur.
`{maxHeight: 100 }`	Permet de définir la hauteur maximale.
`{minHeight: 50 }`	Permet de définir la hauteur minimale.
`{maxWidth: 800 }`	Permet de définir la largeur maximale.
`{minWidth: 300 }`	Permet de définir la largeur minimale.
`{distance: 33}`	Redimensionnement possible si la souris s'est déplacée d'au moins 33 pixels.
`{delay: 987}`	Redimensionnement possible après 987 millisecondes.

Tableau 3.7 : Liste des options principales de `.resizable()`

Option	Effet
`{grid: [100,50]}`	Redimensionnement possible dans une grille de 100 pixels de large et de 50 pixels de haut. Chaque redimensionnement se fera par palier de 100 pixels à l'horizontale et de 50 pixels à la verticale.
`{ghost: true}`	Affiche une image transparente (fantôme) tout en laissant à l'écran l'élément original pendant le redimensionnement.
`{animate: true}`	Anime la transition durant le redimensionnement de l'élément

Vous avez vu les principes d'utilisation des interactions de jQuery UI et les options principales. Pour obtenir une description exhaustive de chaque interaction et des exemples, rendez-vous sur le site **http://jqueryui.com/demos.**

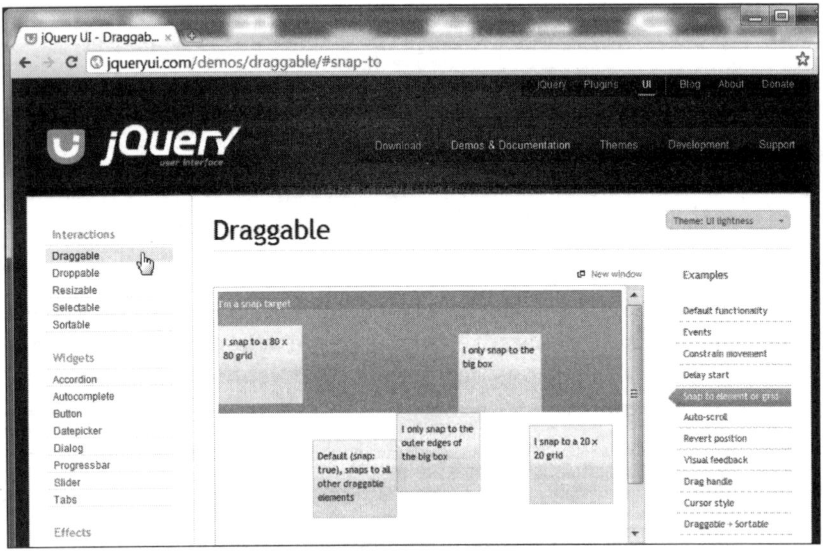

Figure 3.25 : Exemple de l'interaction "draggable"

3.4. Check-list

Ce qu'il faut retenir sur la manière de détecter et de traiter les interactions de l'internaute avec la page web :

- Les événements JavaScript simples.

```
<a class="bouton" onclick="alert('Clic sur le bouton') ;" >
   Bouton
</a>
```

- Les fonctions `.bind()` et `.live()` de jQuery.

```
$("#bouton1").bind('click',clicSurBoutonExclamation);
```

- L'utilisation du plugin jQuery UI.
- Les fonctions présentent dans jQuery Core comme `.animate()`, peuvent être redéfinies dans des plugins comme jQuery UI pour modifier leurs comportements.
- Les interactions de jQuery UI : glisser, déposer, redimensionner, sélectionner et trier.

Vous avez vu ici deux briques essentielles de jQuery UI : les effets et les interactions. Ces deux briques servent à la construction d'un ensemble de widgets qui ont consolidé la réputation de jQuery UI.

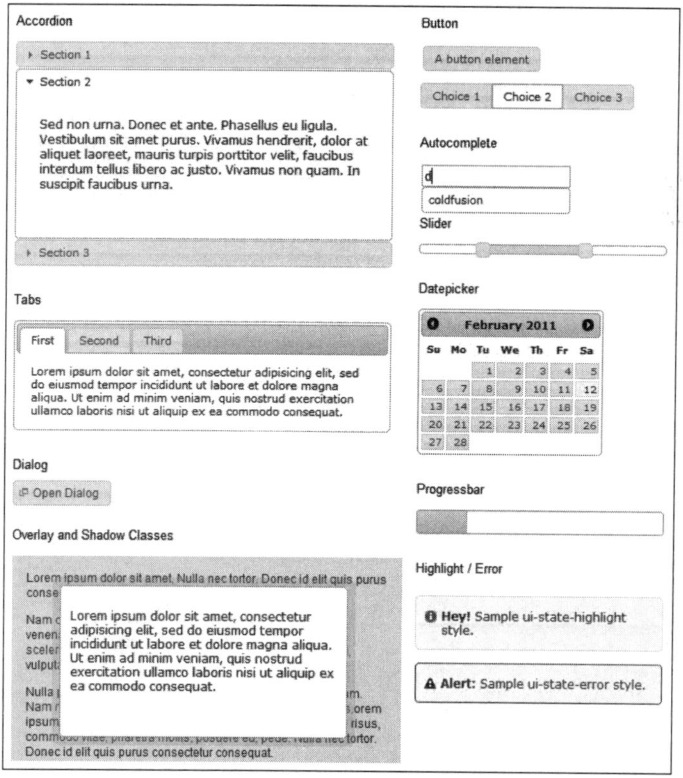

Figure 3.26 : Widgets

RENVOI

Nous étudierons en détail ces widgets au chapitre *Les widgets de jQuery UI*.

AJOUTER UN FORMULAIRE DE CONTACT

Les formulaires constituent une brique essentielle des sites Internet. Ils sont souvent utilisés comme interface de communication entre l'internaute et le webmaster (contact, livre d'or, forum, commentaires). Au fil des années, ces formulaires ont beaucoup évolué pour faciliter la saisie de l'utilisateur.

Dans le cadre de ce cas pratique, vous allez améliorer l'interface d'un formulaire de contact classique. Vous commencerez par l'interface côté client : le formulaire et la validation des données.

RENVOI

Nous poursuivrons et en terminerons avec cet exemple au chapitre *Communiquer avec le serveur à l'aide d'AJAX* en introduisant les fonctions serveur de jQuery (envoi d'emails en utilisant AJAX et PHP).

DEFINITION

Validation des données

La validation permet de vérifier que les données saisies par l'utilisateur sont a priori correctes, par exemple que l'adresse email de l'utilisateur respecte le format requis (*aaa@bbb.ccc*) ou encore que le champ *message* est rempli, etc.

4.1. Élaborer un formulaire web dans une popup déplaçable

Lorsque l'on développe un site Internet ou une application web, il est crucial d'adopter la perspective de l'utilisateur. Il faut concevoir un site (ou une application web) simple d'utilisation. Le formulaire est le moyen de communication le plus répandu entre l'internaute et le propriétaire du site, son ergonomie est donc essentielle, d'autant qu'il peut figurer plusieurs fois sur une ou plusieurs pages d'un site.

Pour toutes ces raisons, vous allez apprendre à ajouter un formulaire de contact sur n'importe quelle page de votre site en utilisant un code mutualisable.

Définir l'architecture de base

Le formulaire va être composé de trois "sources" (ou fichiers) :

- *popup-mail.js* : le code JavaScript pour générer la popup et le formulaire (les balises `<input>`, `<textarea>`...).
- *popup-mail.css* : le CSS pour "styler" la popup et le formulaire.

- *form-validation.js* : le code JavaScript pour valider les formulaires en général (au-delà du formulaire de contact).

Vous devez générer le HTML nécessaire au formulaire en JavaScript afin qu'il puisse être facilement inclus sur n'importe quelle page du site. Autrement, vous devriez recopier le code HTML sur chaque page !

La page HTML

Vous avez tout d'abord besoin d'une page HTML qui va regrouper les trois sources (les fichiers *form-validation.js*, *popup-mail.js* et *popup-mail.css* que vous allez créer). Vous devez bien entendu inclure le fichier JavaScript pour jQuery, et également le fichier JavaScript pour jQuery UI. Vous aurez besoin de ce dernier pour le déplacement de la popup.

```
<!DOCTYPE html>
<html>
   <head>
      <title>Exemple: Envoyer un email</title>
      <meta http-equiv="Content-Type"
         content="text/html; charset=UTF-8" />

      <script type="text/javascript"
         src="jquery.min.js"></script>
      <script type="text/javascript"
         src="jquery-ui.min.js"></script>

      <script type="text/javascript"
         src="form-validation.js"></script>

      <script type="text/javascript"
         src="popup-mail.js"></script>
      <link rel="stylesheet" type="text/css"
         media="screen" href="popup-mail.css" />
   </head>
   <body>
      <a href="javascript:MailPopup.afficher();">
         Contact
      </a>
   </body>
</html>
```

Un lien *Contact* qui ouvre la popup (`MailPopup.afficher()`) a été ajouté.

La notation JSON

Avant de vous attaquer à la structure du formulaire, vous allez d'abord étudier la notation JSON (JavaScript Object Notation), très utile pour construire des objets JavaScript. Les objets en général sont composés de propriétés (comme une variable) ou de méthodes (comme une fonction). Il est donc possible de définir les deux en JSON :

```
var monObjet = {
   "maPropriete": "Hello World",

   "maMethode": function() {
      alert(this.maPropriete);
   }
};
```

L'objet `monObjet` est constitué d'une propriété `maPropriete` et d'une méthode `maMethode()`. Pour appeler la méthode `maMethode()`, il faut utiliser son "chemin" complet : `monObjet.maMethode()`.

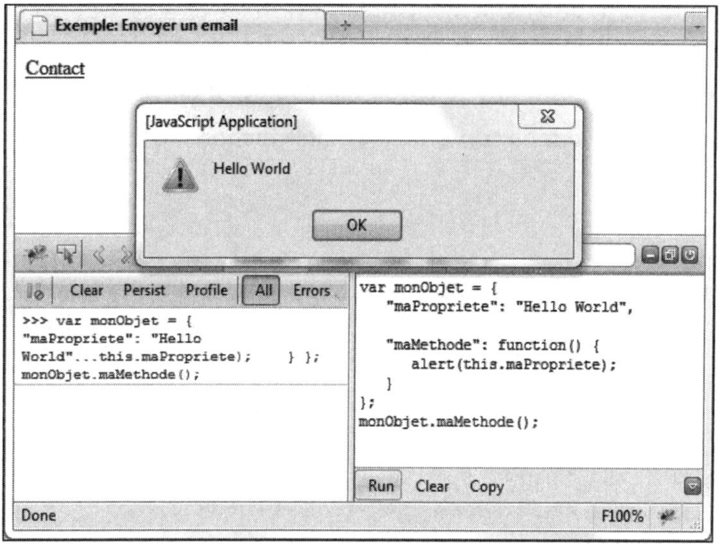

Figure 4.1 : Exécution de la méthode maMethode() de l'objet monObjet

Dans Firebug, l'exécution de `monObjet.maMethode();` affiche bien l'alerte "*Hello World*".

À l'intérieur de l'objet `monObjet`, le mot-clé `this` (le contexte d'exécution) fait référence à `monObjet`. On l'utilise pour accéder à une propriété ou appeler une méthode. Par exemple, dans la méthode `maMethode()`, vous affichez le contenu de la propriété `maPropriete` avec `this.maProriete`. Si vous aviez simplement mis `maPropriete`, Firebug aurait affiché le message d'erreur "*ReferenceError: maPropriete is not defined*" : la variable `maPropriete` n'est pas définie.

On utilise régulièrement JSON pour construire des objets en JavaScript : il est lisible et concis.

La structure JavaScript du formulaire

Vous allez créer un objet JavaScript `MailPopup` pour gérer tout le formulaire de contact. Vous avez besoin que ce fichier gère cinq actions différentes :

- création du code HTML du formulaire (caché par défaut) ;
- gestion des événements, par exemple pour valider les champs au fur et à mesure que l'utilisateur les complète ;

> RENVOI
>
> Pour en savoir plus sur la gestion des événements, reportez-vous au chapitre *Donner vie à un site : les animations et les événements*.

- affichage de la popup avec le formulaire web ;
- envoi d'emails avec AJAX et PHP ;
- fermeture de la popup une fois que l'utilisateur a terminé.

L'objet `MailPopup` doit donc contenir ces cinq fonctions. Utilisez JSON pour le construire.

```
var MailPopup = {

   "ajouteHTML": function() {
      // Création du code HTML
   },

   "ajouteEvenements": function() {
      // Gestion des événements
   },

   "afficher": function() {
      // Affichage de la popup avec le formulaire
   },

   "envoyerMail": function() {
      // Envoi de l'email
   },

   "cacher": function() {
      // Fermeture de la popup
   }
};
```

> REMARQUE
>
> **Regrouper les fonctions et variables dans un objet**
>
> L'objet `MailPopup` regroupe toutes les fonctions relatives au formulaire de contact. Comme nous l'avons vu précédemment, pour appeler la fonction `ajouteHTML()`, vous devez utiliser `MailPopup.ajouteHTML()`.

REMARQUE

Le fait d'utiliser les objets JavaScript de cette manière permet de mieux structurer le code et également d'éviter des conflits de nom de fonction ou variable. De cette manière, vous pouvez avoir sans problème un autre objet, par exemple `InscriptionPopup`, avec une autre fonction `ajouteHTML()`.

Construire la structure

Toute la structure HTML de la popup et du formulaire se trouve dans la fonction `ajouteHTML()` de l'objet `MailPopup`. Cette fonction est donc assez simple : vous construisez une chaîne HTML (le code de la popup et du formulaire) que vous allez ajouter au document avec la fonction jQuery `.append()`.

ASTUCE

Construction d'une chaîne en JavaScript

Il y a deux méthodes pour construire une chaîne en JavaScript. La plus connue est la concaténation : on joint deux chaînes en utilisant le signe `+`. Par exemple :

```
var maChaine1 = 'Hello '
              + 'World';
```

Ou encore :

```
var maChaine2 = 'Hello ';
maChaine2    += 'World';
```

La deuxième méthode utilise un tableau JavaScript. On déclare d'abord un tableau `tab` et une variable `i` pour l'index du tableau, qu'on incrémente après chaque nouvelle entrée (`i++`). Une fois que le tableau est construit, on joint chaque entrée par une chaîne vide (`''`).

```
var tab = []; // Déclaration du tableau
var i = 0; // Variable pour l'index du tableau

tab[i++] = 'Hello '; // équivaut à tab[0] = 'Hello ';
tab[i++] = 'World';  // équivaut à tab[1] = 'World';

var maChaine3 = tab.join('');
```

Les trois variables `maChaine1`, `maChaine2` et `maChaine3` ont toutes le même contenu : "*Hello World*".

La méthode avec le tableau JavaScript est plus compliquée à comprendre, mais a l'avantage d'être plus rapide. Elle est donc préférable lorsqu'il faut concaténer un grand nombre de chaînes pour obtenir la chaîne finale.

Voici donc la fonction `ajouteHTML()`, qui crée une chaîne en utilisant un tableau appelé `html`. Le code est assez long, mais il s'agit surtout de la construction du code HTML de la popup.

```
"ajouteHTML": function() {

    var html = [];
    var i    = 0;

    html[i++] = '<div id="mailPopup">';
    html[i++] = '<form>';

    // Titre de la popup
    html[i++] =    '<div id="header">';
    html[i++] =        'Formulaire de contact';
    html[i++] =        '<div id="cmdCancel">X</div>';
    html[i++] =    '</div>';

    // Contenu de la popup
    html[i++] =    '<div id="body">';

    html[i++] =        '<div>';
    html[i++] =            '<label for="mail">Votre email *</label>';
    html[i++] =            '<input type="text" id="mail"
   ✂ class="obligatoire email" />';
    html[i++] =        '</div>';

    html[i++] =        '<div>';
    html[i++] =            '<label for="nom">Votre nom</label>';
    html[i++] =            '<input type="text" id="nom" />';
    html[i++] =        '</div>';

    html[i++] =        '<div>';
    html[i++] =            '<label for="sujet">Sujet *</label>';
    html[i++] =            '<input type="text" id="sujet"
   ✂ data-minLength="5" />';
    html[i++] =        '</div>';

    html[i++] =        '<div>';
    html[i++] =           '<label for="msg">Message *</label>';
    html[i++] =            '<textarea id="msg"
   ✂ data-minLength="10"></textarea>';
    html[i++] =        '</div>';

    html[i++] =        '<div>';
    html[i++] =            '<input type="submit" id="cmdSend"
   ✂ value="Envoyer" />';
    html[i++] =        '</div>';

    html[i++] =    '</div>';

    html[i++] = '</form>';
    html[i++] = '</div>';

    $('body').append( html.join('') );
    $('body').append('<div id="overlay"></div>');
},
```

La popup a deux sections : le titre (balise `<div>` avec identifiant `header`) et le contenu (balise `<div>` avec identifiant `body`).

Le titre contient une balise `<div>` avec, pour seul contenu, la lettre "X". Vous l'utiliserez plus tard pour permettre à l'utilisateur d'annuler l'opération et ainsi de fermer la popup.

Le formulaire demande quatre informations : l'adresse email de l'utilisateur, son nom, le sujet et le message. Chaque entrée a un libellé (balise `<label>`) et un champ de texte (balise `<input>` ou `<textarea>`).

Il y a deux points importants à noter dans ce code HTML...

- L'ajout des classes CSS `email` et `obligatoire` au champ de texte *email* alors que vous n'avez pas l'intention de créer des styles particuliers pour ces classes. Explication : lorsque vous travaillez avec jQuery, l'attribut `class` n'est plus utilisé simplement pour des classes CSS, mais il peut également donner des informations supplémentaires sur le champ ou la nature du champ (*obligatoire*, *modifiable*, ...). Lors de la validation, cela permettra d'identifier les champs de type *email* et ainsi de vérifier qu'ils ont le bon format (par exemple, *nom@mondomaine.com*).
- L'ajout d'un attribut `data-minLength` (longueur minimum) à la plupart des champs de texte. Vous exploiterez cet attribut au moment de la validation pour savoir si le contenu est assez long. Il permet d'ajouter une contrainte directement au niveau de la balise HTML du champ, ce qui évite de faire un contrôle spécifique au moment de la validation.

REMARQUE

Les attributs data-xxx

Les attributs `data-xxx` (comme `data-minLength`) sont une nouveauté de HTML 5. Ce code fonctionne bien entendu avec les versions antérieures, mais n'est pas très légal (la vérification du code HTML sur le site **http://validator.w3.org** vous retournerait des erreurs).

Vous pouvez ensuite récupérer la valeur de ces attributs avec la fonction jQuery `.attr()`. Par exemple, si vous avez la balise

```
<input type="text" id="sujet" data-minLength="5" />
```

vous pouvez récupérer la donnée `minLength` :

```
$('#sujet').attr('data-minLength');
```

Vous avez peut-être remarqué la balise `<div>` avec pour identifiant `overlay`. Vous utiliserez ce `<div>` pour couvrir tout l'écran par un voile gris transparent, et ainsi mettre en avant la popup du formulaire.

Dans cet exemple, vous créez la popup et l'overlay manuellement. Au chapitre *Les widgets de jQuery UI*, vous allez voir comment le plug-in jQuery UI permet de créer une popup "déplaçable" en une seule ligne !

Afficher et positionner la popup

Vous avez une fonction pour construire la popup et le formulaire. Il faut maintenant une fonction `afficher()` pour afficher la popup à l'écran et la positionner.

```
"afficher": function() {
   // Première ouverture de la popup mail => Création
   if ( $('#mailPopup').size() == 0 ) {
      this.ajouteHTML();
      this.ajouteEvenements();
   }

   // Calcul de la position du coin supérieur gauche
   // pour que la popup soit centrée horizontalement
   // et verticalement
   var top = $(window).scrollTop() +
      ($(window).height() - $('#mailPopup').height()) / 2;

   var left = $(window).scrollLeft() +
      ($(window).width() - $('#mailPopup').width()) / 2;

   // Positionnement et affichage de la popup
   // Focus du premier champ du formulaire
   $('#mailPopup')
      .css('top' , Math.max(0, top))
      .css('left', Math.max(0, left))
      .slideDown('slow')
      .find(':text,textarea')
      .first()
      .focus();

   $('#overlay').fadeIn();
},
```

Pour ajouter la popup (et le formulaire) à la page, il suffit d'exécuter la fonction `ajouteHTML()`. Mais si la fonction `afficher()` est appelée plusieurs fois, alors le code HTML sera également ajouté plusieurs fois ! Pour éviter cela, vous devez d'abord voir si la page contient déjà un élément HTML ayant pour identifiant `mailPopup` avec le test sur `$('#mailPopup').size()`. Si le nombre d'éléments correspondant est 0, alors vous pouvez ajouter le code HTML (voir plus loin la fonction `ajouteEvenements()`).

```
if ( $('#mailPopup').size() == 0 ) {
   this.ajouteHTML();
   this.ajouteEvenements();
}
```

Vous souhaitez que la popup soit affichée au centre de l'écran. Vous devez donc calculer la position du coin supérieur gauche de la popup. Pour cela, vous prenez en compte la hauteur et largeur de la zone de travail (le navigateur, `$(window).height()` et `$(window).width()`), la taille de la popup (`$('#mailPopup').height()` et `$('#mailPopup').width()`) et également les positions des ascenseurs (scroll, `$(window).scrollTop()` et `$(window).scrollLeft()`).

```
var top = $(window).scrollTop() +
   ($(window).height() - $('#mailPopup').height()) / 2;

var left = $(window).scrollLeft() +
   ($(window).width() - $('#mailPopup').width()) / 2;
```

Vous avez ensuite une série d'instructions sur l'objet jQuery de la popup, `$('#mailPopup')`. Tout d'abord, vous établissez sa position en utilisant la fonction jQuery `.css()` et les variables `top` et `left` que vous avez précédemment définies. Vous utilisez la fonction `Math.max(0, top)` pour éviter d'avoir une position négative (par exemple, si la popup est plus grande que la zone de travail). Vous utilisez ensuite la fonction jQuery `.slideDown()` pour afficher la popup avec un effet de déroulement.

```
$('#mailPopup')
   .css('top' , Math.max(0, top))
   .css('left', Math.max(0, left))
   .slideDown('slow')
```

Pour faciliter le remplissage du formulaire, vous allez donner le focus au premier champ (l'adresse email de l'utilisateur). Vous pourriez très bien appeler `$('#email').focus()`, mais mieux vaut prévoir une éventuelle modification de l'ordre des champs, on ne sait jamais ! Vous allez donc récupérer tous les champs de texte qui sont des enfants de la popup (`$('#mailPopup').find(':text,textarea')`) et donner le focus au premier élément.

```
$('#mailPopup').find(':text,textarea').first().focus();
```

Vous devez également afficher la balise `<div>` avec l'identifiant `overlay`. C'est le film gris transparent qui recouvrira toute la page, sauf le formulaire. Pour l'afficher, vous utilisez un effet de fondu (`.fadeIn()`).

```
$('#overlay').fadeIn();
```

Vous allez ajouter un lien à la page HTML pour afficher le formulaire de contact. Pour cela, intégrez le code suivant entre les balises `<body>` et `</body>` :

```
<a href="javascript:MailPopup.afficher();">
   Contact
</a>
```

Définir le style CSS du formulaire

L'image suivante montre la structure du formulaire sans aucun style CSS. Vous devez maintenant créer le code CSS pour le rendre un peu plus présentable.

Figure 4.2 : Formulaire de contact sans le CSS

Pour plus de clarté, vous diviserez le code CSS en trois sections : les conteneurs parents (`#overlay` et `#mailPopup`), l'en-tête de la popup (`#header`) et le contenu de la popup (`#body`).

Les conteneurs parents

L'overlay et la popup sont affichés à l'écran avec des effets jQuery (`.slideDown()` et `.fadeIn()`). Ils doivent donc tous deux être cachés par défaut (`display: none`). Les fonctions d'affichage de jQuery passeront automatiquement cette propriété à `display: block`.

L'overlay permet d'empêcher l'utilisateur d'interagir avec la page (sauf avec le formulaire bien entendu). Vous devez lui donner un `z-index` (profondeur) supérieur aux éléments de la page (la valeur 100 devrait donc suffire). Vous donnerez un `z-index` supérieur à la popup (101) pour qu'elle soit *au-dessus* de l'overlay.

L'overlay doit également couvrir toute la page (top et left à 0px et width et height à 100%) et être "fixe" si l'utilisateur utilise les ascenseurs (position: fixed). Donnez-lui un effet de transparence pour que la page soit encore visible. Pour cela, utilisez la propriété CSS opacity pour la majorité des navigateurs et filter pour Internet Explorer. (Ajoutez !important pour donner la priorité à ce style. En effet, la fonction jQuery .fadeIn() modifie cette propriété sur Internet Explorer. Vous devez donc l'en empêcher.)

```
#overlay {
   background-color: #000000;
   height: 100%;
   width: 100%;
   top: 0px;
   left: 0px;
   position: fixed;
   z-index: 100;
   display: none;

   /* Opacité: pour Internet Explorer */
   filter: alpha(opacity=10) !important;

   /* Opacité: pour les autres navigateurs */
   opacity: 0.1;
}
```

Le CSS de la popup est assez classique. Vous lui donnez une position absolue pour que les propriétés left et top soient correctement prises en compte lors de l'affichage (centré horizontalement et verticalement). Un autre point important est son z-index : il doit être supérieur à celui de l'overlay afin que l'utilisateur puisse interagir avec la popup. Vous avez donné un z-index de 100 à l'overlay ; un z-index de 101 est donc suffisant pour la popup.

Utilisez ensuite un peu de CSS3 pour donner une bordure arrondie (border-radius) et une ombre (box-shaddow) à la popup.

ATTENTION

Support du CSS3

Internet Explorer supporte le CSS3 uniquement depuis la version 9. Sous Internet Explorer 6, 7 et 8, les angles apparaissent donc droits, et les ombres ne sont pas présentes. Mozilla Firefox n'utilise pas encore le CSS3 standard, vous avez donc besoin d'ajouter le préfixe -moz.

```
#mailPopup {
   position: absolute;
   border: 1px solid #666666;
   width: 300px;
   padding: 5px;
```

```
    background-color: #FFFFFF;
    font-size: 13px;
    font-family: Verdana, Arial, Helvetica, sans-serif;
    z-index: 101;
    display: none;

    /* CSS3: bordure arrondie */
    -moz-border-radius: 5px;
    border-radius: 5px;

    /* CSS3: ombre */
    -moz-box-shadow: 2px 2px 5px #666666;
    box-shadow: 2px 2px 5px #666666;
}
```

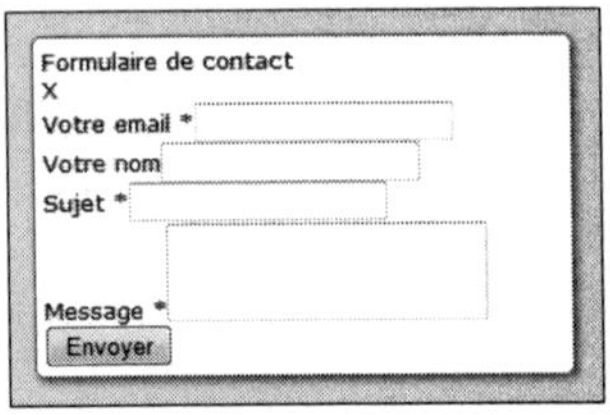

Figure 4.3 : La popup avec les styles #overlay et #mailPopup uniquement

L'en-tête de la popup

Le titre de la popup est composé du texte ("Formulaire de contact") et de la croix pour la fermer. L'en-tête prend toute la largeur de la popup (par défaut) et la couleur de fond est un gris foncé (`#DDDDDD`). Comme pour la popup, arrondissez les bordures avec `border-radius` et `-moz-border-radius`.

L'en-tête a une hauteur de 25 pixels (`height: 25px`). Afin de centrer le texte verticalement, donnez une hauteur de ligne de texte également de 25 pixels (`line-height: 25px`). Utilisez ensuite `text-transform: uppercase` pour que le texte soit en majuscules.

Définissez un `overflow: auto` que vous verrez en même temps que la croix pour fermer la popup. Ce style sera utile lors de l'application de la propriété CSS `float` sur le bouton de fermeture de la popup (`#cmdCancel`).

```
#mailPopup div#header {
    height: 25px;
    line-height: 25px; /* Centre le texte verticalement */
    background-color: #DDDDDD;
    padding: 2px 5px;
    font-family: 'Trebuchet MS', sans-serif;
    font-size: 12px;
    font-weight: bold;
    text-transform: uppercase;
```

```
    overflow: auto; /* Évite d'ajouter "clear: both;" */
    cursor: move;
    -moz-border-radius: 5px;
    border-radius: 5px;
}
```

Vous souhaitez placer la croix de fermeture de la popup à droite de l'en-tête (comme les croix de fermeture des fenêtres dans Microsoft Windows). Par défaut, une balise `<div>` prend toute la largeur disponible, et la balise suivante est placée sur la ligne suivante. Cela est dû à son type d'affichage (`display: block`).

Pour placer deux balises `<div>` l'une à côté de l'autre, utilisez la propriété CSS `float` (élément flottant). Cette propriété permet de retirer un élément HTML du flux normal pour le placer tout à gauche (`left`) ou tout à droite (`right`).

Vous devez ensuite arrêter l'effet de `float` et rétablir le flux normal. C'est pour cela que vous ajoutez `overflow: auto` dans le conteneur de `#cmdCancel` (`#header`). Une autre solution est d'ajouter `clear: both` dans la balise HTML suivante.

La propriété `float` et le rétablissement du flux normal peuvent être assez compliqués à comprendre. Si vous souhaitez plus d'informations sur le sujet, consultez le tutorial visuel de QuirksMode (**www.quirksmode.org/css/clearing.html**).

```
#mailPopup div#header div#cmdCancel {
    background-color: #FFFFFF;
    float: right;
    cursor: pointer;
    padding: 0px 5px;
    -moz-border-radius: 5px;
    border-radius: 5px;
}
```

Pour donner un style légèrement différent à la croix lorsque l'utilisateur la survole avec la souris, utilisez simplement le sélecteur `:hover`.

```
#mailPopup div#header div#cmdCancel:hover {
    background-color: #818181;
    color: #FFFFFF;
}
```

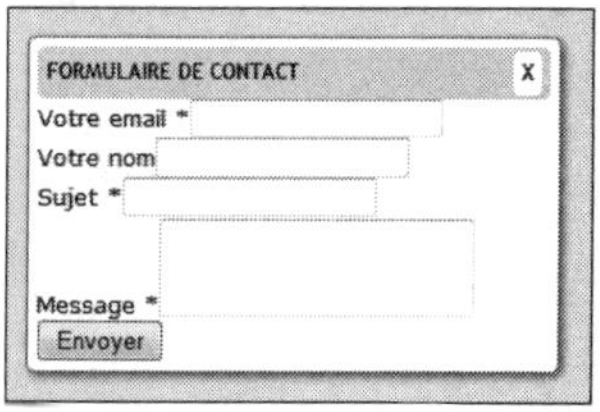

Figure 4.4 : La popup avec le CSS de l'en-tête

Le contenu de la popup

Le CSS pour le contenu de la popup est assez simple. Vous avez tout d'abord le conteneur de la popup avec une marge intérieure (`padding`) de 5 pixels.

```
#mailPopup div#body {
   padding: 5px;
}
```

Vous avez ensuite, dans chaque `div`, des libellés (`label`) et des champs de texte (`input[type="text"]` et `textarea`).

```
#mailPopup div#body > div {
   margin-bottom: 10px;
   overflow: auto;
}

#mailPopup div#body div label {
   display: block;
   margin-bottom: 2px;
}

#mailPopup div#body div input[type="text"],
#mailPopup div#body div textarea {
   border: 1px solid #DDDDDD;
   -moz-border-radius: 3px;
   border-radius: 3px;
   width: 250px;
}

#mailPopup div#body div textarea {
   height: 150px;
}
```

Pour obtenir une bordure légèrement plus foncée lorsque l'utilisateur est en train d'éditer un champ, utilisez le sélecteur `:focus` sur les champs de texte (`input[type="text"]` et `textarea`).

```
#mailPopup div#body div input[type="text"]:focus,
#mailPopup div#body div textarea:focus {
   border-color: #818181;
}
```

Lorsque le focus de la page sera sur un champ `<input>` de type `text` ou sur un `<textarea>`, sa bordure changera de couleur.

Définissez le style du bouton de soumission du formulaire, **Envoyer**.

```
#mailPopup div#body div input[type="submit"] {
   padding: 0px 3px;
   background-color: #EBEBEB;
   cursor: pointer;
   -moz-border-radius: 5px;
   border-radius: 5px;
}
```

Vous avez maintenant le code HTML du formulaire, le code Java Script pour l'afficher et le code CSS pour le "styler". Les trois images suivantes montrent le résultat sous Mozilla Firefox et sous Internet Explorer 8 (sans les effets arrondis ou d'ombrage de CSS3) et 9.

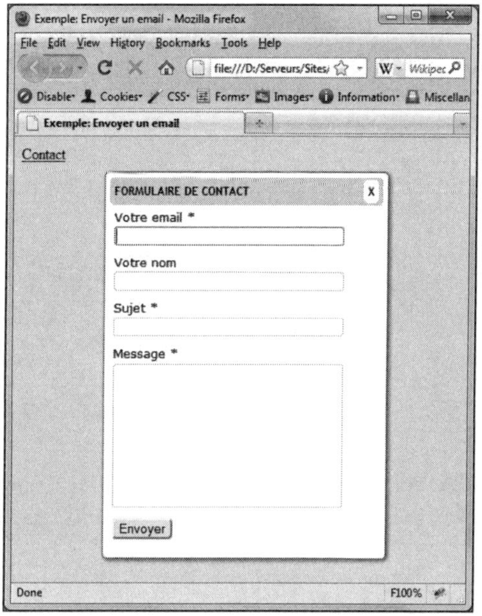

Figure 4.5 : Le formulaire sous Mozilla Firefox

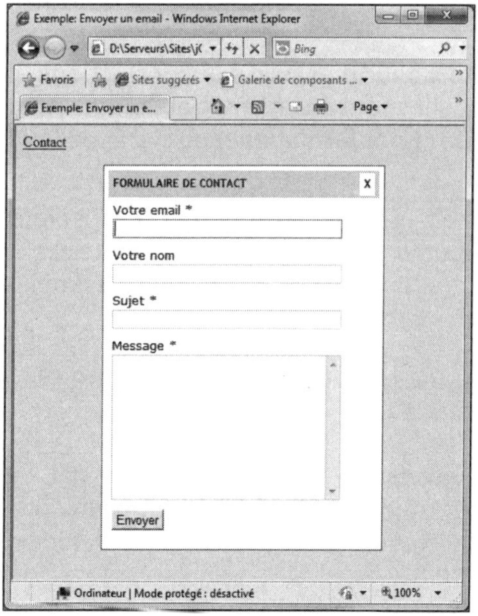

Figure 4.6 : Le formulaire sous Internet Explorer 8 (bordures carrées, sans ombres dues au non-support de CSS3)

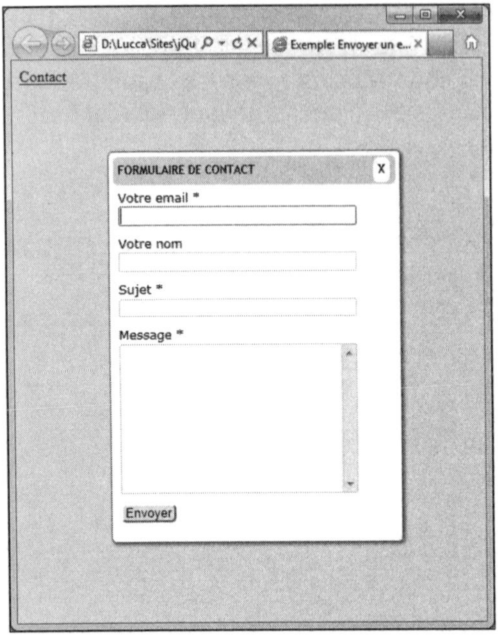

Figure 4.7 : Le formulaire sous Internet Explorer 9 (avec le support de CSS3)

4.2. Contrôler instantanément les informations

Lorsque vous demandez à l'utilisateur de saisir des informations, il est très important de vérifier qu'elles sont au bon format (longueur du contenu, format de la chaîne...). En informatique, cela s'appelle la validation.

La validation doit toujours être effectuée côté serveur car l'utilisateur ne peut pas "tricher". En effet, toutes les actions effectuées côté client (dans le navigateur) peuvent être "hackées" par l'utilisateur (simplement via Firebug par exemple).

RENVOI

Pour en savoir plus sur le côté serveur, reportez-vous au chapitre *Communiquer avec le serveur à l'aide d'AJAX*.

Cependant, la validation en JavaScript est utile : elle permet de simplifier le remplissage du formulaire. Au fur et à mesure que l'utilisateur saisit les informations, vous allez pouvoir lui indiquer si ce qu'il a rempli est valide ou non.

Les formulaires avec des champs de texte vont souvent contenir des informations similaires : simple texte, adresse e-mail, URL, champ numérique, etc. Vous allez donc créer des fonctions de validation génériques. Cela veut dire que ces fonctions pourront être réutilisées pour d'autres formulaires, sans aucune modification ! Le code suivant sera donc regroupé dans le fichier *form-validation.js*, qu'il suffira d'inclure dans le `<head>` des fichiers HTML contenant un formulaire.

Valider donnée par donnée

Commençons par la validation des champs de texte (sélecteurs `:text` et `textarea`). Vous allez créer un nouvel événement `validerChampTexte` que vous pourrez appeler à l'aide de la fonction jQuery `.trigger()`. Utilisez la fonction `.live()` pour attacher l'événement à tous les champs de texte. Cette fonction permet de prendre en compte les champs de texte créés après la définition de l'événement.

```
$(':text,textarea').live('validerChampTexte',
function() {

   var errMessages = [];
   var val         = $.trim( $(this).val() );

   // Le champ est obligatoire
   if ( $(this).hasClass('obligatoire') && val == '') {
      errMessages.push('Champ obligatoire');
   }

   // Expression régulière pour les champs "email"
  var reg = '^([a-z0-9._-]+@[a-z0-9._-]+\\.[a-z]{2,4})?$';
   var regexEmail = new RegExp(reg, 'i');

   // Champ "email" : on teste le format aaa@bbb.ccc
   if ($(this).hasClass('email') && !regexEmail.test(val)) {
      errMessages.push('Format invalide');
   }

   // Longueur minimum du champ
   var minLength = $(this).attr('data-minLength') == null ?
      0 : parseInt($(this).attr('data-minLength'));

   // On teste la longueur de la valeur
   if ( minLength > 0 && val.length < minLength ) {
      errMessages.push(minLength + ' caractères minimum!');
   }

   // La valeur du champ est valide s'il n'y a
   // pas de message d'erreur
   var isValid = errMessages.length == 0;
```

```
   // Le message à afficher à côté du champ
   var msg = '<div class="valid">:)</div>';
   if ( !isValid ) {
      msg = '<div class="error">' +
         errMessages.join('<br />') + '</div>';
   }

   // Retire le message précédent (s'il existe)
   if ($(this).next().is('div.error,div.valid')) {
      $(this).next().remove();
   }

   // Affiche le nouveau message
   $(this).after(msg);

   // Sauvegarde la validité du champ
   $(this).data('isChampValid', isValid);
});
```

Cette fonction est assez longue et a besoin d'être étudiée en détail.

L'initialisation

Vous définissez tout d'abord un tableau `errMessages` qui contiendra tous les messages d'erreur relatifs aux champs de texte en cours de validation. Pour ajouter un message d'erreur, il suffira d'utiliser la fonction `push()` (`errMessages.push('Le message d\'erreur')`).

À l'intérieur de la fonction de gestion d'événements, le contexte d'exécution `this` fait référence à l'élément HTML qui a déclenché l'événement. Dans cet exemple, `this` représente donc le champ de texte en cours de validation (par exemple, le champ *email*). Il suffit ensuite d'utiliser la fonction `$()` pour récupérer l'objet jQuery correspondant à ce champ : `$(this)`.

RENVOI

Pour en savoir plus sur `this`, reportez-vous au chapitre *Donner vie à un site : les animations et les événements.*

Vous allez souvent avoir besoin de la valeur du champ en cours de validation. Vous définissez donc une variable `val` qui contiendra cette valeur.

```
var val;
```

La valeur d'un champ de texte peut être récupérée avec la fonction jQuery `.val()`. Dans cet exemple, vous récupérez donc la valeur du champ en cours de validation et vous la stockez dans la variable `val`.

```
var val = $(this).val();
```

Certains champs ont une longueur minimum. Par exemple, le champ *sujet* doit contenir au moins cinq caractères. L'utilisateur peut tricher et simplement mettre des espaces. Vous utilisez donc la fonction `$.trim()` qui supprime les espaces de début et de fin de chaîne. Par exemple, `$.trim('   maChaîne   ')` retourne `"maChaîne"` et non `"   maChaîne   "`. Pour ce champ en cours de validation, cela donne :

```
var val = $.trim( $(this).val() );
```

Vous pouvez tester les fonctions `.val()` et `$.trim()` à l'aide de Firebug. Pour cela, saisissez un sujet (champ `#sujet`), par exemple `"   !"`, ouvrez la console et entrez les commandes suivantes :

```
$('#sujet').val();          // Retourne "   !"
$.trim($('#sujet').val()); // Retourne "!"
```

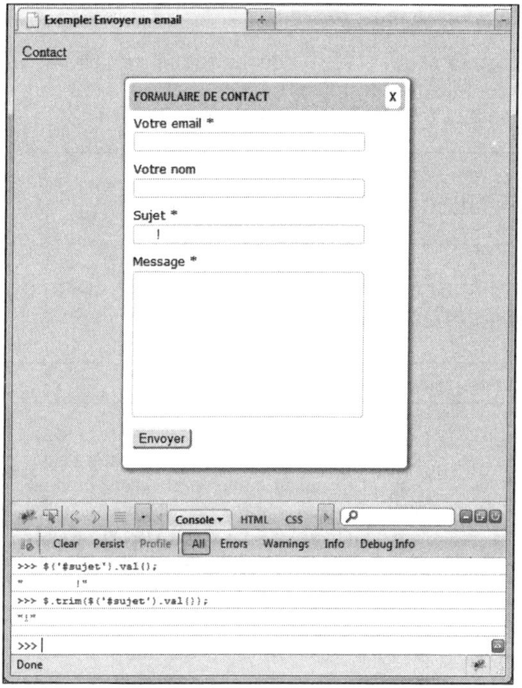

Figure 4.8 : Retour des fonctions .val() et $.trim()

Les champs obligatoires

Vous avez ensuite le premier test de validation : est-ce que le champ est obligatoire (est-ce qu'il contient la classe "*obligatoire*" : `$(this).hasClass('obligatoire')` ?) et est-ce que la valeur est vide (`val == ''`) ?. Si les deux tests retournent `true`, alors le champ est obligatoire et vide. Il n'est donc pas valide, et vous ajoutez le message "*Champ obligatoire*" au tableau des messages d'erreur :

```
if ( $(this).hasClass('obligatoire') && val == '') {
   errMessages.push('Champ obligatoire');
}
```

Les champs "email"

Vient ensuite le test pour vérifier le format des champs *email* (`$(this).hasClass('email')`). Pour cela, vous utilisez des expressions régulières (ou "*regex*", pour "*regular expressions*" en anglais).

DEFINITION

Expression régulière

Une expression régulière est une chaîne de caractères qui décrit d'une manière générique un ensemble de chaînes possibles.

Par exemple, l'expression régulière `[a-z][0-9]` décrit toutes les chaînes composées d'une lettre minuscule, suivie d'un chiffre. Les chaînes "`a0`", "`a1`", "`b1`", "`z9`" entre autres respectent le format imposé par la regex.

Une regex basique de vérification d'adresse email est :

```
var reg = '^([a-z0-9._-]+@[a-z0-9._-]+\\.[a-z]{2,4})?$';
```

Les caractères `^` et `$` représentent respectivement le début et la fin de la chaîne. La regex peut ensuite être divisée en cinq sections :

Tableau 4.1 : Découpage de l'expression régulière pour une adresse email

Section	Regex	Explication
Avant l'arobase	`[a-z0-9._-]+`	`[a-z0-9._-]` représente un caractère qui peut être une lettre (de `a` à `z`), un chiffre (de `0` à `9`) ou l'un des caractères suivants : `.` (point), `_` (underscore) et – (tiret). Le + (plus) qui suit signifie que le caractère est répété une ou plusieurs fois. Des exemples de chaînes qui correspondent à `[a-z0-9._-]+` sont "`a`", "`0`", "`-`", "`aaa-bbb`", "`aaa_bbb`", "`a0a-b_19`".
L'arobase	`@`	
Après l'arobase et avant le dernier point de l'extension	`[a-z0-9._-]+`	Identique à la section avant l'arobase.
Le point de l'extension	`\\.`	Le point dans une regex veut dire *n'importe quel caractère sauf un retour à la ligne*. Vous avez donc besoin de l'échapper avec l'anti-slash pour signaler que vous souhaitez bien un point et non *n'importe quel caractère*.

Tableau 4.1 : Découpage de l'expression régulière pour une adresse email		
Section	**Regex**	**Explication**
L'extension	[a-z]{2,4}$	Il s'agit ici d'une chaîne de lettres (de a à z) d'une longueur de 2 à 4 caractères, comme indiqué par {2,4}.

Dans certains cas, l'adresse email peut être optionnelle. La regex est alors entourée de parenthèses et se termine par un point d'interrogation, comme ceci : (<la-regex>)?. Les parenthèses permettent de regrouper le contenu de la regex [a-z0-9._-]+@[a-z0-9._-]+\\.[a-z]{2,4} et le point d'interrogation signifie zéro (chaîne vide dans ce cas) ou une seule fois (une adresse email). Vous avez deux possibilités :

- une chaîne vide ;
- une chaîne respectant le format d'une adresse email (*aaa@bbb.ccc*).

Vous créez ensuite une instance de la classe JavaScript RegExp avec la regex de l'adresse email et l'option i (insensible à la casse).

```
var regexEmail = new RegExp(reg, 'i');
```

Vous pouvez enfin effectuer le test de validation du format pour les champs "email". Pour cela, vous utilisez la fonction regexEmail.test(val). Cette fonction retourne true si le contenu de la variable val respecte le format défini par la regex. Seul le cas où cette fonction retourne false vous intéresse. Vous utilisez donc ! (point d'exclamation) pour transformer le false en true (!false retourne true).

```
if ($(this).hasClass('email') && !regexEmail.test(val)) {
   errMessages.push('Format invalide');
}
```

Vous pouvez une fois de plus recourir à la console de Firebug pour tester l'expression régulière et sa fonction test(). Pour cela, saisissez une adresse email (champ #mail), ouvrez la console, et entrez les commandes suivantes (reprises de la fonction) :

```
// Récupération de l'adresse email
var val = $.trim( $('#email').val() )
// Déclaration de l'expression régulière
var reg = '^([a-z0-9._-]+@[a-z0-9._-]+\\.[a-z]{2,4})?$';
var regexEmail = new RegExp(reg, 'i');
// Test de l'adresse email
regexEmail.test(val);
```

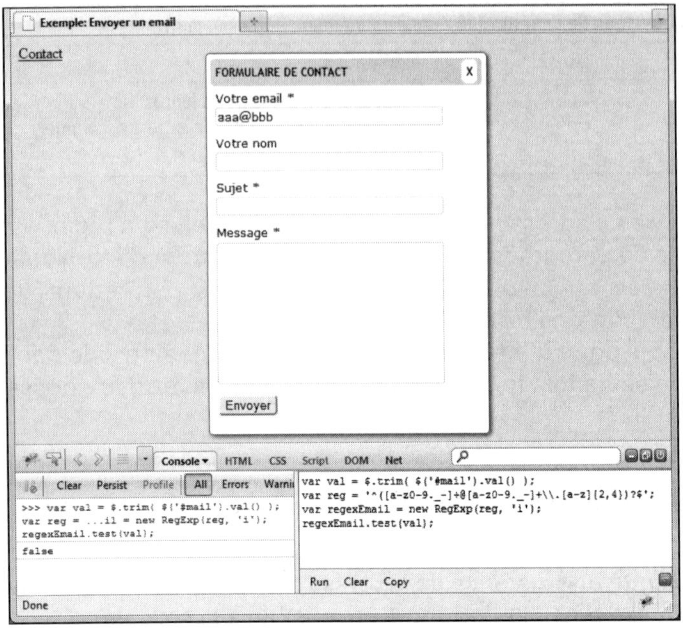

Figure 4.9 : Le format de l'adresse email est incorrect, le test de l'expression régulière retourne donc false

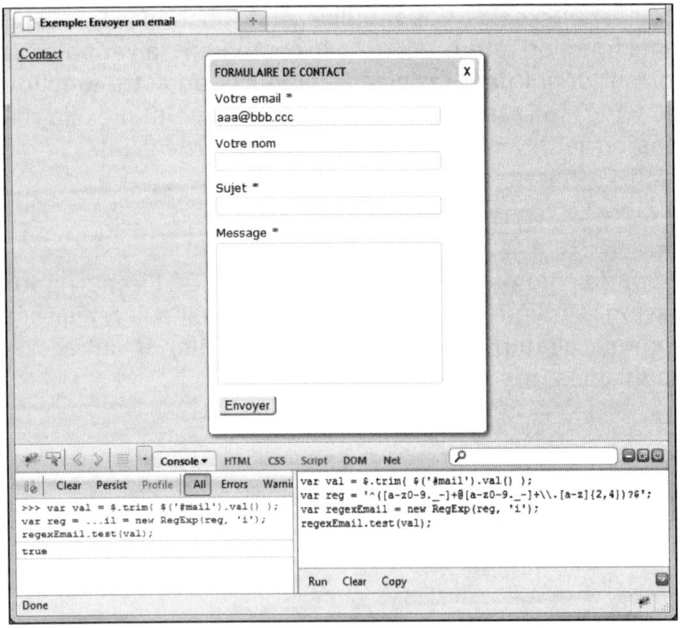

Figure 4.10 : Le format de l'adresse email est correct, le test de l'expression régulière retourne donc true

Les expressions régulières sont très puissantes et ont diverses applications. Pour plus d'informations sur le sujet, lisez le tutorial sur le site www.ToutJavaScript.com (d'Olivier Hondermarck, auteur de l'ouvrage *Le Guide Complet - JavaScript*, aux éditions Micro Application), à l'adresse www.toutjavascript.com/savoir/savoir22_1.php3.

La longueur minimum

Puis vient le test de la longueur minimum. Lorsque vous avez défini le code HTML du formulaire, vous avez ajouté l'attribut `data-minLength`. Vous récupérez donc la valeur de cet attribut avec la fonction `.attr()`. S'il n'existe pas (`$(this).attr('data-minLength') == null`), le champ n'a pas de longueur minimum. En d'autres termes, cela peut être interprété comme une longueur minimum de zéro caractère. La valeur récupérée par la fonction `.attr()` est une chaîne (`string`), alors que vous avez besoin d'un nombre (`integer`). Vous utilisez donc la fonction `parseInt()` pour convertir la chaîne en nombre.

```
var minLength = $(this).attr('data-minLength') == null ?
   0 : parseInt($(this).attr('data-minLength'));
```

ASTUCE

Bloc if/else sur une ligne

Cette syntaxe

```
var maVariable = condition ? 'vrai' : 'faux';
```

est équivalente aux cinq lignes suivantes :

```
var maVariable;
if (condition) {
  maVariable = 'vrai';
} else {
  maVariable = 'faux';
}
```

Vous avez maintenant la valeur de `minLength`. Vous pouvez donc effectuer le test de la longueur minimum. Si `minLength` est supérieur à 0 et si la longueur de `val` est inférieure à `minLength`, alors le champ n'est pas valide (il est trop court).

```
if ( minLength > 0 && val.length < minLength ) {
   errMessages.push(minLength + ' caractères minimum!');
}
```

Afficher le résultat de la validation

Vous avez effectué les tests principaux. Pour chaque erreur, vous ajoutez un message d'erreur au tableau `errMessages`. Si le tableau est vide, le champ est correctement rempli. Autrement, il y a une erreur, et vous affichez le ou les messages.

Vous avez tout d'abord une variable booléenne qui établit la validité du champ.

```
var isValid = errMessages.length == 0;
```

Cette syntaxe est l'équivalent de :

```
var isValid;
if (errMessages.length == 0) {
   isValid = true;
} else {
   isValid = false;
}
```

Pour le message à afficher sur l'écran de l'utilisateur, vous initialisez la variable `msg` avec un smiley `:)` pour indiquer que le champ est correct :

```
   var msg = '<div class="valid">:)</div>';
```

Si la variable `isValid` est `false`, le champ est mal rempli, et vous modifiez la valeur de `msg`. La variable `msg` doit contenir *tous* les messages d'erreur concernant ce champ (contenus dans le tableau `errMessages`). Pour cela, vous joignez (fonction `join()`) toutes les entrées de `errMessages` avec la balise `<br />` comme séparation.

```
   if ( !isValid ) {
      msg = '<div class="error">' +
         errMessages.join('<br />') + '</div>';
   }
```

Vous avez mis les deux types de messages (valide ou erreur) dans une balise `<div>` avec les classes `valid` et `error`.

Le contenu de la variable `msg` sera affiché après le champ en cours de validation. La fonction de validation d'un champ est appelée plusieurs fois. Il faut donc que le message soit remplacé, et non qu'il s'ajoute à la suite. Pour cela, vous vérifiez si l'élément juste après le champ actuel (`$(this).next()`) est un message (classe CSS `error` ou `valid`). Si c'est le cas, vous enlevez ce message avec la fonction `.remove()`.

```
if ($(this).next().is('div.error,div.valid')) {
   $(this).next().remove();
}
```

Vous pouvez maintenant afficher le nouveau message après le champ.

```
$(this).after(msg);
```

La variable `isValid` permet de savoir si le contenu du champ est valide ou non. Il s'agit d'une variable locale qui sera donc perdue à la fin de la fonction. Pour garder cette valeur (que vous utiliserez plus tard), vous l'attachez comme donnée (`.data`) au champ (`input` ou `textarea`).

```
$(this).data('isChampValid', isValid);
```

La donnée `isChampValid` est maintenant attachée à l'objet DOM qui représente la balise en cours de validation (par exemple, le champ *sujet*). Vous pouvez ensuite récupérer cette valeur avec la même fonction `.data()`.

```
$('#sujet').data('isChampValid');
```

Déclencher validerChampTexte

Vous avez maintenant tout le code pour l'événement `validerChampTexte`. Il s'agit d'un événement personnalisé propre à cet exemple. Ce n'est pas un événement JavaScript classique. Vous devez donc déclarer un événement qui le déclenchera (fonction `.trigger()`). Le plus simple est de valider le champ chaque fois que l'utilisateur saisit une lettre sur son clavier. Pour cela, il y a l'événement `keyup`.

```
$(':text,textarea').live('keyup', function() {
   $(this).trigger('validerChampTexte');
});
```

Vous pouvez autrement déclencher cet événement lorsque la valeur du champ de texte est modifiée et que le champ a perdu son focus (événement `change`).

```
$(':text,textarea').live('change', function() {
   $(this).trigger('validerChampTexte');
});
```

Si vous souhaitez utiliser les événements `keyup` et `change`, combinez-les en une seule déclaration.

```
$(':text,textarea').live('keyup change', function() {
   $(this).trigger('validerChampTexte');
});
```

Testez à présent le résultat de la validation des champs de texte.

Les messages d'erreur (ou du succès) ne sont pas très visibles (voir fig. 4.11). Vous pouvez rectifier ce problème en leur donnant un peu de style.

Les messages d'erreur apparaissent en général en rouge (`#FF0000`).

```
#mailPopup div#body div div.error {
   color: #FF0000;
   font-size: 11px;
   font-style: italic;
   margin-top: 5px;
}
```

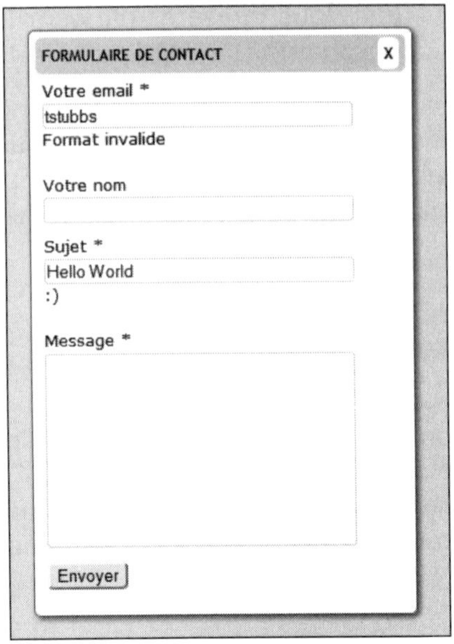

Figure 4.11 : Validation des champs de texte

Mettez le message de succès (un simple smiley) en vert (`#00FF00`), à droite du champ de texte (`float: right`).

```
#mailPopup div#body div div.valid {
   color: #00FF00;
   float: right;
}
```

Figure 4.12 : Ajout du CSS aux messages de validation

Une validation générique

Tout le code JavaScript défini dans cette section est générique. Vous pouvez donc prendre n'importe quel fichier HTML avec des champs de texte, et y inclure la bibliothèque jQuery ainsi que le fichier *form-validation.js*.

Prenons un simple code HTML qui inclut la bibliothèque jQuery ainsi que *form-validation.js* :

```
<!DOCTYPE html>
<html>
   <head>
      <title>Exemple: Un simple formulaire</title>
      <meta http-equiv="Content-Type"
         content="text/html; charset=UTF-8" />

      <script type="text/javascript"
         src="jquery.min.js"></script>

      <script type="text/javascript"
         src="form-validation.js"></script>
   </head>
```

Ajoutons trois champs de texte :

- un champ avec une longueur minimum de 5 caractères (`data-minLength="5"`) ;
- un champ *email* optionnel (`class="email"`) ;
- un champ *email* obligatoire (`class="email obligatoire"`).

```
   <body>
      <p>
         Un champ texte (cinq caractères au minimum) :<br />
         <input type="text" data-minLength="5" />
      </p>

      <p>
         Un champ email optionnel :<br />
         <input type="text" class="email" />
      </p>

      <p>
         Un champ email obligatoire :<br />
         <input type="text" class="email obligatoire" />
      </p>
   </body>
</html>
```

Vous pouvez compléter ces champs, et avoir un retour de validation immédiat et automatique (bien entendu, sans style car vous n'avez pas défini de CSS). Vous pourriez compléter l'événement `validerChampTexte` dans *form-validation.js* pour supporter la validation d'autres formats de données (par exemple, les champs numériques, URL…).

Figure 4.13 : Un formulaire avec validation automatique

Valider le formulaire

Vous avez maintenant besoin d'un événement `validerFormulaire` pour établir la validité du formulaire. Cet événement doit répondre à la question suivante : "*Est-ce que tous les champs du formulaire sont valides ?*"

Comme pour `validerChampTexte`, vous utilisez la fonction jQuery `.live()` pour attacher l'événement à tous les formulaires.

```
$('form').live('validerFormulaire', function() {

   var isValid = true;

   $(this)
   .find(':text,textarea')
   .each(function() {
      $(this).trigger('validerChampTexte');

      if ($(this).data('isChampValid') == false) {
         isValid = false;
      }
   })
   .end()
   .data('isFormValid', isValid);
});
```

Cette fonction est nettement plus courte que `validerChampTexte`, mais assez compacte : il se passe beaucoup de choses en quelques lignes !

Vous définissez tout d'abord la variable `isValid` et supposez que le formulaire est valide.

```
var isValid = true;
```

Au moindre problème lors de la validation, vous passerez `isValid` à `false`.

Vous récupérez tous les champs de texte (`:text` pour les `<input>` de type `text` et les `<textarea>`) contenus dans le formulaire (`this` fait référence au formulaire). Cela retourne donc les champs *email*, *nom*, *sujet* et *message*.

```
$(this).find(':text,textarea')
```

Vous itérez ensuite sur chaque champ (fonction jQuery `.each()`) pour vérifier leur validité.

> ATTENTION
>
> **Valeur de `this` à l'intérieur de `.each()`**
>
> À l'intérieur de la fonction `.each()`, `this` représente le champ actuel (par exemple, le champ *email* lors de la première itération), et non le formulaire !
>
> Voici en gras les endroits où `this` représente le formulaire :
>
> ```
> $('form').live('validerFormulaire', function() {
>   var isValid = true;
>   $(this)
>   .find(':text,textarea')
>   .each(function() {
>     $(this).trigger('validerChampTexte');
>     if ($(this).data('isChampValid') == false) {
>       isValid = false;
>     }
>   })
>   .end()
>   .data('isFormValid', isValid);
> });
> ```
>
> Voici en gras les endroits où `this` représente l'un des champs de texte du formulaire :
>
> ```
> $('form').live('validerFormulaire', function() {
>   var isValid = true;
>   $(this)
>   .find(':text,textarea')
>   .each(function() {
>     $(this).trigger('validerChampTexte');
>     if ($(this).data('isChampValid') == false) {
>       isValid = false;
>     }
>   })
>   .end()
>   .data('isFormValid', isValid);
> });
> ```

Pour chaque champ, vous déclenchez (`.trigger()`) l'événement `validerChampTexte`, et vérifiez ensuite sa donnée `isChampValid` (définie dans `validerChampTexte`). Si la donnée `isChampValid` du champ (`$(this).data('isChampValid')`) est à `false`, le champ n'est pas valide. Or, il faut que *tous* les champs du formulaire soient valides pour que le formulaire entier le soit également. Vous mettez donc la variable `isValid` à `false`.

```
$(this).trigger('validerChampTexte');

if ($(this).data('isChampValid') == false) {
   isValid = false;
}
```

Une fois l'itération finie, la fonction `.each()` retourne un objet jQuery contenant tous les champs du formulaire (`$(this).find(':text, textarea')`). Vous avez maintenant besoin du formulaire que vous aviez avant d'utiliser la fonction `.find()`. Pour cela, vous utilisez la fonction `.end()`, qui permet de "terminer" la fonction `.find()` et de retravailler sur l'objet jQuery parent (le formulaire), ici `$(this)`.

Vous attachez la donnée `isFormValid` au formulaire avec la valeur de la variable `isValid` que vous venez de calculer.

```
$(this)
   .find(':text,textarea')
      .each(…)
   .end()
   .data('isFormValid', isValid);
```

Si la fonction `.end()` vous paraît trop complexe, il est possible de la simplifier en séparant l'instruction en deux.

```
// Première instruction :
// Vérification de la validité de tous les champs
$(this).find(':text,textarea').each(function() {
   $(this).trigger('validerChampTexte');

   if ($(this).data('isChampValid') == false) {
      isValid = false;
   }
});

// Seconde instruction :
// Attribution de la valeur isValid au formulaire
$(this).data('isFormValid', isValid);
```

4.3. Soumettre le formulaire

Vous avez fini la validation du formulaire. Vous devez maintenant compléter les fonctions `ajouteEvenements()` et `cacher()` de l'objet `MailPopup` dans le fichier *popup-mail.js*. La fonction `envoyerMail()` restera vide pour le moment.

RENVOI

Vous la compléterez au chapitre *Communiquer avec le serveur à l'aide d'AJAX*, une fois que vous aurez découvert l'envoi d'e-mails avec AJAX et PHP.

Attacher les gestionnaires d'événement

L'utilisateur a encore trois interactions possibles avec la popup :

- déplacer la popup ;
- cliquer sur la croix pour fermer la popup sans envoyer l'email ;
- cliquer sur le bouton **Envoyer** pour envoyer l'email.

Vous devez donc établir la popup comme "déplaçable" et définir les événements `click` sur la croix (`$('#cmdCancel')`) et `submit` pour le soumettre le formulaire (`$('#mailPopup').children('form')`).

RENVOI

Pour savoir comment rendre la popup "déplaçable", reportez-vous au chapitre *Donner vie à un site : les animations et les événements.*

Définissez ces événements à l'intérieur de la fonction `MailPopup.ajouteEvenements()`, qui est appelée lors de l'affichage de la popup.

```
var MailPopup = {
   // [...]

   "ajouteEvenements": function() {

      $('#mailPopup').draggable(...);

      $('#cmdCancel').click(...);

      $('#mailPopup').children('form').submit(...);
   },

   // [...]
};
```

Déplacer la popup

Vous souhaitez que l'utilisateur puisse cliquer sur le titre de la popup ("*Formulaire de contact*") et la déplacer, exactement comme une fenêtre dans Microsoft Windows. Pour cela, vous utilisez la fonction jQuery UI `.draggable()`. L'option `handle` (poignée) permet d'indiquer à jQuery UI que seul l'en-tête (`#header`) de la popup permet de la déplacer.

```
$('#mailPopup').draggable({"handle": "#header"});
```

Annuler l'envoi

L'utilisateur peut, s'il le souhaite, annuler l'envoi du formulaire. En ce sens, il va cliquer sur la croix en haut à droite de l'en-tête pour fermer la popup.

Lorsque vous avez créé la structure de l'objet `MailPopup`, vous avez déclaré la fonction `cacher()`. Son but est simple : elle doit fermer la popup. Vous n'avez pas encore défini son contenu (voir la section suivante), mais cela n'empêche pas pour autant d'y faire référence ! En effet, lorsque l'on développe, il est très courant de faire appel à une fonction déjà définie mais pas encore codée. En programmation, cela s'appelle un *stub*.

DEFINITION

Fonction stub

Un stub est une fonction déclarée mais pas encore "codée". Elle retourne simplement une valeur possible attendue pour que le programme puisse être (compilé ou) exécuté. Elle devra bien entendu être complétée par la suite pour que le programme fonctionne correctement.

Par exemple, si vous devez créer une fonction `calculerAge()`, qui prend une date de naissance comme paramètre et qui retourne l'âge calculé, son stub pourrait être :

```
function calculerAge(dateNaissance) {
  return 25;
}
```

La fonction sera par la suite complétée pour retourner la bonne valeur. Par exemple :

```
function calculerAge(dateNaissance) {
  // Date actuelle
  var maintenant = new Date();

  // Nombre de millisecondes écoulées
  // depuis la date de naissance
  var delta = maintenant - dateNaissance;

  // Divise par le nombre de millisecondes
  // contenues dans une année
  var age = delta / (365*24*60*60*1000);

  // Arrondit à l'entier le plus proche
  return Math.round(age);
}
```

Pour fermer la popup, vous devez donc simplement appeler la fonction `MailPopup.cacher()`. Vous pourriez écrire la ligne suivante :

```
$('#cmdCancel').click(MailPopup.cacher);
```

Souvenez-vous, à l'intérieur de l'objet `MailPopup`, `this` fait référence à `MailPopup`. Vous pouvez ainsi éviter de faire directement référence à `MailPopup`.

```
$('#cmdCancel').click(this.cacher);
```

Mais dans les deux cas, il y a un problème : la fonction `cacher()` serait appelée avec l'objet DOM `cmdCancel` comme contexte. Cela veut dire que le mot-clé `this` à l'intérieur de la fonction `cacher()` ferait référence à `cmdCancel`, et non à `MailPopup` !

La fonction `$.proxy()` permet de définir le contexte d'exécution d'une fonction.

RENVOI

Lisez à ce sujet le chapitre *Donner vie à un site : les animations et les événements.*

Vous pouvez donc utiliser cette fonction pour que la fonction `cacher()` soit appelée avec le bon contexte (`MailPopup`).

```
$('#cmdCancel').click($.proxy(this.cacher, MailPopup));
```

Lorsque vous appelez la fonction `$.proxy()`, vous êtes toujours à l'intérieur de la fonction `MailPopup.ajouteEvenement()`, où `this` fait référence à `MailPopup`. Vous pouvez éviter de faire directement référence à `MailPopup` en remplaçant `MailPopup` par `this`.

```
$('#cmdCancel').click($.proxy(this.cacher, this));
```

Soumettre le formulaire d'envoi

Définissez maintenant la fonction à exécuter lorsque l'utilisateur clique sur le bouton **Envoyer**, c'est-à-dire lorsqu'il soumet le formulaire (événement `submit`).

```
$('#mailPopup').children('form').submit(
   {"maPopup": this},
   function(event) {

      if ($(this).trigger('validerFormulaire')
         .data('isFormValid')) {

         event.data.maPopup.envoyerMail();

      } else {
         // Affichage message d'erreur
         alert('Formulaire non complet');
      }
```

```
        // Évite la redirection du formulaire
        return false;
    }
);
```

Dans cet exemple, la fonction jQuery `.submit()` prend deux arguments :

- Les données (un objet JavaScript). La seule donnée que vous souhaitez passer ici est le contexte d'exécution actuel (`this` = l'objet `MailPopup` que l'on est en train d'utiliser). Vous avez donc `{"maPopup": this}`.
- La fonction à exécuter lorsque l'événement (soumission du formulaire) est déclenché. Le contexte d'exécution (`this`) de cette fonction est le formulaire d'envoi d'email.

Les données sont accessibles via l'objet `event.data` à l'intérieur de la fonction qui gère l'événement ; `event.data.maPopup` est donc équivalent à `MailPopup`.

Avant que l'email puisse être envoyé, vous devez déclencher l'événement `validerFormulaire`. Cet événement va créer la donnée `isFormValid`, qui permet de savoir si le formulaire est correctement rempli.

Si le formulaire est correctement rempli, vous appelez la fonction `MailPopup.envoyerMail()` (via la donnée `maPopup`, comme dans la section précédente).

RENVOI

Cette fonction sera définie au chapitre *Communiquer avec le serveur à l'aide d'AJAX* dès que vous aurez découvert l'utilisation d'AJAX avec jQuery.

```
if ($(this).trigger('validerFormulaire')
    .data('isFormValid')) {

    // event.data.maPopup == MailPopup
    event.data.maPopup.envoyerMail();
}
```

Si le formulaire est mal rempli (bloc `else`), vous devez afficher un message d'erreur. Ce message "*Formulaire non complet*" n'a pas besoin d'être détaillé étant donné que vous affichez déjà toutes les erreurs à côté de chaque champ mal rempli. Vous avez donc une simple fenêtre modale.

```
alert('Formulaire non complet');
```

Lorsque l'utilisateur soumet un formulaire, il est redirigé vers la page définie par la propriété `action` de la balise `<form>`. Étant donné que le formulaire est soumis avec AJAX, vous ne voulez pas de cette redirection. Stoppez donc cette redirection en retournant `false` à la fin de la fonction.

```
return false;
```

Figure 4.14 : Message d'erreur modal si l'utilisateur essaie de soumettre le formulaire mal complété

Améliorer le message d'erreur

Lorsque le formulaire est mal rempli et que l'utilisateur essaie de le soumettre, vous affichez un message d'erreur dans une fenêtre modale (`alert()`). Ce type de message d'alerte est un peu dépassé et vous pouvez l'améliorer : vous allez afficher le message d'erreur à côté du bouton **Envoyer** (l'utilisateur a déjà son regard pointé à cette position).

Avant de commencer à coder cette fonctionnalité, vous devez d'abord déterminer si vous en aurez besoin à d'autres endroits. La réponse est oui ! Voici les différents besoins :

- Erreur : l'utilisateur essaie de soumettre un formulaire mal rempli.
- Erreur : un problème est survenu lors de l'envoi de l'email.
- Succès : l'email a été envoyé ; il faut le signaler à l'utilisateur.

RENVOI

À propos des deux derniers cas de figure, reportez-vous au chapitre *Communiquer avec le serveur à l'aide d'AJAX*.

Vous devez donc ajouter la fonction `afficherMsgSoumission()` à l'objet `MailPopup`. Cette fonction a besoin de deux paramètres : `msg`, le message à afficher, et `css`, la classe CSS à utiliser (pour différencier les messages d'erreur des messages de succès).

```
var MailPopup = {
   "afficher": function() { /* … */ },
   "cacher": function() { /* … */ },
   "ajouteHTML": function() { /* … */ },
   "ajouteEvenements": function() { /* … */ },
   "envoyerMail": function() { /* … */ },

   "afficherMsgSoumission": function(msg, css) {

      $('#cmdSend')
      .after('<div class="' + css + '">' + msg + '</div>')
      .next()
      .fadeOut(5000, function() {
         $(this).remove();
      });
   }
};
```

Vous voulez afficher le message à côté du bouton **Envoyer** (`#cmdSend`). Pour cela, vous utilisez la fonction jQuery `.after()`.

```
$('#cmdSend')
   .after('<div class="' + css + '">' + msg + '</div>')
```

Vous devez ensuite effacer ce message. Pour cela, vous choisissez l'effet fondu de disparition avec une durée de 5 secondes (5 000 millisecondes).

```
$('#cmdSend').after(…).next().fadeOut(5000)
```

La fonction `.fadeOut()` cache simplement l'élément (`display: none`). Or, vous voulez complètement le retirer du flux HTML. Pour cela, vous passez une fonction supplémentaire en paramètre de `.fadeOut()`, qui se charge de supprimer l'élément ajouté.

```
$('#cmdSend').after(…).next().fadeOut(5000, function() {
   $(this).remove();
});
```

La fonction `afficherMsgSoumission()` est maintenant définie. Vous pouvez donc remplacer la ligne

```
alert('Formulaire non complet');
```

par

```
event.data.maPopup.afficherMsgSoumission(
   'Formulaire non complet', 'submitError');
```

Un dernier détail : vous devez définir la classe CSS `submitError` dans le fichier *popup-mail.css*. Le message doit apparaître à droite du bouton **Envoyer** (`float: right`) et avoir un fond rougeâtre (`#FFB3B3`) signalant une "erreur" à l'utilisateur (le reste est assez commun : marge intérieure, bordure arrondie et texte en gras).

```
#mailPopup div#body div.submitError {
   float: right;
   background-color: #FFB3B3;
   padding: 3px 5px;
   font-weight: bold;
   border-radius: 5px;
   -moz-border radius: 5px;
}
```

Figure 4.15 : Affichage d'un message d'erreur si l'utilisateur essaie de soumettre le formulaire mal complété

Au lieu d'afficher le message d'erreur "Formulaire non complet", vous pourriez afficher le bouton **Envoyer** une fois le formulaire correctement rempli, et pas avant. Mais cette méthode peut être déroutante pour l'utilisateur : il ne voit pas le bouton avant de commencer le remplissage du formulaire.

Fermer le formulaire

Vous devez maintenant compléter la fonction `cacher()` de l'objet `MailPopup` pour pouvoir fermer la popup. En effet, jusqu'à maintenant, cette fonction est un simple stub !

La fonction `MailPopup.afficher()` affiche la balise `<div>` overlay avec un effet de fondu (`.fadeIn()`) et la popup avec un effet de glissement vers le bas (`.slideDown()`). Vous allez donc d'abord cacher la popup, puis l'overlay avec les effets inverses, `.slideUp()` et `.fadeOut()`.

```
var MailPopup = {
   // [...]

   "cacher": function() {
      // Ferme la popup
      // Retire l'overlay une fois que la popup est fermée
      $('#mailPopup').slideUp('slow', function() {
         $('#overlay').fadeOut();
      });
   },

   // [...]
};
```

La fonction `.slideUp()` prend deux paramètres :

- La vitesse de fermeture (une chaîne comme `slow`, ou une durée en millisecondes).
- La fonction à exécuter une fois que la popup a complètement disparu. Dans ce cas, vous souhaitez enlever l'overlay avec un effet de fondu (`.fadeOut()`).

Remettre le formulaire à zéro

Lorsque l'utilisateur aura soumis le formulaire (lorsqu'il aura envoyé l'email), il est important de vider les champs du formulaire (au cas où l'utilisateur voudrait réutiliser le même formulaire). Pour cela, vous allez créer un dernier événement : `reset`.

```
$('form').live('reset', function() {
   $(this).find('div.error,div.valid').remove();
   $(this).get(0).reset();
});
```

La validation des champs de texte a ajouté des balises `<div>` avec les classes `error` (pour afficher le ou les messages d'erreur) ou `valid` (pour afficher le smiley `:)`). Vous devez enlever ces balises (descendantes du formulaire).

```
$(this).find('div.error,div.valid').remove();
```

jQuery n'a pas de fonction `.reset()` (pour vider les champs d'un formulaire), mais JavaScript en a bien une ! La fonction JavaScript `reset()` s'applique uniquement aux objets DOM, et non aux objets jQuery. (Souvenez vous, la fonction jQuery `$('…')` retourne toujours un tableau !) Vous devez donc récupérer le premier élément de ce tableau avec la fonction `.get()` et ensuite appliquer la fonction `reset()`.

```
$(this).get(0).reset();
```

`$(this).get(0)` est équivalent à `$(this)[0]`.

Testez cet événement via la console de Firebug :

1 Ouvrez la popup.

2 Commencez à compléter le formulaire.

3 Dans la console, exécutez la commande `$('form').trigger('reset')` (déclenche l'événement `reset` sur toutes les balises `<form>` de la page).

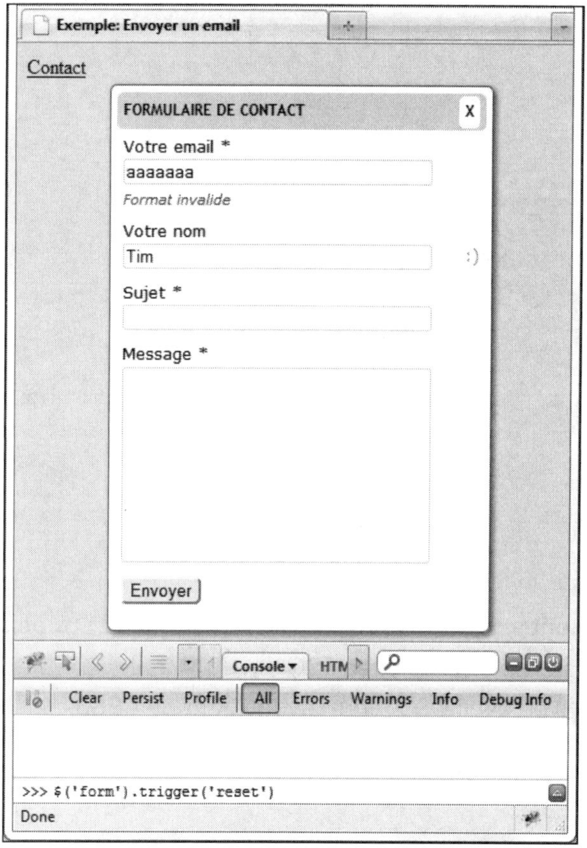

Figure 4.16 : Remise à zéro du formulaire avec la console de Firebug

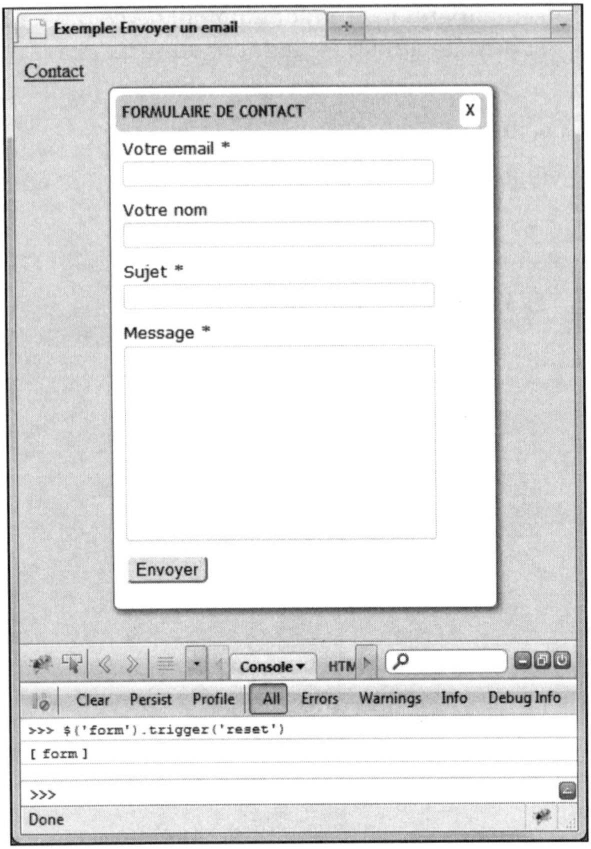

Figure 4.17 : Le formulaire est remis à zéro

4.4. Check-list

Ce qu'il faut retenir sur le formulaire d'envoi d'email :

- utiliser les événements `.live()`, `.trigger()`, `.click()`, `.submit()`, etc.
- construire des objets JavaScript avec JSON ;
- "styler" des pages web avec CSS (et un avant-goût de CSS3).

COMMUNIQUER AVEC LE SERVEUR À L'AIDE D'AJAX

Dans ce chapitre, vous découvrirez comment jQuery facilite les interactions entre le client et le serveur. Vous allez d'abord installer un environnement WAMP sur votre machine, étudier la théorie AJAX, puis poursuivre l'exemple du chapitre précédent : le traitement du formulaire par le serveur et l'envoi d'emails avec AJAX.

DEFINITION

AJAX (*Asynchronous JavaScript And XML*)

AJAX n'est pas une technologie spécifique. C'est l'utilisation d'un regroupement de technologies qui permettent de construire des sites ou applications web dynamiques. Les technologies utilisées sont :

- DOM et JavaScript pour modifier le contenu HTML de la page.
- L'objet `XMLHttpRequest`, qui permet au navigateur de dialoguer avec le serveur web de manière asynchrone.
- Le format XML pour les échanges d'informations entre le navigateur et le serveur web. Nous préférons cependant utiliser la notation JSON pour ces échanges.

RENVOI

Pour en savoir plus sur JSON, lisez le chapitre : *Ajouter un formulaire de contact*.

5.1. L'environnement WAMP

WAMP est l'acronyme de Windows Apache MySQL PHP. Windows est le système d'exploitation que vous utilisez, Apache est un serveur web (et non un Indien !), MySQL est une base de données et PHP est un langage de programmation utilisé par le serveur Apache.

Quand vous saisissez l'URL d'un site, par exemple **www.microapp.com**, vous demandez à son serveur web de générer une page lisible par votre navigateur. Il retourne alors du code HTML qui est interprété par votre navigateur.

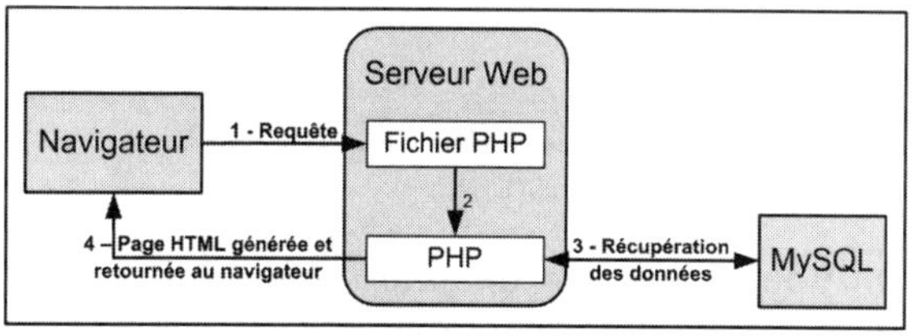

Figure 5.1 : Schéma simplifié de l'exécution d'un fichier PHP

Vous pouvez installer Apache, MySQL et PHP individuellement sur votre ordinateur, mais c'est assez compliqué. Pour vous simplifier la tâche, Il existe plusieurs packages qui regroupent ces logiciels et se chargent de les configurer. Les plus connus sont :

- WampServer (**www.wampserver.com**) ;
- EasyPHP (**www.easyphp.org**) ;
- XAMPP (**www.apachefriends.org**, compatible Windows, Linux, Mac OS et Solaris).

Installer WampServer

Vous allez utiliser WampServer. L'installation est assez simple, mais il y a quand même quelques points à souligner.

Le répertoire d'installation de WampServer est *C:\wamp*. Cela est important à noter car le chemin des fichiers (pour votre site web local) sera *C:\wamp\www*. Ce répertoire par défaut est bien entendu paramétrable (Il vous suffira de modifier le paramètre `DocumentRoot` dans le fichier *httpd.conf*).

Pendant l'installation, WampServer demande de choisir un navigateur par défaut. Sélectionnez Mozilla Firefox, qui se trouve dans le répertoire *C:\Program Files\Mozilla Firefox* (ou *C:\Program Files (x86) \Mozilla Firefox* si vous avez un système 64 bits).

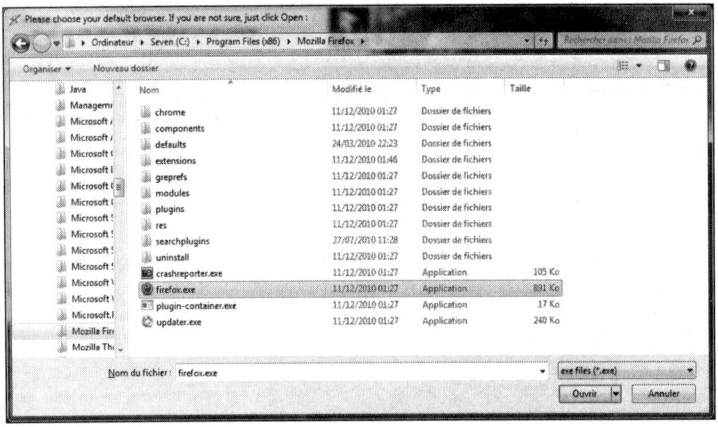

Figure 5.2 : Installation de WampServer : sélection de Mozilla Firefox

L'Assistant d'installation vous demande ensuite d'indiquer un serveur SMTP pour l'envoi des emails. Cette étape est très importante étant donné que vous allez finaliser l'envoi de l'email du formulaire de contact.

La première partie du code afférent à ce formulaire de contact figure au chapitre : *Ajouter un formulaire de contact*.

Vous allez donc mentionner le serveur SMTP de votre fournisseur d'accès Internet. Par exemple, pour les freenautes, le serveur SMTP est **smtp.free.fr**.

Tableau 5.1 : Liste des serveurs SMTP selon le fournisseur d'accès Internet

Fournisseur d'accès Internet	Serveur SMTP
Alice (racheté par Free)	**smtp.alice.fr, smtp.aliceadsl.fr**
Bouygues Telecom	**smtp.bbox.fr**
Free	**smtp.free.fr**
Neuf (racheté par SFR)	**smtp.neuf.fr**
Numericable	**smtp.numericable.fr**
Orange	**smtp.orange.fr**
SFR	**smtp.sfr.fr**

L'Assistant d'installation demande également l'adresse par défaut d'expédition des emails. Cela est moins important car on peut modifier l'expéditeur d'un email via un paramètre optionnel de la fonction `mail()` en PHP.

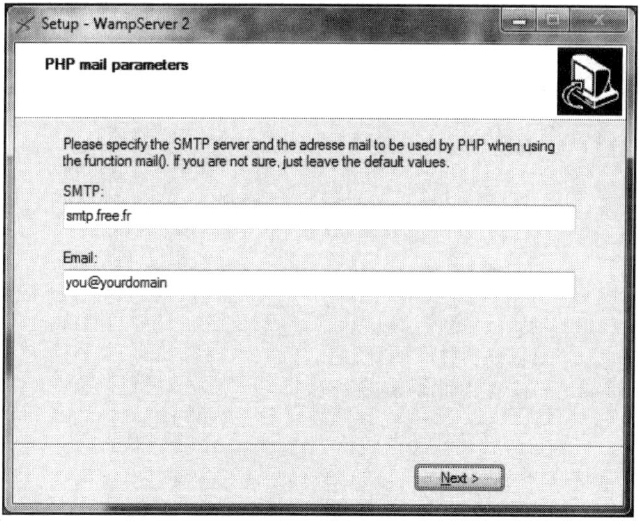

Figure 5.3 : Installation de WampServer : serveur SMTP

Lancer WampServer

Pour lancer WampServer, double-cliquez sur son icône sur le Bureau (ou sélectionnez le menu **Démarrer/Tous les programmes/Wamp Server/start WampServer**). Une icône va ensuite apparaître en bas à droite dans la barre des tâches, à côté de l'heure.

Vous pouvez accéder à votre site web local via l'URL **http://localhost** ou en cliquant sur l'icône de WampServer en bas à droite, puis sur *Localhost*.

Figure 5.4 : Lancement du site localhost

L'accueil de WampServer affiche les versions d'Apache, MySQL et PHP, ainsi que les extensions de ce dernier. Elle contient également deux liens : *PHPMyAdmin* pour administrer MySQL et *phpinfo* pour afficher toutes les informations de configuration de PHP.

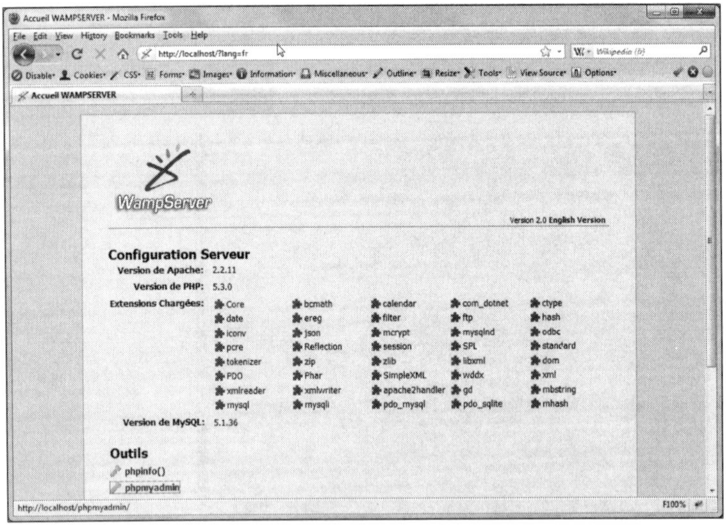

Figure 5.5 : Accueil de WampServer

Hello World en PHP

Vous allez maintenant créer votre premier fichier PHP pour vous assurer que tout fonctionne correctement. Dans Notepad++, créez le fichier *C:\wamp\www\helloworld.php* avec comme contenu :

```
<?php
echo 'Hello World';
?>
```

Le code PHP est délimité par les balises `<?php` et `?>`, comparables aux balises `<script type="text/javascript">` et `</script>` pour le code JavaScript.

Le fichier a une seule instruction : `echo 'Hello World';`. La commande `echo` affiche simplement le message passé.

Maintenant, lancez Firefox et saisissez l'URL `http://localhost/helloworld.php`. Vous devriez normalement voir "Hello World".

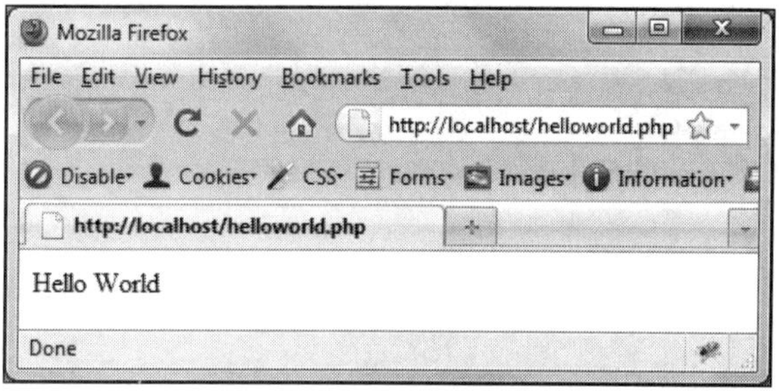

Figure 5.6 : Hello World en PHP

L'affichage du code source de cette page Hello World montre bien que le serveur Apache a interprété le code PHP (`echo 'Hello World';`) et qu'il a envoyé au navigateur le résultat de ce code ("*Hello World*").

5.2. Actualiser sans recharger

Avant AJAX, pour pouvoir recevoir ou envoyer des données au serveur, il fallait recharger la page entièrement, ce qui n'est pas très *user-friendly*. Il existait bien entendu quelques hacks pour contourner ce problème, comme des iframes (`<iframe>`) cachées.

AJAX permet donc de facilement communiquer avec le serveur web, sans recharger la page. Une requête AJAX est simplement l'appel d'une ressource web, comme **http://localhost/mapage.php**. Le fichier appelé, *mapage.php* dans cet exemple, va potentiellement modifier l'état du serveur, puis retourner du code (simple texte, JSON, XML...). La connexion entre le client (navigateur) et le serveur reste ouverte dans l'attente de la réponse de ce dernier. Il n'est plus nécessaire de recharger la page pour intégrer les informations de ce retour. Vous pouvez ensuite utiliser jQuery pour mettre à jour les éléments HTML déjà existants.

Avant AJAX, la page était complètement rechargée. L'utilisateur voyait donc bien que son action avait été prise en compte (certes, de façon assez violente). Avec AJAX, l'utilisateur n'a plus ce retour. Il ne sait donc pas forcément si son action a été prise en compte. C'est au développeur d'ajouter manuellement ce retour. Par exemple, lorsqu'une application Google, comme Gmail, effectue une requête AJAX, un message dans un bloc orange est affiché. L'utilisateur est donc tenu au courant de ce qu'il se passe.

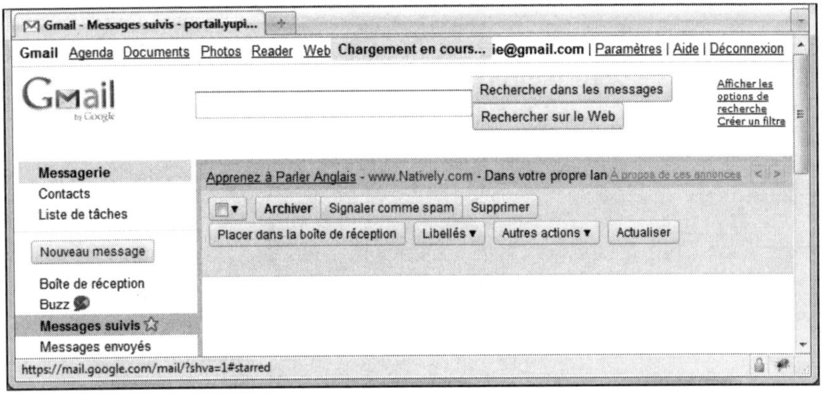

Figure 5.7 : Gmail affiche le message "Chargement en cours..."

Premier exemple AJAX avec jQuery

Vous n'avez jamais utilisé AJAX, ou vous l'avez peut-être déjà utilisé sans une bibliothèque JavaScript comme jQuery ou Prototype. Qu'importe, voici le premier exemple AJAX avec jQuery. Le but est simple : récupérer un message textuel (*Hello World*) du serveur sans recharger la page.

Le fichier PHP à exécuter avec AJAX s'appelle *ex01-helloworld-text.php*.

```
<?php
echo 'Hello World!';
?>
```

Voici le contenu de la page HTML, qui inclut le code JavaScript :

```
<html>
    <head>
        <title>Premier exemple AJAX avec jQuery</title>
```

```
      <meta http-equiv="Content-Type"
         content="text/html; charset=iso-8859-1">
      <script type="text/javascript"
         src="jquery.min.js"></script>
      <script type="text/javascript">
         function getMessage() {

            // Appelle de la fonction $.ajax() de jQuery
            $.ajax({

               // La page à appeler
               "url": "ex01-helloworld-text.php",

               // La méthode de communication
               // (comme pour les formulaires)
               "type": "GET",

               // Le type
               "dataType": "text",

               // Fonction exécutée quand la requête
               // AJAX est réussie
               "success": function(data, textStatus, xhr) {
                  console.log("Message du serveur: "
                     + data);
               },

               // Fonction exécutée quand la requête
               // AJAX échoue
               "error": function(xhr, textStatus,
                  errorThrown) {
                  console.log("Une erreur est survenue");
               },

               // Fonction exécutée après les fonctions
               // success() ou error()
               "complete": function(xhr, textStatus) {
                  console.log("Fin de l'exécution");
               }
            });
         }
      </script>
   </head>
   <body>
      <a href="javascript:getMessage();">
         Message du serveur
      </a>
   </body>
</html>
```

Le code est composé de deux sections importantes : le code JavaScript (la fonction `getMessage()`) et le lien (*Message du serveur*) qui va appeler cette fonction lorsque vous cliquez dessus.

La fonction $.ajax()

`$.ajax()` est donc la fonction jQuery qui permet de facilement faire un appel AJAX. Elle prend un seul paramètre : un objet JavaScript qui permet d'établir les différentes options. Dans cet exemple, vous avez utilisé les options suivantes :

- `url` : l'URL du fichier côté serveur à exécuter.
- `type` : la méthode de communication (`GET` ou `POST`).
- `dataType` : le format du retour du serveur (`text`, `json`, `xml`, `script` ou `html`).
- `success` : la fonction exécutée lorsque l'appel AJAX réussit. Dans cet exemple, vous affichez le message (Hello World) retourné par le serveur dans la console de Firebug.
- `error` : la fonction exécutée lorsque l'appel AJAX échoue.
- `complete` : la fonction exécutée après l'exécution de `success()` ou `error()`.

> DEFINITION
>
> **Fonction de rappel**
>
> Les fonctions `success()`, `error()` et `complete()` sont ce qu'on appelle des fonctions de rappel (ou plus couramment, en anglais, des "callback functions"). Une fonction de rappel est une fonction qu'on passe en paramètre à une autre fonction. Dans cet exemple, vous passez la fonction `success()` en paramètre à la fonction `$.ajax()`.

La fonction `success()` prend trois arguments :

- `data` : donnée renvoyée par le serveur, dans le format spécifié par `dataType`.
- `textStatus` : une chaîne décrivant le statut (dans ce cas, "*success*").
- `xhr` : l'objet natif JavaScript `XMLHttpRequest`, que jQuery utilise pour faire la requête AJAX (ou `ActiveXObject` dans le cas d'Internet Explorer). Avant le développement des bibliothèques comme jQuery ou Prototype, les requêtes AJAX étaient faites directement avec cet objet.

La fonction `error()` prend trois arguments :

- `xhr` : même paramètre que dans la fonction `success()`.

- `textStatus` : le statut décrivant l'erreur ("*timeout*", "*error*", "*notmodified*" ou "*parsererror*").
- `errorThrown` : l'exception s'il y en a une.

La fonction `complete()` prend deux arguments : `xhr` et `textStatus`. Il s'agit des mêmes paramètres que ceux des fonctions `success()` et `error()`.

Les fonctions de rappel success() et complete()

Pour exécuter cet exemple, affichez la page HTML dans Firefox (par exemple **http://localhost/chap5/ex01-helloworld-text.html**), lancez Firebug et cliquez sur le lien *Message du serveur*.

ATTENTION

Ne pas oublier localhost

Lorsque vous développez en local, il est très important d'accéder à vos pages web via **http://localhost/**.... Si vous ouvrez le fichier HTML depuis l'Explorateur de Windows, le code des fichiers PHP (des appels AJAX) ne sera pas interprété. Vous n'aurez alors pas le bon résultat.

Firebug affiche tout d'abord la requête AJAX exécutée (*GET http://localhost/chap5/ex01-helloworld-text.php*), son statut (*200 OK*) et son temps d'exécution (*997 ms*). Vous pouvez cliquer sur l'URL pour avoir accès aux détails de la requête AJAX (l'en-tête et la réponse).

Vous avez ensuite le résultat provenant des fonctions de retour : tout d'abord le message "*Hello World*" retourné par le serveur et affiché par la fonction `success()`, puis le message "*Fin de l'exécution*" affiché par la fonction `complete()`.

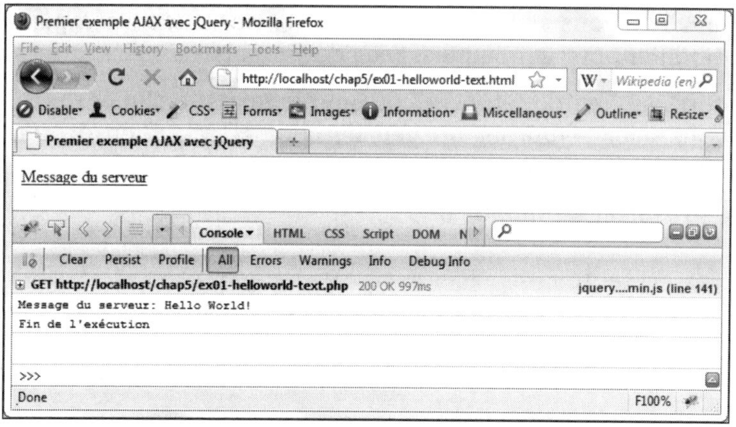

Figure 5.8 : Premier exemple AJAX : récupération du message "Hello World" du serveur

La fonction de rappel error()

Pour tester la fonction `error()`, vous allez introduire une erreur dans le code en donnant une valeur incorrecte à l'option `url`, comme *ex01-helloworld-text.pp* au lieu de *ex01-helloworld-text.php*. Lorsque vous cliquez sur le lien, l'URL du fichier PHP exécuté apparaît en rouge dans Firebug, et vous recevez le message "*Une erreur est survenue*" que vous avez mis dans la fonction `error()`.

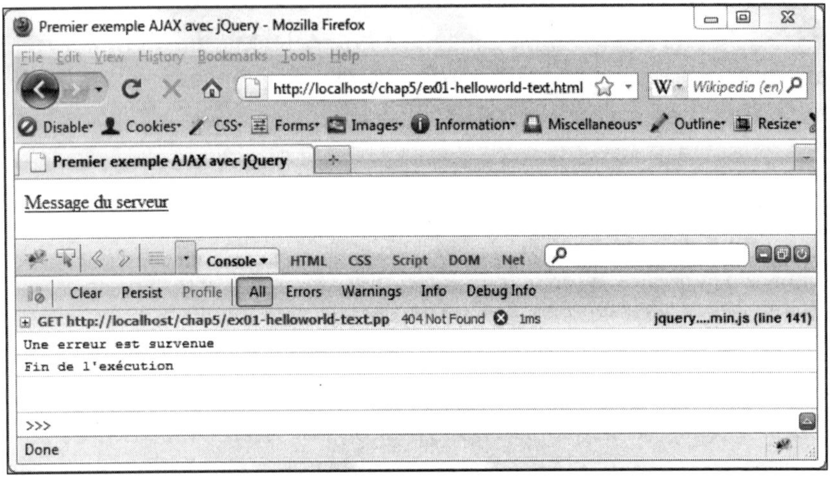

Figure 5.9 : Requête AJAX avec la mauvaise URL : ex01-helloworld-text.pp

Analyser le retour AJAX avec Firebug

Jusqu'à maintenant, vous avez utilisé Firebug pour analyser et déboguer le code JavaScript. Firebug permet également d'analyser le retour des requêtes AJAX, ce qui en fait un outil essentiel pour le débogage AJAX. Vous allez reprendre l'exemple précédent et légèrement le modifier pour voir la puissance de Firebug.

Tout d'abord, au lieu de retourner du simple texte (la chaîne "`Hello World`"), vous allez retourner un peu de code HTML. Rien de très compliqué : mettez simplement le même texte en gras.

Le fichier *ex01-helloworld-html.php* :

```
<?php
echo '<span style="font-weight: bold;">Hello World!</span>';
?>
```

Et le code JavaScript à exécuter lorsque vous cliquez sur le lien *Message du serveur* :

```
function getMessage() {
    $.ajax({
        "url": "ex01-helloworld-html.php",
        "type": "GET",
        "dataType": "html"
    });
}
```

La fonction `$.ajax()` a subi trois changements :

- Vous avez modifié le paramètre `url` pour le nouveau fichier PHP (*ex01-helloworld-html.php*).
- Vous avez modifié le paramètre `dataType` car vous récupérez du code HTML, et non du simple texte.
- Vous avez enlevé les fonctions `success()`, `error()` et `complete()` car vous n'allez pas les utiliser. Vous avez seulement besoin de Firebug !

Pour exécuter cet exemple, pointez vers son URL (par exemple **http://localhost/chap5/ex01-helloworld-html.html**) et cliquez sur le lien *Message du serveur* afin d'exécuter la requête AJAX.

Lorsqu'une requête AJAX est exécutée, elle apparaît sous l'onglet **Console** de Firebug. Les informations affichées sont :

- la méthode (*GET* ou *POST*) ;
- l'URL ;
- le statut (par exemple *200 OK*) ;
- le temps d'exécution.

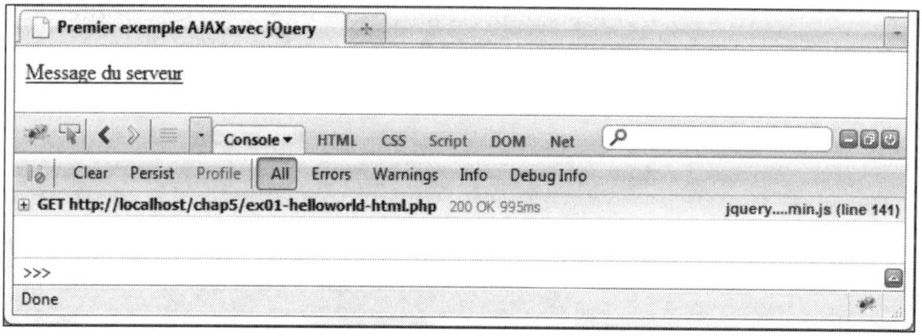

Figure 5.10 : Firebug : affichage de base

Vous pouvez cliquer sur l'URL pour afficher plus d'informations ! Vous avez alors trois sous-onglets :

- Le sous-onglet **Headers** (en-tête) affiche d'abord l'en-tête envoyé par le serveur au navigateur ("*Response Headers*"), puis l'en-tête envoyé au serveur par le navigateur ("*Request Headers*"). Cet onglet est rarement utilisé pour le débogage AJAX.

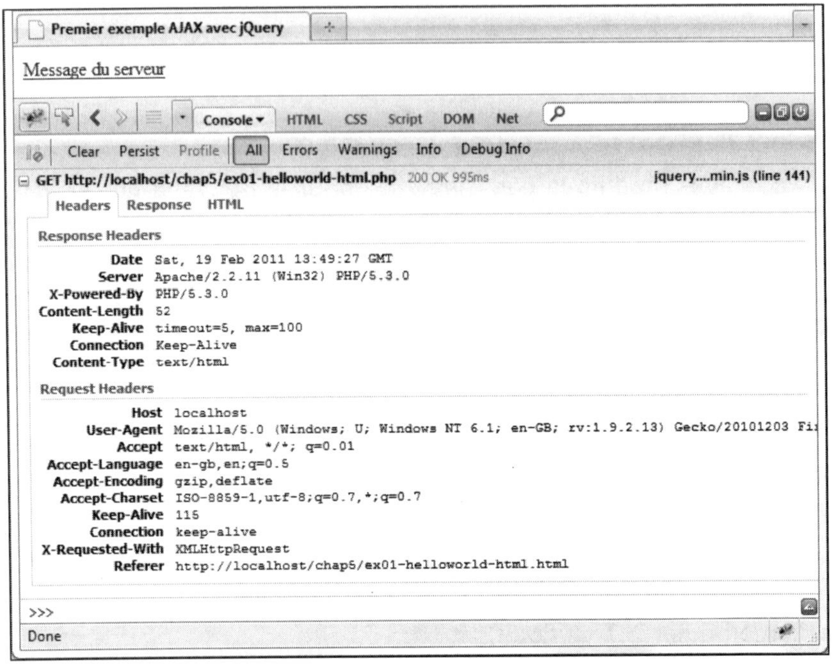

Figure 5.11 : Firebug : l'onglet Headers pour une requête AJAX

- Le sous-onglet **Response** (réponse) affiche le retour du serveur affiché comme du simple texte. Dans cet exemple, vous avez donc *<span style="font-weight: bold;">Hello World!</span>*. Cet onglet est régulièrement utilisé car il permet de voir le retour AJAX sans devoir ajouter du code de débogage dans les fonctions `success()`, `error()` ou `complete()`.

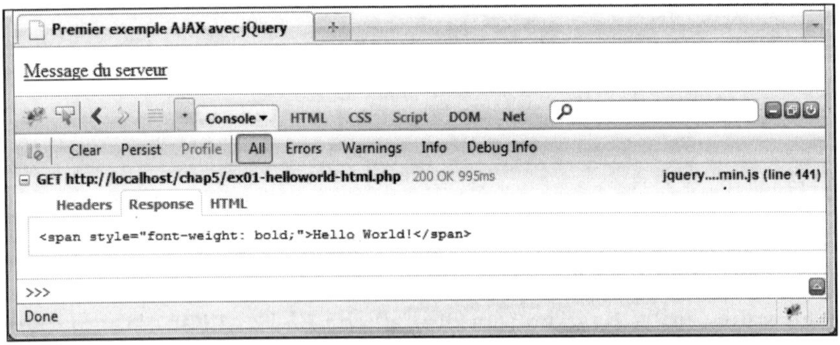

Figure 5.12 : Firebug : l'onglet Response pour une requête AJAX

- Le dernier sous-onglet, ici **HTML**, dépend du type de contenu retourné par le serveur. Firebug a détecté que le serveur renvoie du code HTML, et l'a interprété pour afficher *Hello World*.

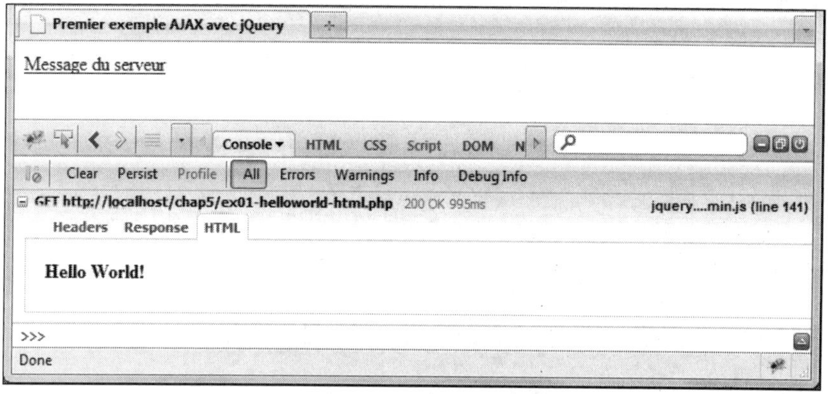

Figure 5.13 : Firebug : l'onglet HTML pour une requête AJAX

Firebug a également un onglet **Net** (au même niveau que l'onglet **Console**), qui permet d'analyser le chargement de tout type de ressource (fichiers HTML, CSS, JavaScript, requêtes AJAX...). Cet onglet est très utile car il rend compte de la décomposition du temps de chargement des ressources.

L'image suivante affiche le temps de chargement pour les trois ressources de cet exemple :

- le fichier HTML (*ex01-helloworld-html.html*) ;
- le fichier JavaScript pour jQuery (*jquery.min.js*) ;
- la requête AJAX vers le fichier *ex01-helloworld-html.php*.

En positionnant la souris au-dessus de la ligne de l'appel AJAX, vous avez un *rollover* qui explique en détail le temps de chargement :

- *DNS Lookup* : temps de résolution des DNS.
- *Connecting* : temps nécessaire pour créer une connexion TCP.
- *Blocking* : temps passé dans la queue du navigateur en attendant une connexion réseau.
- *Sending* : temps passé pour envoyer les données au serveur.
- *Waiting* : temps d'attente d'une réponse du serveur.
- *Receiving* : temps passé pour recevoir la réponse du serveur.

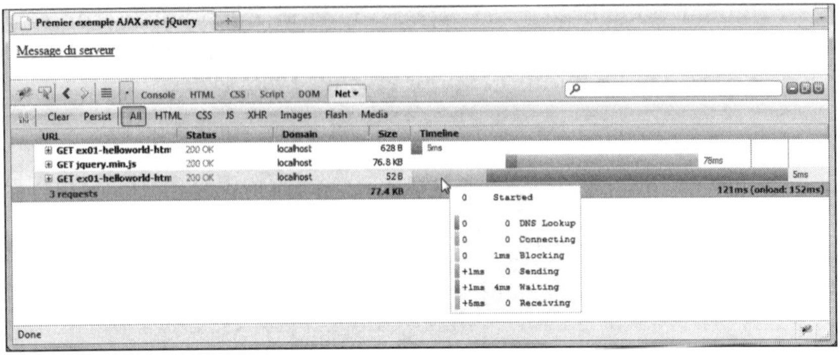

Figure 5.14 : Firebug : analyse du temps de chargement avec l'onglet Net

JSON : une syntaxe idéale pour AJAX

Lorsque vous développez en JavaScript, il est en général plus utile de récupérer du serveur un objet JavaScript qu'une chaîne (texte). Pour cela, vous pouvez utiliser le XML (le X dans AJAX !) ou JSON, qui peuvent tous deux être interprétés automatiquement par jQuery.

REMARQUE

XML vs JSON

Le XML et JSON sont tous deux faciles à générer côté serveur et facilement lisibles (par un humain ou une machine). Le XML est par contre un peu plus lourd (taille) et légèrement plus compliqué à manier avec jQuery. C'est pourquoi nous préférons JSON ; nous faisons donc plutôt de l'AJAJ (*Asynchronous Javascript And JSON*) que de l'AJAX (*Asynchronous Javascript And XML*) !

Vous allez maintenant reprendre l'exemple "*Hello World*" version texte et le modifier pour utiliser JSON.

Tout d'abord, le code PHP (fichier *ex01-helloworld-json.php*) :

```
<?php
echo '{"msg": "Hello World!"}';
?>
```

Le code est très simple : le serveur renvoie un objet JSON avec une seule propriété, `msg`, qui a pour valeur "`Hello World!`".

Construction JSON

Pour que jQuery interprète un objet JSON, ce dernier doit être correctement formé. S'il contient une erreur, la fonction `error()` sera exécutée à la place de `success()`.

Les erreurs les plus communes sont :

- Oublier d'entourer les propriétés par des guillemets (`{msg: "Hello World!"}`).
- Utiliser une apostrophe à la place des guillemets dans les chaînes (`{"msg": 'Hello World!'}`).
- Laisser une virgule en trop à la fin de l'objet JSON (`{"msg": "Hello World!", }`). Ce problème concerne Internet Explorer 7 (n'oubliez pas de tester votre site sur tous les navigateurs !).

La syntaxe correcte dans cet exemple est `{"msg": "Hello World!"}`. Vous pouvez voir la syntaxe complète d'un objet JSON sur le site officiel : **www.json.org**.

Le code JavaScript correspondant :

```
function getMessage() {
   $.ajax({
      "url": "ex01-helloworld-json.php",
      "type": "GET",
     "dataType": "json",
      "success": function(data) {
         console.log("Message du serveur: " + data.msg);
      },
      "error": function(xhr, textStatus, errorThrown) {
         console.log("Une erreur est survenue");
      },
      "complete": function(xhr, textStatus) {
         console.log("Fin de l'exécution");
      }
   });
}
```

Vous modifiez la propriété `url` pour prendre en compte le nouveau fichier PHP (*ex01-helloworld-json.php*). Vous modifiez ensuite la valeur de `dataType` pour dire à jQuery que le serveur va renvoyer un objet JSON, et pas du simple texte.

Le dernier changement est dans la fonction `success()`. Vous avez un objet JavaScript `data` (retour du serveur) et, pour afficher le message, vous devez maintenant utiliser `data.msg`.

Le résultat visuel est exactement le même.

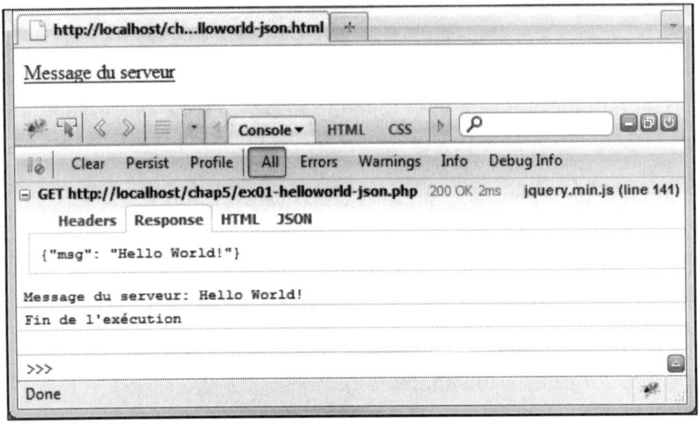

Figure 5.15 : Récupération de l'objet JSON {"msg": "Hello World!"}

La méthode GET

Comme pour les formulaires web, il existe principalement deux méthodes de communication : `GET` et `POST`. La méthode de communication est précisée via l'option `type` de la fonction `$.ajax()`.

On utilise `GET` pour recevoir des données du serveur sans changer son état. Cela veut dire que le script exécuté par la requête AJAX ne va pas modifier les données du serveur.

Les paramètres dans l'URL

Lorsque vous exécutez une requête AJAX, il est souvent nécessaire de donner des informations au serveur. Par exemple, si vous avez une liste déroulante d'utilisateurs (`<select>`), il peut être utile de donner au serveur l'identifiant de l'utilisateur sélectionné. Le serveur peut ensuite retourner des informations sur cette personne.

Les paramètres sont donnés dans l'URL du fichier après le caractère `?` (point d'interrogation). Vous pouvez passer plusieurs paramètres en les séparant par le caractère `&` (esperluette). Côté serveur, les paramètres sont accessibles via le tableau `$_GET`.

Dans l'URL **http://localhost/mapage.php?idUser=23&status=present**, il y a deux paramètres : `idUser` et `status`, qui ont respectivement pour valeur `23` et `present`. Côté serveur, ils sont accessibles avec `$_GET['idUser']` et `$_GET['status']`.

Attention, la longueur des URL est limitée (par exemple, 2 083 caractères dans Internet Explorer). Vous ne pouvez donc pas passer autant de données que vous le souhaitez.

Dans l'exemple suivant, un fichier PHP (*ex02-param.php*) contient un tableau d'utilisateurs avec leur date de naissance.

```
< ?php
// Données des utilisateurs
// Ces données sont en général stockées dans une
// table "utilisateurs" d'une base de données
$users = array(
   353 => array(
      'nom' => 'Allain',
      'prenom' => 'Guillaume',
      'dateNaissance' => '1984-10-17'
   ),
   361 => array(
      'nom' => 'Stubbs',
      'prenom' => 'Tim',
      'dateNaissance' => '1985-09-24'
   )
);
```

Ce script PHP prend un paramètre `idUser` et retourne l'âge de l'utilisateur correspondant :

```
// Vérifie que le paramètre idUser est défini (isset)
// et que l'utilisateur existe dans le tableau $users
if (isset($_GET['idUser'])
   && array_key_exists($_GET['idUser'], $users)) {

   // Récupère les informations de l'utilisateur
   $idUser = $_GET['idUser'];
   $user   = $users[$idUser];

   // Calcule l'âge de l'utilisateur en utilisant
   // sa date de naissance
   $age    = (time() - strtotime($user['dateNaissance'])) /
      (60*60*24*365);

   printf('%s %s a %d ans', $user['prenom'], $user['nom'],
      floor($age));

} else {
   echo 'L\'utilisateur n\'existe pas';
}
?>
```

La fonction `isset()` vérifie que le paramètre `idUser` est bien présent dans le tableau `$_GET`, et la fonction `array_key_exists()` s'assure que l'utilisateur donné existe bien dans le tableau `$utilisateurs`.

La fonction `strtotime()` transforme une chaîne (la date de naissance) en *timestamp* (le nombre de secondes écoulées depuis le 01/01/1970 00:00:00 GMT). On déduit ensuite ce timestamp du timestamp actuel du serveur (`time()`) pour connaître l'âge de l'utilisateur sélectionné en secondes. Il suffit ensuite de diviser cette différence par le nombre de secondes dans une année (`60*60*24*365`) pour avoir l'âge en années.

La fonction `printf()` affiche la chaîne en la formatant, et la fonction `floor()` arrondit l'âge à l'entier directement inférieur.

Maintenant que vous avez le fichier PHP, vous devez faire le code HTML et JavaScript. Vous allez afficher les utilisateurs dans un `<select>`. Pour des raisons de simplicité, vous allez remplir cette liste déroulante manuellement, et non à partir des données présentes dans le fichier PHP.

```
<select id="ddlUsers">
   <option value="353">Allain Guillaume</option >
   <option value="361">Stubbs Tim</option>
</select>

<input type="button" onclick="displayAge()"
   value="Afficher âge" />

<div id="out"></div>
```

Lorsque vous cliquez sur le bouton **Afficher âge**, la fonction JavaScript `displayAge()` est exécutée.

```
function displayAge() {
   $.ajax({
      "url": "ex02-param.php?idUser=" + $('#ddlUsers').val(),
      "type": "GET",
      "dataType": "text",
      "success": function(txt) {
         $("#out").html(txt);
      }
   });
}
```

Seule nouveauté dans cette fonction : le paramètre `idUser`, qui récupère la valeur de la liste déroulante (`$('#ddlUsers').val()`).

Voici le résultat de cet exemple. Remarquez dans Firebug le paramètre ajouté à l'URL, `?idUser=361`.

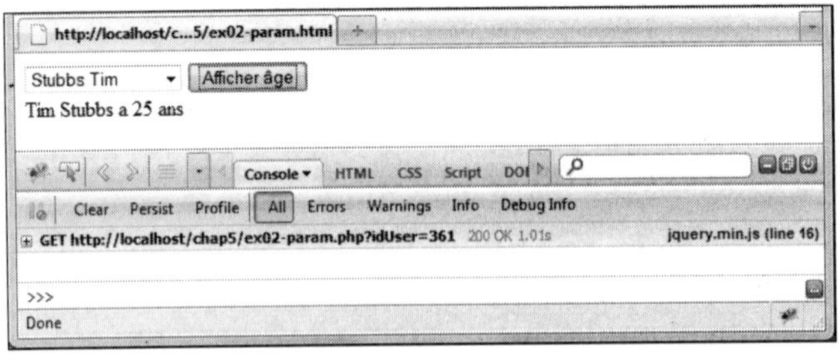

Figure 5.16 : Requête AJAX avec un paramètre GET

Problème de cache

Quand vous faites deux fois la même requête AJAX `GET`, certains navigateurs (principalement Internet Explorer) vont utiliser leur cache lors de la deuxième requête pour éviter d'appeler le serveur et ainsi améliorer le temps de réponse. En théorie, c'est bien, mais si l'état du serveur a changé, les données retournées sont incorrectes.

Pour comprendre ce problème, vous allez générer un nombre aléatoire sur le serveur et l'afficher en utilisant AJAX.

Le fichier PHP *ex02-random.php* :

```
<?php
echo rand(); // Génère un nombre entier aléatoire
?>
```

Ce problème affecte uniquement Internet Explorer. Vous ne pouvez donc pas utiliser la fonction `console.log()` de Firebug. Vous allez afficher les nombres aléatoires dans une `div`, et non dans la console de Firebug.

Le code HTML :

```
<a href="javascript:getRandomNumber();">Nombre aléatoire</a>
<div id="out"></div>
```

REMARQUE

Débogage dans Internet Explorer

Internet Explorer (versions 7 et supérieures) comporte un outil de débogage qui peut parfois être utile pour le traitement des bogues spécifiques d'Internet Explorer. Ce débogueur s'accompagne d'une console comparable à celle de Firebug. Il est disponible via **Outils/Outils de développement**.

Le code JavaScript à exécuter lorsque vous cliquez sur le lien *Nombre aléatoire* :

```
function getRandomNumber() {
   $.ajax({
      "url": "ex02-random.php",
      "type": "GET",
      "dataType": "text",
      "success": function(txt) {
         $("#out").append(txt + "<br />");
      }
   });
}
```

Si vous exécutez cet exemple dans Internet Explorer, chaque fois que vous cliquez sur le lien, le même nombre est affiché.

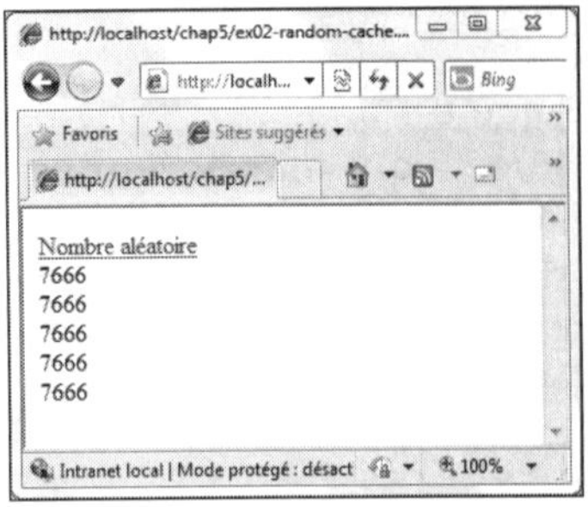

Figure 5.17 : Problème de cache dans Internet Explorer

Une astuce pour contourner le cache est d'ajouter un paramètre `GET` avec, pour valeur, un nombre aléatoire : par exemple, **http://localhost/mapage.php?r=0.6095423948779733**, où le nombre aléatoire est généré à l'aide de la fonction `Math.random()`. Ce nombre aléatoire permet d'envoyer une URL différente à chaque appel de *mapage.php*. Le cache n'est donc pas utilisé.

La fonction `$.ajax()` de jQuery comprend l'option `cache` (booléen), qui permet de désactiver le cache si besoin. jQuery utilise la même méthode : il ajoute un paramètre _ (*underscore*) dont la valeur est un nombre aléatoire. Reprenons l'exemple précédent. Cela donne (notez l'option `"cache": false`) :

```
function getRandomNumber() {
   $.ajax({
      "url": "ex02-random.php",
      "type": "GET",
      "cache": false,
      "dataType": "text",
      "success": function(txt) {
         $("#out").append(txt + "<br />");
      }
   });
}
```

Exécutez ce code dans Internet Explorer : chaque clic sur le lien *Nombre aléatoire* affiche maintenant un nombre différent.

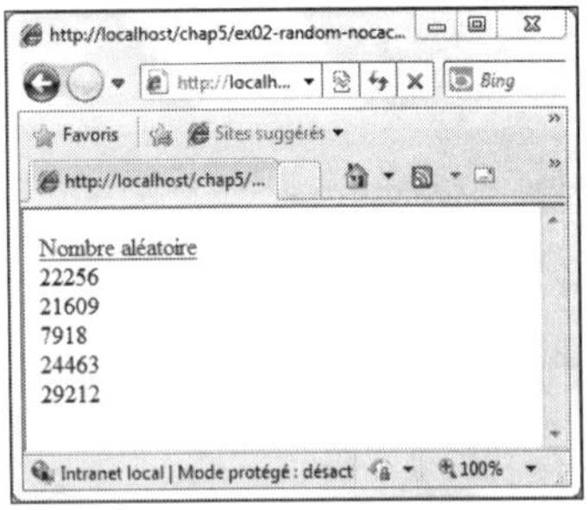

Figure 5.18 : Contournement du cache des requêtes AJAX (Internet Explorer)

Testez cet exemple dans Firefox : vous constatez dans Firebug que l'URL exécutée (par exemple **http://localhost/chap5/ex02-random.php?_=1294494450004**) contient bien le paramètre _ avec une valeur aléatoire.

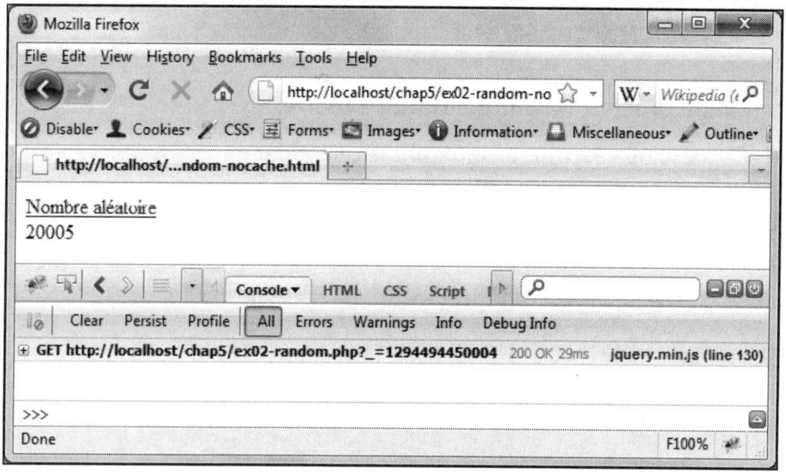

Figure 5.19 : Contournement du cache des requêtes AJAX (Firefox)

ASTUCE

Toujours désactiver le cache

Pour ne pas oublier d'ajouter l'option `"cache": false`, vous pouvez utiliser la fonction `$.ajaxSetup()` au début de votre fichier JavaScript. Cette fonction permet d'établir les options par défaut pour tous les appels AJAX. Dans le cas de l'option `cache`, cela donne : `$.ajaxSetup({"cache": false})`.

La méthode POST

On utilise `POST` pour envoyer des données au serveur, qui vont potentiellement modifier l'état de ce dernier (par exemple, ajouter une ligne dans une table de la base de données).

Lorsque la méthode `POST` est utilisée, le navigateur sait que l'état du serveur peut être modifié et ne va donc pas utiliser le cache (ce qui n'est pas le cas avec la méthode `GET`).

Dans une requête AJAX `POST`, vous pouvez toujours passer des paramètres dans l'URL (accessible via `$_GET` en PHP). Mais vous êtes également libre de passer des paramètres dans le corps de la requête, et cette fois-ci, en quantité illimitée. Ils seront accessibles en PHP via le tableau `$_POST`.

Et c'est par le biais de la méthode `POST` que doivent être envoyées les données du formulaire que vous avez créé précédemment.

RENVOI

Retrouvez les explications et le code afférents au chapitre *: Ajouter un formulaire de contact*.

Reprenons à présent l'exemple du formulaire.

En HTML, cela se résume à deux champs : *sujet* et *message*.

```
<p>
   Sujet<br />
   <input type="text" id="txtSujet" />
</p>

<p>
   Message<br />
   <textarea id="txtMsg"></textarea>
</p>

<p>
   <input type="button" value="Envoyer"
      onclick="sendMessage();" />
</p>
```

En JavaScript, vous avez la fonction qui permet d'envoyer au serveur le contenu du formulaire.

```
function sendMessage() {
   $.ajax({
      "url": "ex03-post.php",
      "type": "POST",
      "data": {
         "sujet": $("#txtSujet").val(),
         "msg": $("#txtMsg").val()
      },
      "dataType": "json",
      "success": function(obj) {
         if (obj.succesServeur) {
            alert("OK");
         } else {
            alert("Erreur");
         }
      }
   });
}
```

Il y a deux changements par rapport aux exemples précédents. Tout d'abord, vous utilisez le type `POST` au lieu de `GET`. Le deuxième changement est l'ajout de la propriété `data`. Cette propriété est donc un objet JavaScript (construit en JSON) qui contient les données à envoyer au serveur : le sujet et le corps du message. jQuery va ensuite se charger de transformer cet objet et de l'envoyer au serveur dans le corps de la requête.

Vous n'avez pas encore le fichier PHP, mais vous pouvez déjà voir dans Firebug que les données sont bien présentes dans la requête.

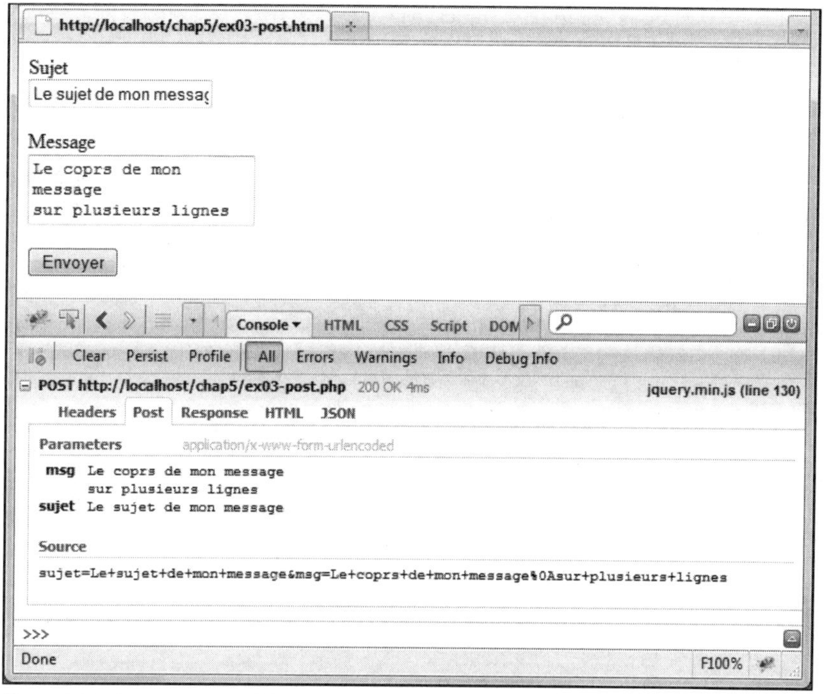

Figure 5.20 : Les paramètres POST dans une requête AJAX

Vous avez maintenant besoin du fichier PHP (*ex03-post.php*). Le code est simple : vous testez la longueur du sujet et celle du message, qui doivent être supérieures ou égales respectivement à 5 et 10 caractères (fonction `strlen()`). Le traitement des données dans ce cas est l'envoi de l'email que vous verrez un peu plus loin. Le serveur renvoie une chaîne JSON au navigateur, qui permet de savoir si le traitement a été réussi.

```
<?php
// La longueur du sujet et celle du message doivent être
// supérieures respectivement à 5 et 10 caractères
if (strlen($_POST['sujet']) >= 5
   && strlen($_POST['msg']) >= 10 ) {

   // …
   // traitement des données
```

```
   // ...

   // Traitement fini avec succès
   echo '{"succesServeur": true}';

} else {
   echo '{"succesServeur ": false}';
}
?>
```

Vous pouvez par exemple mettre `"Hello World"` comme sujet et simplement "..." comme message. Le message est trop court (moins de 10 caractères). Le serveur renvoie `{"succesServeur": false}` qui est interprété par jQuery, et la fonction `success()` affiche donc le message "*Erreur*".

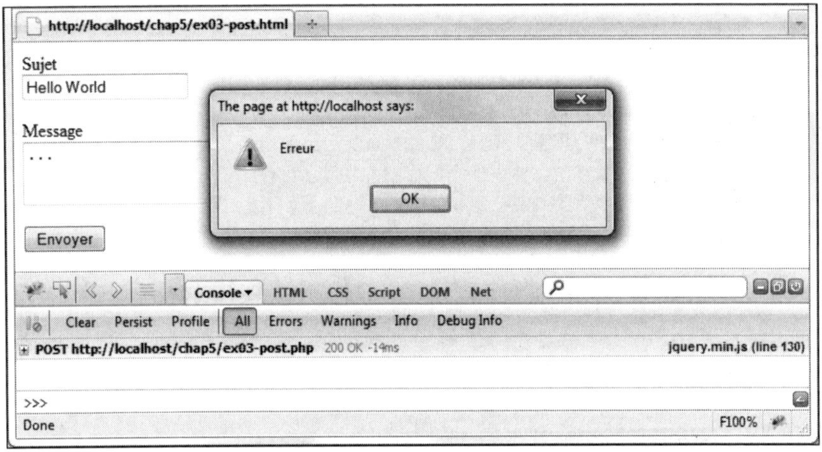

Figure 5.21 : Soumission du formulaire avec "Hello World" et "..."

Gérer les erreurs

Les paramètres `GET` ou `POST` dépendent souvent de l'input de l'utilisateur. Il est toujours important de vérifier l'input de l'utilisateur et de correctement gérer les erreurs potentielles.

Pour le moment, même si les données fournies par l'utilisateur étaient incorrectes, la fonction `success()` était quand même exécutée. Il est plus logique que la fonction `error()` soit exécutée s'il y a la moindre erreur.

Pour cela, PHP doit renvoyer au client (le navigateur) un code erreur HTTP (et non un code HTTP succès). Pour ce type d'erreur, il s'agit du code "*400 : Bad Request*" (la syntaxe de la requête est erronée).

Les codes de réponse HTTP

Les codes de réponse HTTP sont composés de 3 chiffres et divisés en 5 catégories :

Tableau 5.2 : Catégories des codes de réponse HTTP

Code	Message	Description
1**	Information	La requête a été reçue, le processus continue.
2**	Succès	La requête a été reçue, comprise, acceptée par le serveur et traitée avec succès.
3**	Redirection	La ressource demandée a été déplacée.
4**	Erreur du client	La requête est incorrecte.
5**	Erreur du serveur	La réponse est incorrecte, cela est dû à une erreur sur le serveur.

Les codes de réponse les plus connus ou rencontrés sont :

- 200 : tout s'est bien passé ; on ne le voit jamais (transparent pour l'utilisateur).
- 301 : le document a été déplacé de manière permanente.
- 403 : accès refusé.
- 404 : document non trouvé (le fichier demandé n'existe pas sur le serveur).
- 500 : erreur interne du serveur (problème de configuration du serveur ou le code exécuté comprend une erreur).

Renvoyer un code de réponse en PHP

L'erreur 400 est signalée au client avec la fonction `header('HTTP/1.0 400 Bad Request')`. Il est ensuite nécessaire d'arrêter l'exécution du script PHP et de renvoyer un message : `exit('le message d\'erreur')`. Ce message est important car il permettra de dire à l'utilisateur ce qui ne va pas dans sa requête.

```
header('HTTP/1.0 400 Bad Request');
exit('Le message d\'erreur');
echo 'Cette ligne ne sera jamais affichée car
   elle est située après le exit';
```

Côté JavaScript, vous avez besoin de distinguer deux types d'erreurs :

- les erreurs "*Bad Request*" (code 400) dues aux mauvaises informations fournies par l'utilisateur ;
- les autres erreurs, dues par exemple à un bogue dans votre application.

Vous allez maintenant vous servir de la fonction `error()`, et notamment de son paramètre `xhr`. Vous avez besoin de deux propriétés de l'objet `xhr` : `status` (le code HTTP renvoyé par le serveur) et `responseText` (le message renvoyé par le serveur).

Si le statut est 400, alors il s'agit d'une erreur de l'utilisateur. Vous pouvez simplement afficher le message retourné par le serveur. Autrement, il s'agit certainement d'un bogue ou d'une erreur serveur (qui doivent être gérés en PHP).

Modifiez l'exemple précédent pour prendre en compte ces évolutions. Le code HTML reste le même.

```
<p>
  Sujet<br />
   <input type="text" id="txtSujet" />
</p>

<p>
   Message<br />
   <textarea id="txtMsg"></textarea>
</p>

<p>
   <input type="button" value="Envoyer"
      onclick="sendMessage();" />
</p>
```

Le code JavaScript doit légèrement évoluer. Vous savez maintenant que si la fonction `success()` est exécutée, alors l'email a été envoyé. Vous n'avez ainsi plus besoin du test `if (obj.succesServeur)`. Un changement important intervient dans la fonction `error()`.

```
function sendMessage() {
   $.ajax({
      "url": "ex04-error.php",
      "type": "POST",
      "data": {
         "sujet": $("#txtSujet").val(),
         "msg": $("#txtMsg").val()
      },
      "dataType": "json",
      "success": function(obj) {
         alert('Email envoyé');
      },
      "error": function(xhr, textStatus, errorThrown) {
         // Bad Request
         if (xhr.status == 400) {
            alert(xhr.responseText);

         // Autre type d'erreur
         } else {
```

```
            alert('Une erreur est survenue lors de '
              + 'l\'envoie de l\'email (' + xhr.status
              + ', ' + textStatus + ')');
        }
    }
  });
}
```

Vous devez ajouter la fonction `header()` dans le fichier PHP (*ex04-error.php*) pour signaler les erreurs :

```
<?php
if ( strlen($_POST['sujet']) < 5 ) {
   header('HTTP/1.0 400 Bad Request');
   exit('Le sujet doit contenir au moins 5 caractères');

} else if ( strlen($_POST['msg']) < 10 ) {
   header('HTTP/1.0 400 Bad Request');
   exit('Le message doit contenir au moins 10 caractères');

} else {

   // ...
   // Envoi de l'email
   // ...

   // Traitement fini avec succès
   echo '{"success": true}';
}
?>
```

L'image suivante affiche l'exécution de cet exemple avec un message trop court. La fonction `error()` est donc bien exécutée et le message d'erreur du serveur est affiché sur l'écran de l'utilisateur. Firebug affiche l'URL de la requête AJAX en rouge pour indiquer qu'il y a eu une erreur.

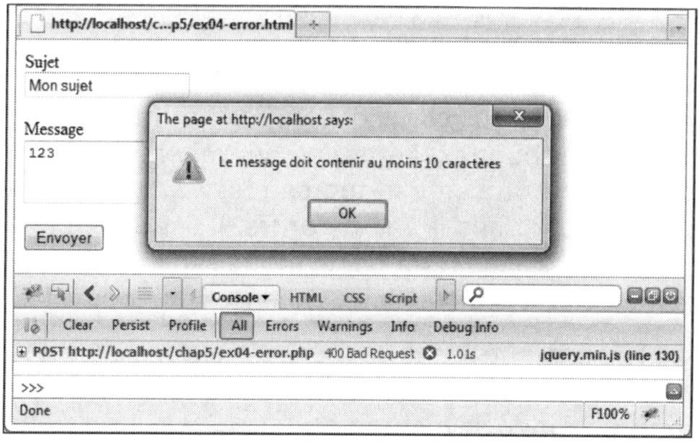

Figure 5.22 : Erreur HTTP "400 : Bad Request"

Vous pouvez maintenant introduire une erreur dans le paramètre `url` (par exemple *ex04-error.ph*) de la requête AJAX pour voir le résultat d'une erreur "*404 : Not Found*" (document non trouvé).

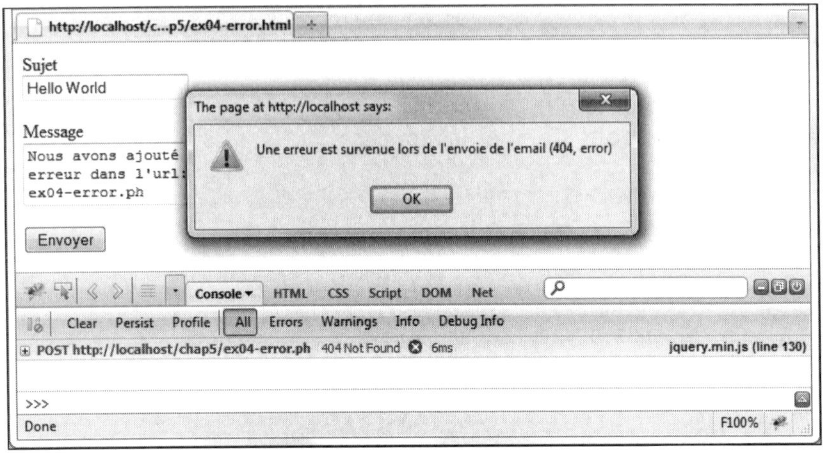

Figure 5.23 : Erreur HTTP "404 : Not Found"

Synchrone ou asynchrone ?

Une requête AJAX est soit synchrone, soit asynchrone (option par défaut de jQuery).

Lorsqu'une requête AJAX synchrone est lancée, le code JavaScript est suspendu jusqu'à la fin de l'exécution de la requête. Le navigateur est également *bloqué* pendant ce temps : l'utilisateur ne peut pas cliquer sur un lien, il n'a plus accès au bouton droit de la souris, etc. Il est donc vivement déconseillé (dans la mesure du possible) d'utiliser des requêtes AJAX synchrones.

Dans le cas d'une requête AJAX asynchrone, le code JavaScript continue d'être exécuté, et le navigateur n'est pas bloqué. Lorsque plusieurs requêtes AJAX sont lancées en parallèle, et que l'exécution de certaines requêtes dépend du retour des autres, le mode asynchrone peut être source de bogues. Le temps de traitement d'une requête est variable (charge du serveur, temps réseau…) et les retours ne se font pas toujours dans le même ordre. Il est donc utile, dans certains cas particuliers, de passer par le mode synchrone pour s'assurer qu'une tâche est terminée avant d'en lancer une nouvelle.

Pour bien voir la différence entre une requête synchrone et asynchrone, vous allez exécuter exactement la même requête AJAX, en mode synchrone, puis en mode asynchrone.

La requête AJAX va exécuter un fichier PHP *ex05-sleep.php*, avec une seule instruction `sleep()`. Cette fonction arrête l'exécution du script PHP pendant un temps donné (en secondes).

```
<?php
// Le serveur "dort" pendant 10 secondes
sleep(10);
?>
```

Synchrone

Le code HTML comprend deux liens. Le premier lance la requête AJAX et le deuxième (Google) permet d'illustrer le blocage du navigateur.

```
<a href="javascript:synchrone();">Requête synchrone</a>
<br />
<a href="http://www.google.fr">Google</a>
```

La fonction JavaScript `synchrone()` (notez l'option `async: false`) :

```
function synchrone() {
   console.log("Code avant appel AJAX");

   $.ajax({
      "url": "ex05-sleep.php",
      "async": false,
      "success": function() {
         console.log("Requête AJAX finie");
      }
   });

   console.log("Code après appel AJAX");
}
```

Tout d'abord, cliquez sur le lien *Requête synchrone*, puis sur *Google* : rien ne se passe (pendant 10 secondes) !

Firebug est très utile pour se rendre compte de ce qui se passe.

- Le message "*Code avant appel AJAX*" placé juste avant la fonction `$.ajax()` s'affiche.
- La requête AJAX tourne ensuite pendant 10 secondes.
- Le message "*Requête AJAX finie*" provenant de la fonction `success()` s'affiche.
- Le message "*Code après appel AJAX*" placé juste après la fonction `$.ajax()` s'affiche.

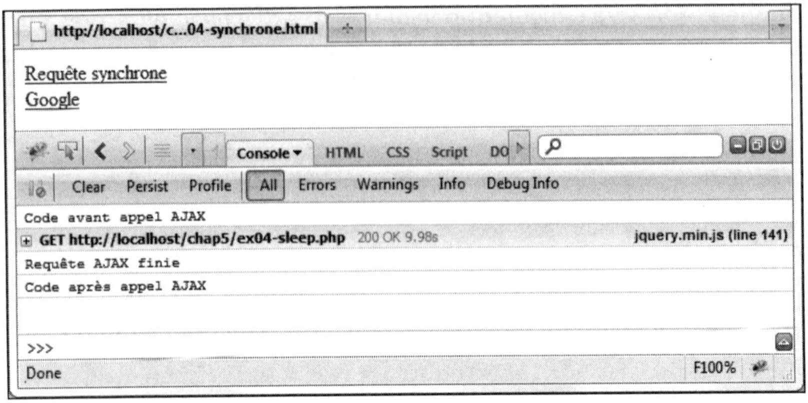

Figure 5.24 : Requête AJAX synchrone

Asynchrone

Vous allez maintenant reprendre le même exemple mais en *asynchrone*.

Le code HTML :

```
<a href="javascript:asynchrone();">Requête asynchrone</a>
<br />
<a href="http://www.google.fr">Google</a>
```

Et la fonction JavaScript `asynchrone()` (notez l'option `async: true`) :

```
function asynchrone() {
   console.log("Code avant appel AJAX");

   $.ajax({
      "url": "ex05-sleep.php",
      "async": true,
      "success": function() {
         console.log("Requête AJAX finie");
      }
   });

   console.log("Code après appel AJAX");
}
```

Cliquez sur le lien *Requête asynchrone*, puis sur *Google* : vous êtes tout de suite redirigé vers Google, le navigateur n'est pas bloqué !

Maintenant que donne l'analyse de Firebug ?

- Le message "*Code avant appel AJAX*" placé juste avant la fonction `$.ajax()` s'affiche.

- En *parallèle*, la requête AJAX tourne *et* le message "*Code après appel AJAX*" placé juste après la fonction `$.ajax()` s'affiche. Notez que le code JavaScript continue de s'exécuter !
- Après les 10 secondes d'attente, le message "*Requête AJAX finie*" provenant de la fonction `success()` s'affiche.

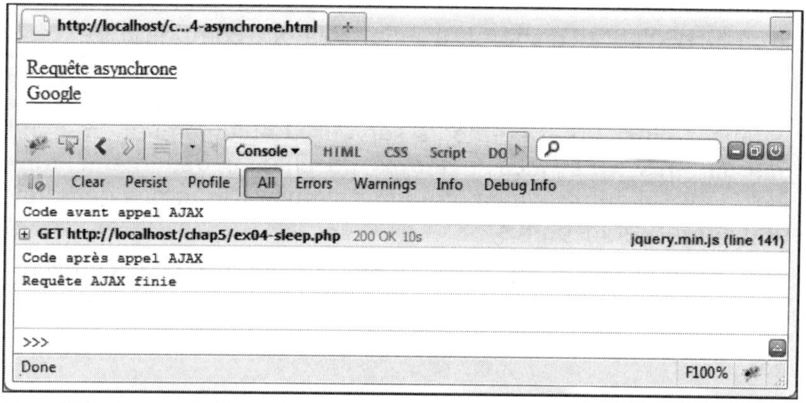

Figure 5.25 : Requête AJAX asynchrone

Le beurre et l'argent du beurre

On utilise parfois les requêtes AJAX synchrones pour s'assurer qu'une ou plusieurs requêtes sont terminées avant d'exécuter un certain code. Or on a vu l'inconvénient des requêtes synchrones. Les développeurs de jQuery ont donc mis à disposition les fonctions `$.when()` et `.then()` pour pallier ce problème.

La syntaxe de la fonction `$.when()` est :

```
$.when(requeteAJAX_1, requeteAJAX_2,…, requeteAJAX_N)
   .then(callbackSiReussite, callbackSiErreur);
```

La fonction `$.when()` prend N requêtes AJAX en paramètre, qui sont exécutées en parallèle. Vous enchaînez ensuite la fonction `.then()`, qui utilise deux paramètres :

- `callbackSiReussite` : fonction de rappel, exécutée une fois que *toutes les requêtes AJAX ont fini leur exécution sans erreurs.*
- `callbackSiErreur` : fonction de rappel, exécutée *dès qu'un des appels AJAX a échoué.*

Pour tester `$.when().then()`, vous allez exécuter trois requêtes AJAX en parallèle. Ces appels AJAX vont exécuter le fichier PHP *ex05-sleep2.php*, qui contient deux instructions.

```
<?php
// Nombre (entier) aléatoire entre 0 et 3
$nbSec = rand(0, 3);

// Le script "dort" pendant quelques secondes
sleep($nbSec);
?>
```

Vous générez d'abord un nombre entier aléatoire compris entre 0 et 3 (`rand(0, 3)`). Vous utilisez ensuite cet entier `$nbSec` pour arrêter l'exécution du script pendant quelques secondes (`sleep($nbSec)`). Lorsque vous lancez plusieurs traitements serveur simultanément, vous ne connaissez pas à l'avance le temps de chaque traitement. Vous utilisez donc un nombre aléatoire pour simuler des temps de traitement différents et inconnus.

Le code JavaScript suivant (fichier *ex05-when.html*) définit la fonction `requeteAJAX()`, qui s'occupe de l'exécution des requêtes AJAX.

```
function requeteAJAX(fichier, idRequete) {

   console.log('début ' + idRequete);

   return $.ajax({
      "url": fichier,
      "async": true,
      "success": function() {
         console.log('success ' + idRequete);
      },
      "error": function() {
         console.log('error ' + idRequete);
      },
      "complete": function() {
         console.log('complete ' + idRequete);
      }
   });
}
```

Cette fonction prend deux arguments : `fichier` (le fichier PHP à appeler, *ex05-sleep2.php*) et `idRequete` (un simple numéro pour identifier la requête dans les fonctions de rappel `success()`, `error()` et `complete()`).

Un point très important : la fonction `$.when()` prend des requêtes AJAX (`$.ajax()`) comme paramètre. La fonction `requeteAJAX()` doit donc retourner `$.ajax()`.

```
function requeteAJAX(fichier, idRequete) {

   return $.ajax(…);
}
```

Et maintenant, la partie vraiment intéressante : l'appel de `$.when().then()`.

```
$.when(
   requeteAJAX("ex05-sleep2.php", 1),
   requeteAJAX("ex05-sleep2.php", 2),
   requeteAJAX("ex05-sleep2.php", 3)
).then(
   function() { // Réussite
      console.log('Toutes les requêtes AJAX ont correctement été
     ✂ exécutées.');
   },
   function() { // Erreur
      console.log('Une erreur s'est produite dans une des
     ✂ requêtes AJAX.');
   }
);
```

Vous exécutez donc trois requêtes AJAX en parallèle. Vous avez ensuite l'appel de `.then()` avec les fonctions de rappel pour les deux cas possibles : succès ou erreur.

Firebug est une fois de plus très utile pour analyser le résultat. L'image suivante montre l'ordre d'exécution des requêtes :

- Vous avez tout d'abord le lancement des trois requêtes AJAX, exécutées en parallèle.
- La première requête est finie ; exécution de `success()` et `complete()`.
- La troisième requête est finie ; exécution de `success()` et `complete()`.
- La deuxième (et dernière !) requête est finie ; exécution de `success()` *uniquement* !
- *La fonction de rappel dans le cas d'une réussite est exécutée.*
- La fonction de rappel `complete()` de la deuxième (et dernière) requête est exécutée.

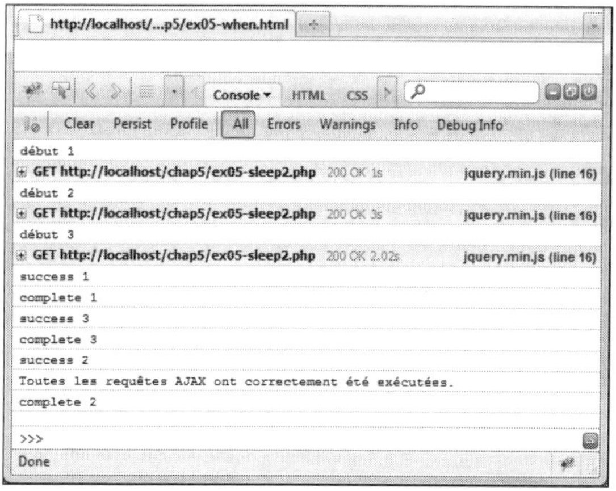

Figure 5.26 : $.when() : exécution réussie pour les trois requêtes AJAX

Vous allez maintenant introduire une erreur dans un des appels AJAX pour étudier le cas où une des requêtes échoue. Le code suivant est identique au précédent hormis une différence : le fichier appelé dans la première requête AJAX, *ex05-sleep2.pp*, n'existe pas ! Vous allez donc avoir une erreur 404 (document non trouvé).

```
$.when(
   requeteAJAX("ex05-sleep2.pp" , 1),
   requeteAJAX("ex05-sleep2.php", 2),
   requeteAJAX("ex05-sleep2.php", 3)
).then(
   function() { // Réussite
      console.log('Toutes les requêtes AJAX ont correctement été
    ✂ exécutées.');
   },
   function() { // Erreur
      console.log('Une erreur s'est produite dans une des
    ✂ requêtes AJAX.');
   }
);
```

L'image suivante montre l'analyse de Firebug :

- Vous avez tout d'abord le lancement des trois requêtes AJAX, exécutées en parallèle.
- La première requête échoue ; exécution de `error()`.
- *La fonction de rappel dans le cas d'une erreur est exécutée.*
- La fonction de rappel `complete()` de la première requête est exécutée.
- La troisième requête est finie ; exécution de `success()` et `complete()`.
- La deuxième (et dernière !) requête est finie ; exécution de `success()` et `complete()`.

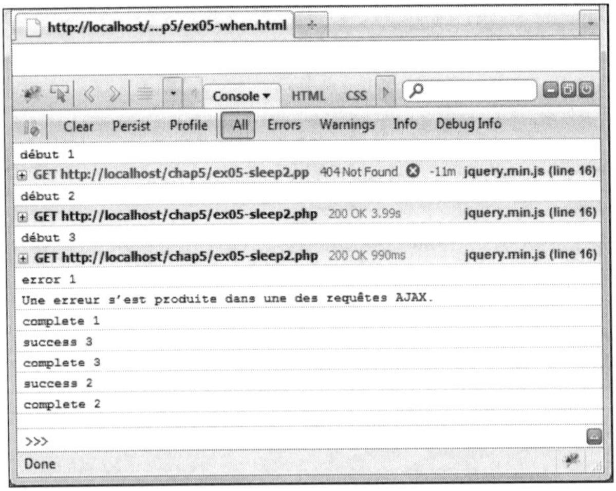

Figure 5.27 : $.when() : erreur d'exécution pour une des requêtes AJAX

Notez que la fonction de rappel (réussite ou erreur) de `.then()` est exécutée *après* la fonction de rappel de la requête AJAX (`success()` ou `error()`) mais *avant* l'exécution de `complete()`.

Pour conclure sur la beauté de cette fonction, imaginez que vous avez un ordinateur, un navigateur et un serveur qui peuvent gérer 86 400 requêtes simultanément. Vous lancez donc 86 400 requêtes d'une durée moyenne de 42 secondes. Vous attendez ensuite que chacune de ces requêtes soit terminée pour lancer une dernière requête. Si vous utilisez des requêtes synchrones, il faudra 42 *jours* (86 400 × 42/(3 600 × 24)), alors qu'avec des requêtes asynchrones et `$.when().then()`, il suffira de seulement 42 *secondes* !

5.3. Cas pratique : envoyer un email avec AJAX

Vous avez maintenant un serveur web avec PHP et assez de connaissances en AJAX pour finir l'exemple du chapitre précédent : l'envoi de l'email du formulaire de contact en utilisant AJAX et PHP.

RENVOI

Tout le code initial et toutes les explications relatifs à l'exemple en question figure au chapitre *: Ajouter un formulaire de contact*. Reportez-vous à ces pages en cas de besoin.

Envoyer un email en PHP

Avant d'essayer de soumettre le formulaire en AJAX, vous allez d'abord tester la fonction PHP `mail()`. Pour cela, créez le fichier *ex06-mail.php* avec pour contenu :

```
<?php
mail('votre@email', 'Le sujet', 'Le message')
   or exit();
echo 'Email envoyé';
?>
```

Tout d'abord, pensez à remplacer `votre@email` par votre adresse email !

La commande `mail(...)` essaie d'envoyer un email à "*votre@email*", avec pour sujet "*Le sujet*" et pour message "*Le message*". Cette instruction a deux résultats possibles :

- L'instruction échoue et affiche un message d'erreur. Le code `or exit()` est alors exécuté. La fonction `exit()` arrête l'exécution du script.

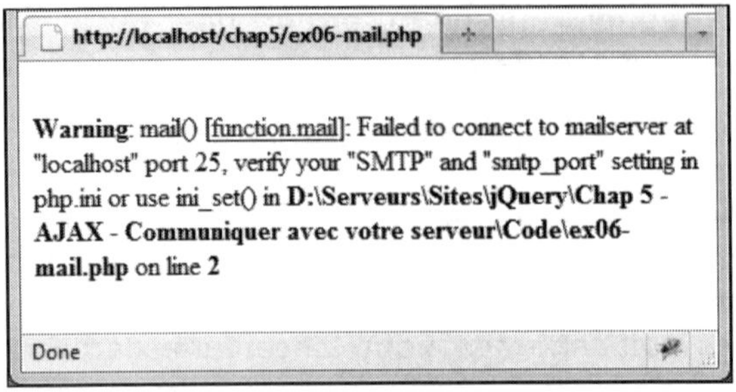

Figure 5.28 : Erreur lors de l'envoi de l'email – dans cet exemple, le serveur SMTP ne répond pas

- L'email est correctement envoyé. Le message "*Email envoyé*" est alors affiché.

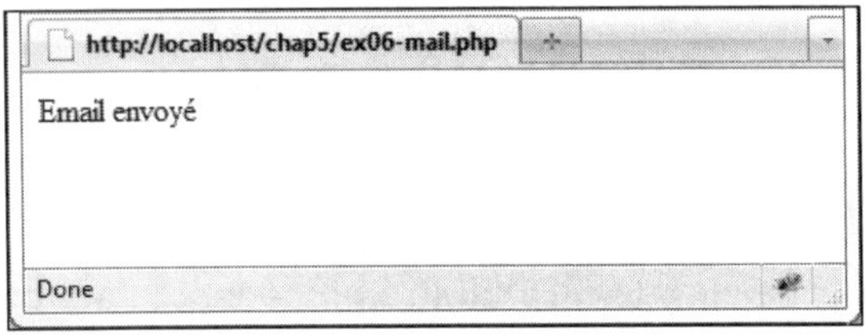

Figure 5.29 : L'email a correctement été envoyé

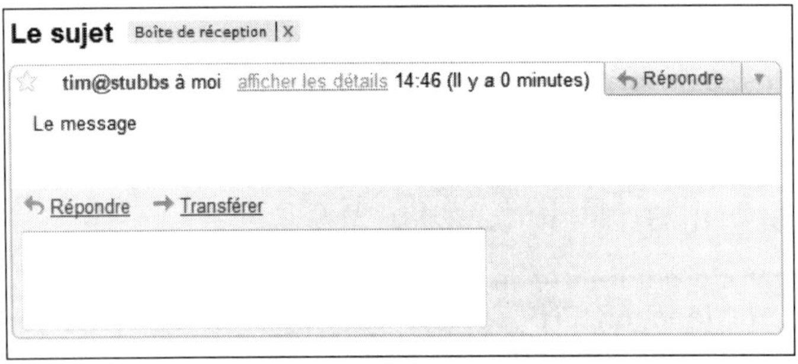

Figure 5.30 : L'email a été réceptionné

Traiter un formulaire en PHP

L'environnement WAMP est installé, la fonction `mail()` fonctionne et vous maîtrisez AJAX ! Vous pouvez enfin finir le formulaire d'envoi de l'email.

Le formulaire a quatre champs : l'adresse email de l'utilisateur, son nom, le sujet et le corps de l'email. Le code PHP a donc deux tâches : tester la validité de ces champs et envoyer l'email s'ils sont corrects. Si un des champs n'est pas valide, vous renvoyez un code d'erreur HTTP (`400 Bad Request`) et vous arrêtez l'exécution du script PHP.

Validation en JavaScript et PHP

REMARQUE

Pour la validation du formulaire en JavaScript, le code est exécuté côté client, ce qui est plus convivial pour l'utilisateur : le retour est immédiat. Mais cela veut également dire que le code peut facilement être modifié ou contourné (via Firebug par exemple).

L'utilisateur n'a pas la main sur le code exécuté côté serveur (PHP) et ne peut donc pas le modifier. Cela permet de s'assurer que les données sont bien valides. Il est donc très important que toutes les vérifications de formats et de règles métier soient effectuées côté serveur pour des questions de sécurité.

Tout d'abord, voici le code du fichier *send.php* :

```
<?php
// Configuration : votre adresse email (destinataire)
$myEmail = 'aaa@bbb.ccc';

// Expression régulière pour tester une adresse email
$emailRegex = '/^[a-z0-9._-]+@[a-z0-9._-]+\.[a-z]{2,4}$/i';

// Test de la validité des informations du formulaire
if ( !preg_match($emailRegex, $_POST['mail']) ) {
   header('HTTP/1.0 400 Bad Request');
   exit('L\'adresse email n\'est pas valide.');

} else if ( empty($_POST['nom']) ) {
   header('HTTP/1.0 400 Bad Request');
   exit('Vous devez renseigner votre nom.');

} else if ( strlen($_POST['sujet']) < 5 ) {
   header('HTTP/1.0 400 Bad Request');
   exit('Le sujet doit faire 5 caractères minimum.');

} else if ( strlen($_POST['message']) < 10 ) {
   header('HTTP/1.0 400 Bad Request');
   exit('Le message doit faire 5 caractères minimum.');

// Les données sont valides : on peut envoyer l'email
} else {

   // Préparation de l'en-tête de l'email : l'expéditeur
   $header = sprintf('From: %s <%s>',
      $_POST['nom'], $_POST['mail']);

   // Envoi de l'email
   if ( mail($myEmail, $_POST['sujet'], $_POST['message'],
      $header) ) {

      // L'email a correctement été envoyé
      // La fonction de rappel success() sera exécutée
```

```
      // L'envoi de l'email a echoué
   } else {
      header('HTTP/1.0 500 Internal Server Error');
      exit('Echec de l\'envoi de l\'email dû à une
         erreur interne du serveur.');
   }
}
?>
```

Décortiquons ce code. La première instruction est simple : il s'agit de votre adresse email (n'oubliez pas de la changer !).

```
$myEmail = 'xxx@yyy.zzz';
```

Vous avez ensuite l'expression régulière : elle vérifie que l'adresse email fournie a le bon format (*aaa@bbb.ccc*). Vous avez simplement repris la "regex" que vous avez utilisée en JavaScript initialement :

```
$emailRegex = '/^[a-z0-9._-]+@[a-z0-9._-]+\.[a-z]{2,4}$/i';
```

Vous pouvez maintenant commencer à tester la validité des données du formulaire. La fonction `preg_match()` permet de voir si une chaîne (`$_POST['mail']`) correspond au format spécifié (`$emailRegex`). Cette fonction retourne un booléen : `true` si le format est valide et `false` autrement. Seul le cas `false` (adresse non valide) vous intéresse, c'est pourquoi vous avez ajouté `!` (point d'exclamation) devant `preg_match()` (`!false` est équivalent à `true`).

```
if ( !preg_match($emailRegex, $_POST['mail']) ) {
   // ...
}
```

La fonction `empty()` détermine si la chaîne est vide (autrement dit, le nom doit contenir un caractère au minimum). Et vous avez déjà vu la fonction `strlen()` (longueur d'une chaîne).

```
else if ( empty($_POST['nom']) ) {
   // ...

} else if ( strlen($_POST['sujet']) < 5 ) {
   // ...

} else if ( strlen($_POST['message']) < 10 ) {
   // ...
}
```

Si l'utilisateur a correctement rempli le formulaire, vous pouvez maintenant passer au code du `else`.

Vous définissez d'abord une variable `$header`. Il s'agit des en-têtes additionnels de l'email. Dans cet exemple, vous définissez simplement l'expéditeur de l'email (l'utilisateur). Il y a deux syntaxes pour l'expéditeur :

- `From: Nom de la personne <son@adresse.com>` si vous avez son nom ;
- `From: son@adresse.com` si vous avez seulement son adresse email.

La fonction `sprintf()` permet de facilement construire une chaîne formatée (comparable à la fonction `printf()` que vous avez déjà utilisée).

```
$header = sprintf('From: %s <%s>',
   $_POST['nom'], $_POST['mail']);
```

Les emails en PHP sont envoyés avec la fonction `mail()`. Cette fonction retourne un booléen : `true` si l'email a correctement été envoyé et `false` s'il y a eu une erreur. Les paramètres de la fonction sont :

- Le destinataire : dans cet exemple, il s'agit de vous-même (`$myEmail`).
- Le sujet de l'email (`$_POST['sujet']`).
- Le corps (message) de l'email (`$_POST['message']`).
- Les en-têtes additionnels de l'email (l'expéditeur *From*, les destinataires en copie carbone *Cc* ou en copie carbone invisible *Bcc*, etc.). Dans cet exemple, vous avez simplement défini l'expéditeur.

Si l'email est correctement envoyé, vous n'avez rien à faire. En effet, vous utilisez les codes HTTP pour signaler les erreurs. De ce fait, la fonction de rappel `success()` dans `$.ajax()` n'est exécutée que si le script s'est correctement déroulé.

```
if ( mail($myEmail, $_POST['sujet'], $_POST['message'],
   $header) ) {

   // L'email a correctement été envoyé
   // La fonction de rappel success() sera exécutée
}
```

Vous avez maintenant le `else` : c'est le cas de figure où l'envoi de l'email échoue (mais la fonction `mail` ne donne pas d'information dessus !). Une erreur est survenue, vous devez donc renvoyer un code erreur HTTP. Cette fois, il s'agit d'une erreur du serveur, et non du client, vous renvoyez donc le code erreur HTTP 500 (erreur interne du serveur).

```
else {
   header('HTTP/1.0 500 Internal Server Error');
   exit('Echec de l\'envoi de l\'email dû à une
      erreur interne du serveur.');
}
```

Étant donné que le bloc `if` est vide, vous auriez pu tester directement le cas où la fonction `mail()` retourne `false`.

```
if ( !mail($myEmail, $_POST['sujet'], $_POST['message'],
   $header) ) {

   header('HTTP/1.0 500 Internal Server Error');
   exit('Echec de l\'envoi de l\'email dû à une
      erreur interne du serveur.');
}
```

REMARQUE

Présence d'un anti-slash dans l'email

Si certains caractères (par exemple, les apostrophes, les guillemets ou même les anti-slashs) sont précédés par un anti-slash (\, le caractère d'échappement), cela signifie que PHP les a ajoutés automatiquement !

Cela se produit quand la directive `magic_quotes_gpc` est activée : PHP ajoute un anti-slash devant les caractères (provenant d'un formulaire) qui pourraient poser un problème de sécurité. Si vous voulez plus d'informations sur le sujet, vous pouvez rechercher des articles sur les injections SQL.

Pour ne pas avoir ces anti-slashs dans l'email, vous pouvez les retirer avec la fonction `stripslashes()`.

```
mail($myEmail, stripslashes($_POST['sujet']),
  stripslashes($_POST['message']), $header);
```

Appel AJAX

Le fichier PHP est terminé. Vous devez maintenant reprendre le fichier *popup-mail.js* que vous avez commencé. Il faut ajouter l'appel AJAX qui permet de *poster* le formulaire.

Le fichier *popup-mail.js* contient l'objet `MailPopup`, qui regroupe six fonctions : `afficher()`, `cacher()`, `ajouteHTML()`, `ajouteEvenements()`, `envoyerMail()` et `afficherMsgSoumission()`. Vous allez maintenant compléter la fonction `envoyerMail()`.

```
var MailPopup = {

   // ...

   "envoyerMail": function() {

      // Désactive le bouton Envoyer pour éviter que
      // l'utilisateur clique plusieurs fois dessus
      $('#mailPopup')
        .find(':submit').attr('disabled', true);

      $.ajax({
```

```
        "url": "send.php",
        "type": "POST",
        "context": this,
        "data": {
           "mail": $('#mail').val(),
           "nom": $('#nom').val(),
           "sujet": $('#sujet').val(),
           "message": $('#msg').val()
        },
        "dataType": "json",
        "success": function(obj) {

           this.afficherMsgSoumission(
              'Email envoyé',
              'submitOK'
           );

        },
        "error": function(xhr, textStatus, errorThrown) {
           // Bad Request
           if (xhr.status == 400) {
              this.afficherMsgSoumission(xhr.responseText,
                 'submitError');

           // Autre type d'erreur
           } else {
              this.afficherMsgSoumission('Echec de '
                 + 'l\'envoi de l\'email dû à une erreur '
                 + 'interne du serveur.', 'submitError');
           }
        },
        "complete": function() {

           // Réactivation du bouton Envoyer
           $('#mailPopup')
              .find(':submit').attr('disabled', false);
        }
     });
  },

  // …
};
```

Si la connexion de l'utilisateur est un peu lente, ou si votre serveur web met du temps à répondre, la requête AJAX pour envoyer l'email peut prendre quelques secondes. Pendant ce temps, l'utilisateur risque de cliquer sur le bouton **Envoyer** plusieurs fois. Vous recevrez de multiples copies de l'email. Pour éviter ce problème, vous désactivez le bouton **Envoyer** (bouton de soumission `:submit` du formulaire) avant de lancer la requête AJAX.

```
$('#mailPopup'.find(':submit').attr('disabled', true);
```

Vous avez ensuite l'appel de la fonction `$.ajax()` pour envoyer l'email. Vous connaissez la majorité de ce code. Rappelons les paramètres de la fonction `$.ajax()` :

- `url` : le fichier PHP à exécuter côté serveur (*send.php*).
- `type` : la méthode de communication (`POST`).
- `data` : les données à envoyer dans le corps de la requête. Il s'agit d'un objet JavaScript (construit avec JSON) contenant l'email de l'utilisateur (`$('#mail').val()`), son nom (`$('#nom').val()`), le sujet (`$('#sujet').val()`) et le message (`$('#message').val()`) à envoyer.
- `datatype` : le format des données retourné par le serveur (`json`, mais ce n'est pas vraiment utilisé dans ce cas).
- `success` : la fonction exécutée si l'email a correctement été envoyé.
- `error` : la fonction exécutée si l'email n'a pas été envoyé. Si le formulaire est mal rempli, le serveur renvoie le code HTTP 400 avec un message d'erreur (`xhr.responseText`). Si l'email n'a pas été envoyé pour une autre raison (erreur interne par exemple), vous affichez simplement le message "*Echec de l'envoi de l'email dû à une erreur interne du serveur.*".
- `complete` : la fonction exécutée après les fonctions `success()` ou `error()`.

Ce code contient une nouveauté : le paramètre `context`. Vous souhaitez que les fonctions de rappel (`success()`, `error()` et `complete()`) soient exécutées dans le contexte `MailPopup`. Vous avez donc simplement ajouté le paramètre `context`, avec pour valeur `this` (`MailPopup`). Vous pouvez ainsi appeler la fonction `MailPopup.afficherMsgSoumission()` avec `this.afficherMsgSoumission()` dans les fonctions de rappel `success()` et `error()`.

REMARQUE

Contexte par défaut des fonctions de rappel

La fonction `$.ajax()` prend un seul paramètre : un objet JavaScript, qui comprend plusieurs propriétés (`url`, `method`...) et fonctions (`success()`, `error()`...). Le contexte d'exécution de ces fonctions de rappel (`success()`, etc) est cet objet JavaScript.

Vous pouvez par exemple déclarer la propriété `maPropriete` (inconnue pour `$.ajax()`) et y accéder dans la fonction `success()`, via le contexte `this`. Dans le code suivant, la fonction `success()` affiche la valeur de `maPropriete` ("La valeur de 'maPropriete'") dans la console de Firebug.

```
$.ajax({
  "url": "ex01-helloworld-text.php",
  "maPropriete": "la valeur de 'maPropriete'",
  "success": function() {
```

REMARQUE

```
        console.log( this.maPropriete );
    }
});
```

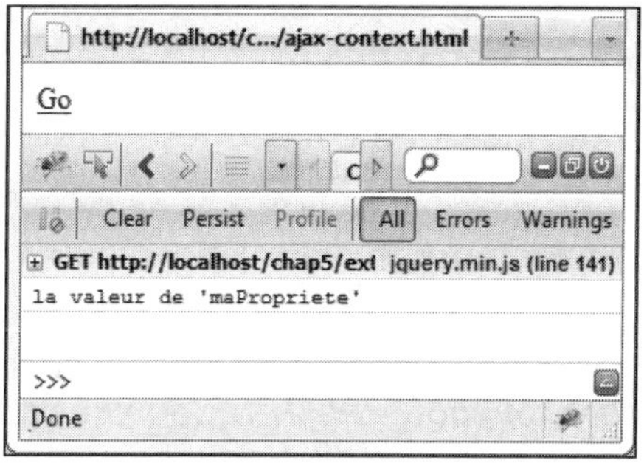

Figure 5.31 : Contexte d'exécution par défaut de $.ajax()

Si l'email a été correctement envoyé, la fonction `success()` est exécutée. Vous affichez simplement le message "*Email envoyé*" à côté du bouton de soumission **Envoyer** à l'aide de la fonction `afficherMsgSoumission()`.

```
this.afficherMsgSoumission('Email envoyé', 'submitOK');
```

Si l'email n'a pas été envoyé, la fonction `error()` est exécutée. Cela peut se produire pour deux raisons :

- Le formulaire était mal rempli et a quand même été envoyé au serveur. Vous avez donc une erreur HTTP 400 avec un message d'erreur personnalisé.

  ```
  if (xhr.status == 400) {
     this.afficherMsgSoumission(xhr.responseText,
        'submitError');
  }
  ```

- L'email n'a pas été envoyé pour une raison inconnue. Vous affichez un simple message d'erreur.

  ```
  else {
     this.afficherMsgSoumission('Echec de '
        + 'l\'envoi de l\'email dû à une erreur '
        + 'interne du serveur.', 'submitError');
  }
  ```

Dans les deux cas (succès ou erreur), la fonction `complete()` est exécutée. Vous l'utilisez pour réactiver le bouton de soumission **Envoyer** au cas où l'utilisateur voudrait envoyer un autre email.

```
$('#mailPopup').find(':submit').attr('disabled', false);
```

Un dernier détail : vous avez initialement défini la classe CSS `submitError`. Vous devez maintenant définir la classe CSS `submitOK` (lorsque l'email est correctement envoyé) dans le fichier *popup-mail.css*. La classe CSS `submitOK` est identique à `submitError`, hormis une modification : vous mettez une couleur de fond vert (`#CAFFCA`) pour indiquer un succès.

```
#mailPopup div#body div.submitError {
   float: right;
  background-color: #CAFFCA;
   padding: 3px 5px;
   font-weight: bold;
   border-radius: 5px;
   -moz-border-radius: 5px;
}
```

Vous avez maintenant complété la fonction `envoyerMail()`. Vous pouvez enfin tester l'envoi de l'email et sa bonne réception !

Figure 5.32 : Envoi de l'email réussi

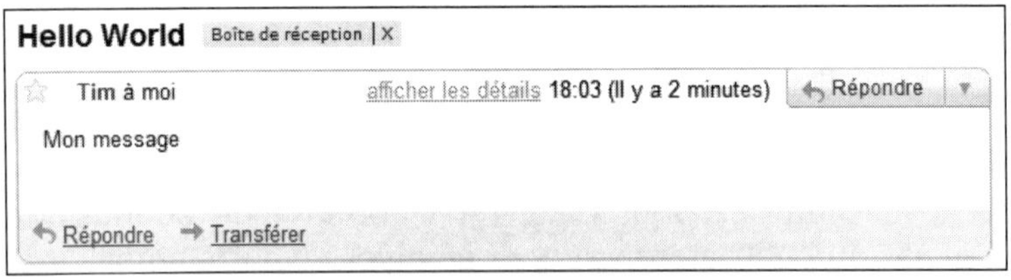

Figure 5.33 : L'email reçu

Gérer le retour AJAX

Lorsque l'email est correctement envoyé, vous affichez simplement le message "*Email envoyé*". Ce message disparaît automatiquement après 5 secondes. Il reste deux problèmes à régler :

- Le formulaire n'est pas remis à zéro.
- La popup n'est pas fermée automatiquement.

C'est votre travail en tant que développeur de faciliter la navigation de l'utilisateur. Vous allez remettre le formulaire à zéro et fermer la popup *après* que le message "*Email envoyé*" a disparu.

Modifier afficherMsgSoumission()

Vous allez modifier la fonction `afficherMsgSoumission()` pour qu'elle prenne un troisième paramètre : une fonction de rappel ! Vous pourrez ensuite appeler `afficherMsgSoumission()` avec une fonction qui se chargera de remettre le formulaire à zéro et de fermer la popup.

Vous utilisez la fonction `afficherMsgSoumission()` à quatre occasions :

- L'utilisateur essaie de soumettre un formulaire mal rempli.
- Le formulaire a été soumis mais il est incomplet (erreur 400).
- Un problème est survenu lors de l'envoi de l'email.
- L'email a correctement été envoyé.

Les trois premiers cas n'ont pas besoin de fonction de rappel. Seul le dernier cas a besoin d'actions supplémentaires. Il faut donc que ce nouveau paramètre soit optionnel.

```
"afficherMsgSoumission": function(msg, css, callback) {

   $('#cmdSend')
   .after('<div class="' + css + '">' + msg + '</div>')
   .next()
   .fadeOut(5000, function() {
      $(this).remove();

      if ( $.isFunction(callback) ) {
         callback.call();
      }
   });
}
```

Le code n'a pas beaucoup changé : vous ajoutez une balise `<div>` avec le message après le bouton **Envoyer**. Puis vous définissez un effet de fondu de 5 secondes (`.fadeOut()`), qui, une fois fini, se charge de supprimer (`.remove()`) la balise `<div>` que vous avez ajoutée.

La nouveauté : le paramètre `callback` est optionnel. Vous vérifiez donc qu'il s'agit bien d'une fonction. Pour cela, vous utilisez la fonction jQuery `$.isFunction(callback)`, qui retourne `true` si `callback` est bien une fonction, et `false` autrement.

Si `callback` est bien une fonction, vous l'exécutez. Pour cela, vous utilisez la fonction JavaScript `call()` ("*appeler*" en français).

Modifier l'appel de afficherMsgSoumission()

Vous avez modifié la fonction `afficherMsgSoumission()` pour qu'elle prenne un troisième paramètre optionnel : `callback`, une fonction de rappel. Vous devez maintenant modifier son appel lorsque vous affichez le message "*Email envoyé*" (dans la fonction `success()` de l'appel AJAX de la fonction `envoyerMail()`).

```
"envoyerMail": function() {

    // ...

    $.ajax({
        // ...
        "success": function(obj) {

            this.afficherMsgSoumission(
                'Email envoyé',
                'submitOK',
              $.proxy(function() {
                  // Remise à zéro du formulaire
                  $('#mailPopup')
                      .children('form')
                      .trigger('reset');
                  this.cacher();
              }, this)
            );

        },
       // ...
    });
},
```

Les deux premiers paramètres de `afficherMsgSoumission()` n'ont pas changé : vous avez d'abord le message de succès "Email Envoyé", puis la classe CSS à utiliser, `submitOK`, lors de son affichage. Vous utilisez ensuite la fonction jQuery `$.proxy()` pour définir la fonction de rappel ! Vous vous assurez ainsi que la fonction sera exécutée dans le bon contexte : l'objet `MailPopup` (`this`).

```
$.proxy(function() {
    // ...
}, this)
```

Le contenu de la fonction est ensuite assez simple : vous récupérez l'objet DOM correspondant au formulaire (`$('#mailPopup').children('form')`) et vous déclenchez l'événement `reset` défini initialement.

```
$('#mailPopup').children('form').trigger('reset');
```

Vous pouvez ensuite fermer la popup en utilisant la fonction `MailPopup.cacher()`. Étant donné que le contexte d'exécution est `MailPopup`, vous pouvez simplement utiliser `this.cacher()`.

Ces améliorations sont prêtes à être testées. Pour cela, remplissez le formulaire et cliquez sur **Envoyer**. Le message "*Email envoyé*" s'affiche, puis 5 secondes plus tard, le formulaire est remis à zéro et la popup est automatiquement fermée.

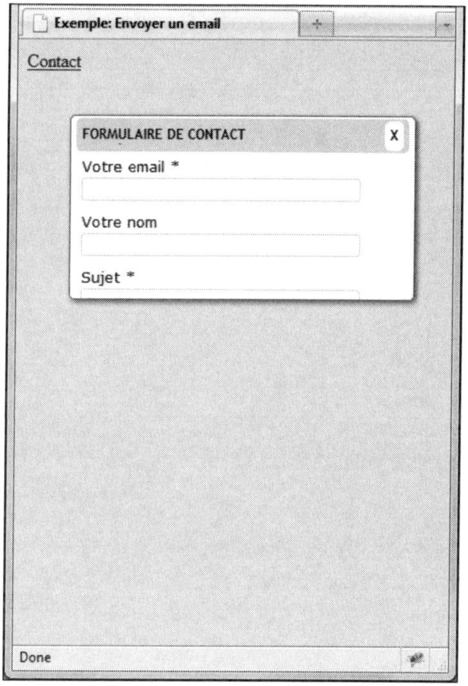

Figure 5.34 : Le formulaire a été remis à zéro et la popup est en train d'être fermée automatiquement

5.4. Check-list

La théorie a été assez importante dans ce chapitre. Ce qu'il faut retenir :

- utiliser AJAX pour éviter le rechargement des pages ;
- utiliser l'option `cache: false` si les données renvoyées par le serveur peuvent avoir changé depuis la dernière requête ;

- utiliser la bonne méthode de communication : `GET` pour récupérer des données sans changer l'état du serveur, autrement `POST` ;
- préférer les appels asynchrones aux appels synchrones (les utilisateurs vous en remercieront) ;
- utiliser `$.when().then()` si du code dépend du résultat de plusieurs requêtes AJAX ;
- en cas de demande incorrecte, utiliser les codes de réponse HTTP ;
- utiliser Firebug pour analyser les requêtes AJAX.

LES WIDGETS DE JQUERY UI

En plus des fonctionnalités facilitant le drag and drop, le plug-in UI (User Interface) met à disposition des widgets essentiels.

RENVOI

Pour savoir comment utiliser le plug-in UI en complément de jQuery, reportez-vous au chapitre *Donner vie à un site : les animations et les événements.*

En effet, les calendriers, les barres de chargement ou les menus de navigation sont des interfaces fondamentales qui se retrouvent dans la plupart des sites Internet. L'objectif du plug-in est donc d'offrir des widgets optimisés et suffisamment paramétrables en termes de fonctionnalités et de styles pour qu'ils s'intègrent de façon naturelle dans un projet web.

À l'instar de jQuery, les widgets de jQuery UI sont conçus pour être compatibles avec tous les navigateurs.

6.1. Le calendrier : un widget en détail

Le calendrier est probablement l'exemple le plus emblématique des widgets qu'un développeur ne souhaite pas recréer. En effet, la complexité de navigation de date à date, d'affichage des informations en fonction de la langue, de gestion des particularités de chaque année, et la quantité de données à afficher dans un espace réduit rendent impensable la réalisation de son propre calendrier. En outre, les contraintes d'intégration (style, fonctionnalité spécifique, format de la date retournée et traitement de l'information choisie par l'utilisateur) imposent un haut niveau de souplesse de paramétrage du widget. Cela tombe bien, c'est ce que jQuery UI propose !

Étudions ce widget en détail.

Ajouter un calendrier en 15 lignes de code

Pour commencer, voici un exemple simple sous la forme de quelques lignes de code :

```
<html>
<head>
   <script type="text/javascript" src="http://ajax.googleapis
  ✂ .com/ajax/libs/jquery/1/jquery.min.js"></script>
   <script type="text/javascript" src="https://ajax.googleapis
  ✂ .com/ajax/libs/jqueryui/1/jquery-ui.js"></script>
   <link href="http://ajax.googleapis.com/ajax/libs/jqueryui/1
  ✂ /themes/base/jquery-ui.css" type="text/css" rel="stylesheet"
  ✂ media="screen">
```

```
   <script type="text/javascript">
      $(document).ready(function(){
         $("#datepicker").datepicker();
      });
   </script>
</head>
<body>
   Date: <input type="text" id="datepicker" />
</body>
</html>
```

Vous obtenez un calendrier de ce type au clic sur le champ. Ce calendrier disparaît au clic sur une autre partie de la page.

Figure 6.1 : Calendrier

Pour utiliser un widget jQuery, il faut inclure trois fichiers :

- la bibliothèque jQuery (`jquery.min.js`) ;
- le plug-in jQuery User Interface (`jquery-ui.js`) ;
- le fichier contenant le style des widgets (`jquery-ui.css`).

Dans cet exemple, vous utilisez les fichiers stockés sur les serveurs de Google.

Un élément `input` permet d'afficher le calendrier.

```
Date: <input type="text" id="datepicker" />
```

Puis la fonction `.datepicker()` est appliquée à cet élément.

```
$(document).ready(function(){
   $("#datepicker").datepicker();
});
```

Il est donc très simple d'utiliser un widget de jQuery UI. Vous allez voir maintenant comment gérer et personnaliser ce calendrier.

Gérer les dates

Étant donné qu'il s'agit de manipuler les dates, vous allez étudier leur gestion en JavaScript, puis avec jQuery UI.

Tout d'abord, voici comment déclarer une date en JavaScript :

```
var maDate = new Date(2011, 6 , 14);
```

Cette date est le 14 juillet 2011 car en JavaScript, les mois sont comptés à partir de 0 (janvier : 0, février : 1... décembre : 11).

Les fonctions de base de formatage de dates en JavaScript sont assez limitées (**www.commentcamarche.net/contents/javascript/jsdate.php3**).

Pour afficher "14-07-2011" en JavaScript *pur* :

```
var maDate = new Date(2011, 6 , 14);
feuxArtifice = maDate.getDate() +'-';
feuxArtifice += (maDate.getMonth()+1) +'-';
feuxArtifice += maDate.getFullYear();
console.log(feuxArtifice);
```

Avec ce code, vous obtenez "14-7-2011". Il faut donc réaliser une fonction de formatage pour obtenir "14-*07*-2011".

jQuery UI met à disposition `$.datepicker.formatDate()`. Cette fonction permet de récupérer des dates dans n'importe quel format. Pour l'exemple précédent, voici la syntaxe à utiliser :

```
var maDate = new Date(2011, 6 , 14);
$.datepicker.formatDate('dd-mm-yy', maDate);
```

Le premier paramètre de `$.datepicker.formatDate()` représente le format que vous souhaitez afficher et le second est une date Java Script. Dans cet exemple, `dd` et `mm` représentent respectivement le jour et le mois sur 2 chiffres, et `yy` représente l'année sur 4 chiffres.

Voici un tableau récapitulatif des principaux spécificateurs de format disponibles :

Tableau 6.1 : Formatage de dates

Spécificateurs de format	Signification	Résultat
`d`	Jour du mois	`14`
`dd`	Jour du mois sur 2 chiffres	`14` (si la date était le 9, vous auriez eu `09`)
`D`	Nom court du jour	`Thu`
`DD`	Nom du jour	`Thursday`
`m`	Mois	`7`

Tableau 6.1 : Formatage de dates

Spécificateurs de format	Signification	Résultat
`mm`	Mois sur 2 chiffres	`07`
`M`	Nom court du mois	`Jul`
`MM`	Nom du mois	`July`
`Y`	Année sur 2 chiffres	`11`
`yy`	Année sur 4 chiffres	`2011`
`@`	Nombre de millisecondes écoulées depuis le 01/01/1970 (timestamp)	`1310594400000`
`!`	Nombre de nanosecondes écoulées depuis le 01/01/0001	`634461912000000000`
Exemples d'affichages combinés de spécificateurs de format		
`yy-mm-dd`		`2011-07-14`
`yy/mm/dd`		`2011/07/14`
`D, dd M yy`		`Thu, 14 Jul 2011`

Les noms des jours et des mois sont par défaut en anglais. Mais il est possible de les mettre en français ou dans n'importe quelle langue.

Pour cela, il faut définir un objet `$.datepicker.regional['fr']` qui regroupe toutes les spécificités liées à une langue.

```
$.datepicker.regional['fr'] = {
   clearText: 'Effacer',
   clearStatus: '',
   closeText: 'Fermer',
   closeStatus: 'Fermer sans modifier',
   prevText: '&lt;Préc',
   prevStatus: 'Voir le mois précédent',
   nextText: 'Suiv&gt;',
   nextStatus: 'Voir le mois suivant',
   currentText: 'Courant',
   currentStatus: 'Voir le mois courant',
   monthNames: ['janvier','février','mars','avril','mai',
     'juin','juillet','août','septembre','octobre',
     'novembre','décembre'],
   monthNamesShort: ['Jan','Fév','Mar','Avr','Mai','Jun',
     'Jul','Aoû','Sep','Oct','Nov','Déc'],
   monthStatus: 'Voir un autre mois',
   yearStatus: 'Voir une autre année',
   weekHeader: 'Sm',
   weekStatus: '',
   dayNames: ['Dimanche','Lundi','Mardi','Mercredi','Jeudi',
     'Vendredi','Samedi'],
   dayNamesShort: ['Dim','Lun','Mar','Mer',
```

```
      'Jeu','Ven','Sam'],
    dayNamesMin: ['Di','Lu','Ma','Me','Je','Ve','Sa'],
    dayStatus:'Utiliser DD comme premier jour de la semaine',
    dateStatus: 'Choisir le DD, MM d',
    dateFormat: 'dd/mm/yy',
    firstDay: 0,
    initStatus: 'Choisir la date',
    isRTL: false
};
```

Ensuite, pour déclarer la langue utilisée dans les calendriers (`.datepicker()`) de votre projet et dans le formatage des dates :

```
$.datepicker.setDefaults($.datepicker.regional['fr']);
```

Il est conseillé de mettre cette définition dans un fichier JavaScript commun à votre projet pour vous assurer que *toutes* les dates sont bien affichées en français et d'inclure ce fichier dans les pages. Si vous avez besoin d'une langue en particulier pour une page, vous pouvez vous contenter de copier-coller le code correspondant dans ce fichier.

Vous pouvez récupérer ces objets prédéfinis dans une cinquantaine de langues (**http://code.google.com/p/jquery-ui/source/browse/branches/labs/datepicker2/ui/?r=3875#ui%2Fi18n**).

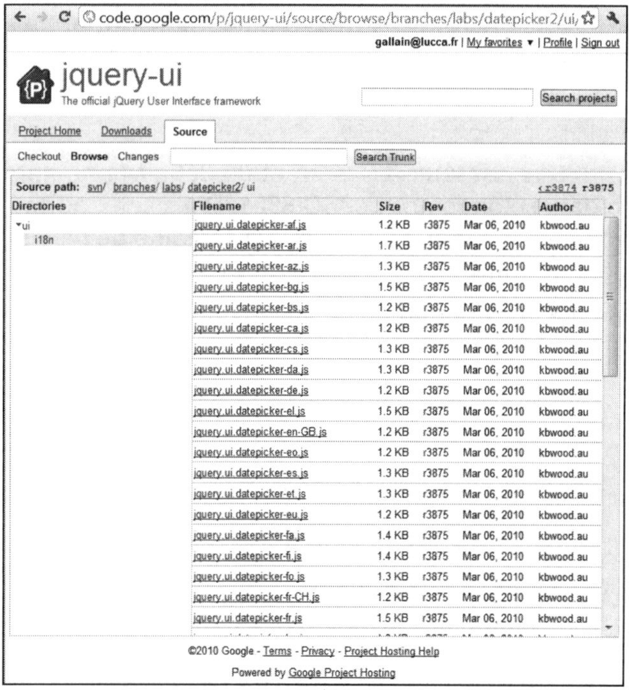

Figure 6.2 : Calendrier

Il est également possible de définir, pour une date donnée, les éléments de `$.datepicker.regional` que l'on souhaite utiliser.

```
$.datepicker.formatDate(
   'DD, d MM, yy',
   new Date(2011, 7 - 1, 14),
   {
      dayNamesShort:
         $.datepicker.regional['fr'].dayNamesShort,
      dayNames:
         $.datepicker.regional['de'].dayNames,
      monthNamesShort:
         $.datepicker.regional['fr'].monthNamesShort,
      monthNames:
         $.datepicker.regional['fr'].monthNames
   }
);
```

Cela affiche "*Donnerstag, 14 juillet, 2011*".

Il est possible de restaurer les propriétés du calendrier par défaut en appelant l'instruction

```
$.datepicker.setDefaults($.datepicker.regional['']);
```

Profitons de la section sur les calendriers pour présenter deux fonctions de gestion des dates.

La fonction `$.datepicker.parseDate()` permet de transformer une chaîne de caractères en un objet `Date` JavaScript. Pour cela, il suffit de fournir le format (par exemple `yy-mm-dd`).

```
$.datepicker.parseDate('yy-mm-dd', '2011-12-25');
```

La fonction `$.datepicker.iso8601Week()` permet de définir le numéro de semaine d'une date selon la norme ISO 8601. Dans cette norme, une semaine commence le lundi, et la première semaine de l'année est celle qui contient le 4 janvier.

Ainsi, le lundi 2 janvier 2012 appartient à la semaine 1 de 2012

```
$.datepicker.iso8601Week(new Date(2011, 0, 2));
// => ce code retourne 1
```

alors que le dimanche 1er janvier 2012 appartient à la semaine 52 de 2011.

```
$.datepicker.iso8601Week(new Date(2011, 0, 1));
// => ce code retourne 52
```

Gérer les événements associés

Un groupe d'événements est associé à la gestion d'un calendrier. Pour chaque événement (affichage du calendrier, sélection d'un jour...), il est possible d'effectuer des traitements particuliers (via des fonctions de rappel). Voici les cinq principaux événements :

```
$("#monCalendrier").datepicker({
   beforeShow: function(input, instance){
      console.log("Avant l'affichage du calendrier");
   },
   beforeShowDay: function(date){
      console.log("Avant l'affichage d'un jour");
      //return [jour sélectionnable ? , classe CSS];
      return [true, 'maclasse'];
   },
   onChangeMonthYear: function(année, mois, instance){
      console.log("changement de mois ou d'année");
   },
   onClose: function(dateText, instance){
      console.log("fermeture");
   },
   onSelect: function(dateTet, instance){
      console.log("Selection");
   }
});
```

L'événement `beforeShowDay` est exécuté avant l'affichage de *chaque* case représentant un jour du calendrier. Cet événement attend en retour un tableau avec deux éléments : le premier permet de savoir si la date est sélectionnable (`[true,'maclasse']`), et le second d'ajouter une classe CSS particulière à la case du jour (`[true,'maclasse']`).

C'est grâce à cet événement que l'on peut empêcher la sélection de certains jours. Par exemple, pour empêcher la sélection des week-ends :

```
$("#monCalendrier").datepicker({
   beforeShowDay:function(date){
      // Avant l'affichage d'un jour
      var noWeekend = $.datepicker.noWeekends(date);
      //return [jour sélectionnable ? , classe CSS];
      return [noWeekend[0], ''];
   }
});
```

La fonction `$.datepicker.noWeekends()` prend en paramètre une date et retourne un tableau dont la première valeur est `true`/`false` et la seconde valeur est une chaîne vide. Dans cet exemple, la variable `noWeekend` contient donc `[true, '']` si la date est un week-end, et `[false, '']` dans le cas contraire. Elle a le format de retour exact qu'attend `beforeShowDay` ; elle peut donc être utilisée directement de cette façon :

```
$("#monCalendrier").datepicker({
   beforeShowDay: $.datepicker.noWeekends
})
```

Figure 6.3 : Week-ends non sélectionnables

Le widget Calendrier de jQuery UI est compatible avec les raccourcis clavier :

- Ctrl+←/→ : jour précédent/suivant.
- Ctrl+↑/↓ : semaine précédente/suivante.
- ⇞ / ⇟ : mois précédent/suivant.
- Ctrl+ ⇞ / ⇟ : année précédente/suivante.
- ↵ : sélectionner la date.
- Echap : fermer le calendrier sans sélection.

Personnaliser le calendrier

Vous avez vu jusqu'à présent les propriétés d'un calendrier de base et la simplicité de sa mise en place. Vous allez maintenant le personnaliser pour que la navigation soit adaptée à vos besoins.

Les options

Vous allez étudier les principales options du widget Calendrier avec trois exemples.

Exemple 1

Dans ce premier exemple, vous ajoutez des menus déroulants pour faciliter la sélection d'un mois ou d'une année lointaine (`changeMonth` et `changeYear`).

Bien que le mois choisi soit février, vous affichez les derniers jours du mois précédent (30 et 31 janvier) et les premiers jours du mois suivant (01 au 05 mars) avec l'option `showOtherMonths`. Vous donnez également la possibilité à l'utilisateur de les sélectionner avec l'option `selectOtherMonths`.

```
$.datepicker.setDefaults($.datepicker.regional['fr']);
$("#datepicker").datepicker({
    changeMonth: true,
    changeYear: true,
    showOtherMonths: true,
    selectOtherMonths: true,
});
```

Il ne faut pas oublier de mettre le champ `input` dans la partie HTML.

```
<input type="text" id="datepicker" />
```

Figure 6.4 : Calendrier

Exemple 2

Dans ce deuxième exemple, vous allez utiliser d'autres options : afficher un calendrier sur plusieurs mois, mettre à jour deux champs avec deux formats différents, etc. Pour cela, utilisez ce code :

```
$.datepicker.setDefaults($.datepicker.regional['fr']);
$("#datepicker").datepicker({
    maxDate: "+1m +1w",
    minDate: new Date(2011, 1, 6),
    dateFormat: "DD d MM yy",
    altField: "#champsFormatIso",
    altFormat: "yy-mm-dd'",
    showButtonPanel: true,
    showWeek: true,
    numberOfMonths: 3,
    showOn: "button",
    buttonImage: "calendrier.png",
    buttonImageOnly: true
});
```

Vous avez également besoin de deux champs HTML afin d'afficher deux formats de dates différents.

```
<body>
   <input type="text" id="champsFormatIso" />
   Date: <input type="text" id="datepicker" />
 </body>
```

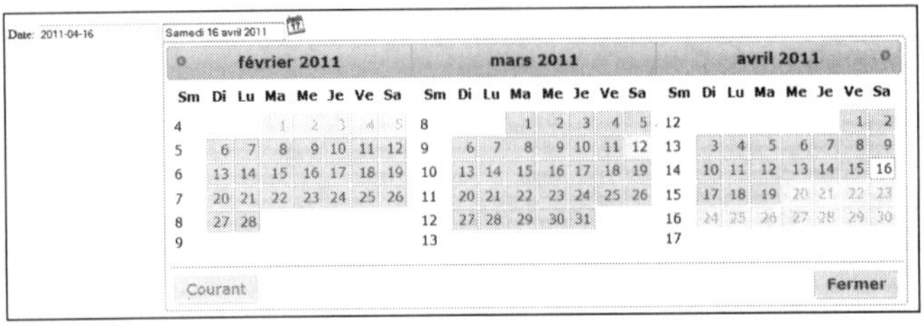

Figure 6.5 : Calendrier 3 mois – date actuelle 12 mars, date sélectionnée 16 avril

L'option `numberOfMonths` a permis d'afficher 3 mois simultanément.

La propriété `dateFormat` permet de définir le format d'affichage de la date dans le champ principal (identifiant `datepicker`) ; vous avez choisi `'DD d MM yy'`. La date affichée est donc "*Samedi 16 avril 2011*". Comme vous l'avez peut-être remarqué, un deuxième champ de texte ayant pour identifiant `champsFormatIso` figure dans la partie HTML. Ce champ *alternatif* (`altField: "#champsFormatIso"`) reçoit la date sous un autre format (`altFormat: "yy-mm-dd"`).

Ensuite, vous avez limité l'horizon sélectionnable du calendrier. La propriété `maxDate` bloque le calendrier un mois (`+1m`) et une semaine (`+1w`) après la date actuelle : 12 mars 2011. Les jours situés après le 19 avril ne sont donc pas sélectionnables.

La propriété `minDate` est utilisée avec une date absolue (6 février 2011). Les jours situés avant cette date sont donc également bloqués (non sélectionnables).

La propriété `showButtonPanel` permet d'afficher les boutons **Courant** et **Fermer** en bas du calendrier.

Il est possible d'afficher les numéros des semaines dans la colonne `Sm` en mettant à `true` la propriété `showWeek`.

Enfin, les options `showOn`, `buttonImage` et `buttonImageOnly` permettent d'afficher une icône *Calendrier* "cliquable", à droite du champ `input`. Cette icône sert de bouton d'ouverture du calendrier.

Exemple 3

Dans ce troisième exemple, vous allez générer un calendrier lisible de droite à gauche (`isRTL`), commençant par le mercredi à droite (`firstDay`) et affichable avec la transition `explode`.

```
$.datepicker.setDefaults($.datepicker.regional['fr']);
$("#datepicker").datepicker({
   numberOfMonths: 3,
   isRTL: true,
   firstDay: 3,
   showAnim: 'explode',
   duration: 1000
});
```

Figure 6.6 : Calendrier

L'option `isRTL` donne un calendrier lisible de droite à gauche : les mois, les jours et les semaines se lisent donc de droite à gauche. Cette option n'a aucun intérêt en français, mais elle prend tout son sens en arabe ou en hébreu.

Voici un tableau récapitulatif des principales options disponibles de la fonction `.datepicker()` :

Tableau 6.2 : Récapitulatif des options du widget Calendrier

Option	Description
`altField`	Permet de désigner un sélecteur CSS pour insérer la date dans un champ alternatif.
`altFormat`	Permet de définir le format de date du champ alternatif.
`buttonImage`	URL de l'icône utilisée pour ouvrir le calendrier (mettre `buttonImageOnly: true` pour que l'icône ne soit pas affichée dans un bouton). Le calendrier est affiché seulement au clic sur l'image.
`buttonText`	Texte du bouton d'ouverture du calendrier.
`changeMonth`	Permet de sélectionner le mois du calendrier avec une liste déroulante.
`changeYear`	Permet de sélectionner l'année du calendrier avec une liste déroulante.
`firstDay`	Permet de définir le premier jour de la semaine. Par exemple, pour que le premier jour de la semaine soit le lundi, il faut ajouter l'option `firstday: 1`. Le premier jour de la semaine est le dimanche par défaut (dimanche : `0`, lundi : `1`... samedi : `6`).
`isRTL`	Permet de lire le calendrier de droite à gauche (voir l'exemple 3).

Tableau 6.2 : Récapitulatif des options du widget Calendrier

Option	Description
`maxDate`	Permet de bloquer le calendrier après une certaine date. Cette date peut être définie de façon absolue (`maxDate: new Date(1989,3,16)`) ou relative par rapport à la date du jour (`maxDate: '+1m +1w'` pour bloquer le calendrier un mois et une semaine après la date en cours) : ▪ `d` : jour (*day*) ▪ `w` : semaine (*week*) ▪ `m` : mois (*month*) ▪ `y` : année (*year*)
`minDate`	Même comportement que `maxDate`, pour bloquer un calendrier avant une certaine date.
`showAnim`	Permet de définir une animation pour l'affichage et la fermeture du calendrier. Les animations de jQuery UI sont disponibles pour cette option (`fade`, `clip`, `explode...`). Il est possible d'utiliser en complément l'option `duration` pour ajuster la durée de l'animation.

Les méthodes

La syntaxe utilisée pour exécuter une méthode est la suivante : `.datepicker("maMéthode")`. Cette syntaxe n'empêche pas d'ajouter des paramètres à la méthode, par exemple `.datepicker("maMéthode", "param1PourMaMéthode")`.

Tableau 6.3 : Méthodes disponibles avec le widget Calendrier

Méthode	Description
`.datepicker("destroy")`	Retire le calendrier. Le calendrier ne sera plus accessible au clic sur le champ.
`.datepicker("option", optionName, [value])`	Affecte une option au calendrier. Par exemple, pour affecter une date minimum : `$("#monCalendrier").datepicker( "option", "minDate", new Date(1998, 6, 12) );` Si aucune valeur n'est affectée, alors cette méthode retourne la valeur actuelle de la propriété. `$("#monCalendrier").datepicker( "option", "minDate");`
`.datepicker("hide")`	Masque le calendrier.
`.datepicker("show")`	Affiche le calendrier.
`.datepicker("getDate")`	Récupère la date sélectionnée dans un calendrier (retourne `null` si aucune date n'est sélectionnée). La date récupérée est un objet `Date` JavaScript.
`.datepicker("setDate", date)`	Permet d'affecter une date.

Choisir le thème CSS du calendrier

Après avoir vu le paramétrage du widget Calendrier en termes de fonctionnalités, vous allez vous attarder sur le paramétrage de son style (présentation). jQuery UI propose une multitude de thèmes CSS prédéfinis. Dans les exemples, vous avez utilisé le thème *base* ; voici comment il est intégré dans le fichier :

```
<html>
<head>
   <script type="text/javascript" src="http://ajax.googleapis
  ✂ .com/ajax/libs/jquery/1/jquery.min.js"></script>
   <script type="text/javascript" src="https://ajax.googleapis
  ✂ .com/ajax/libs/jqueryui/1/jquery-ui.js"></script>
   <script type="text/javascript" src="http://jquery-ui
  .googlecode.com/svn/trunk/ui/i18n/jquery.ui.datepicker-fr.js">
  ✂ </script>
   <script >
   $(function(){
      $("#monCalendrier").datepicker();
   });
   </script>
   <link href="http://ajax.googleapis.com/ajax/libs/
  ✂ jqueryui/1/themes/base/jquery-ui.css"
   type="text/css" rel="stylesheet" media="screen">
</head>
<body>
   <div id="monCalendrier"> </div>
</body>
</html>
```

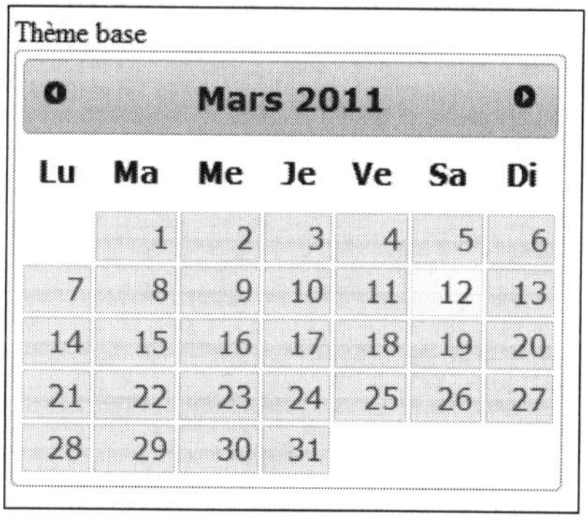

Figure 6.7 : Calendrier avec le thème de base

Voici quelques exemples avec d'autres thèmes :

```
<link href="http://ajax.googleapis.com/ajax/libs/jqueryui/1
✂ /themes/black-tie/jquery-ui.css" type="text/css"
✂ rel="stylesheet" media="screen">
```

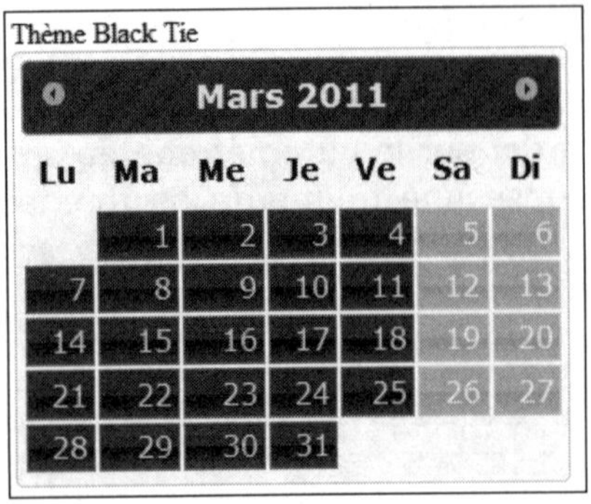

Figure 6.8 : Calendrier black tie

```
<link href="http://ajax.googleapis.com/ajax/libs/jqueryui/1
✂ /themes/overcast/jquery-ui.css" type="text/css"
✂ rel="stylesheet" media="screen">
```

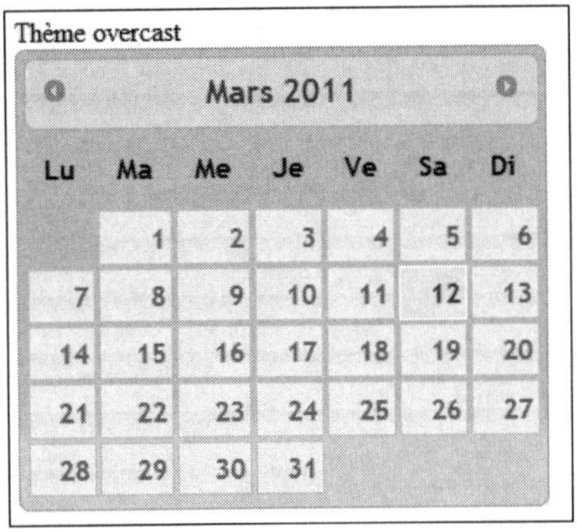

Figure 6.9 : Calendrier overcast

```
<link href="http://ajax.googleapis.com/ajax/libs/jqueryui/1
✂ /themes/eggplant/jquery-ui.css" type="text/css"
✂ rel="stylesheet" media="screen">
```

Figure 6.10 : Calendrier eggplant

L'ensemble des thèmes est stocké à différents endroits, par exemple sur les serveurs de Google (`http://ajax.googleapis.com/ajax/libs/jqueryui/[JQUERY-UI-VERSION]/themes/[NOM-THEME]/jquery-ui.css`) ou de Microsoft (`http://ajax.aspnetcdn.com/ajax/jquery.ui/[JQUERY-UI-VERSION]/themes/[NOM-THEME]/jquery-ui.css`).

Ces thèmes sont également téléchargeables sur le site de jQuery UI (**http://jqueryui.com/themeroller/**). Vous verrez à la fin de ce chapitre qu'il est même possible de créer des thèmes personnalisés.

6.2. Les autres widgets

Lorsqu'un projet nécessite des interfaces comme des onglets ou des boîtes de dialogue, il y a deux possibilités : soit vous réalisez vos propres interfaces avec jQuery en codant les fonctionnalités qui vous intéressent, soit vous choisissez d'utiliser des interfaces existantes (les widgets de UI).

La première approche a ses avantages : vous maîtrisez parfaitement le comportement de l'interface et il est facile d'ajouter des fonctionnalités spécifiques à votre projet. Les widgets de jQuery UI, quant à eux, sont optimisés pour traiter une interface de façon générique. Par exemple, la gestion des raccourcis clavier n'est pas forcément une priorité lorsque l'on développe une interface spécifique ; elle est pourtant bien utile.

Après le calendrier, vous allez vous concentrer sur les autres widgets de jQuery UI et découvrir comment les adapter à certains besoins qui ne sont pas nécessairement prévus dans leurs options. Ce chapitre permet d'appréhender les concepts des widgets à travers des exemples concrets et évolutifs. Pour obtenir une description exhaustive des options de chaque widget, rendez-vous sur le site **http://jqueryui.com** (en anglais).

Vous utiliserez uniquement le thème de base dans les widgets suivants. Mais à l'instar du calendrier, ils sont compatibles avec l'ensemble des thèmes de jQuery.

Les onglets

Les menus de navigation en forme d'onglet sont utilisés de façon courante sur la plupart des sites web. Or ce ne sont pas de simples liens : ils réagissent au passage de la souris. On peut vouloir les déplacer ou effectuer un chargement en AJAX de leur contenu, etc. Sur certaines applications web comme Netvibes (**www.netvibes.com**), il est même possible de laisser l'utilisateur créer ses propres onglets à la volée. Le widget de jQuery UI gère ces différents comportements.

Le widget en quelques lignes

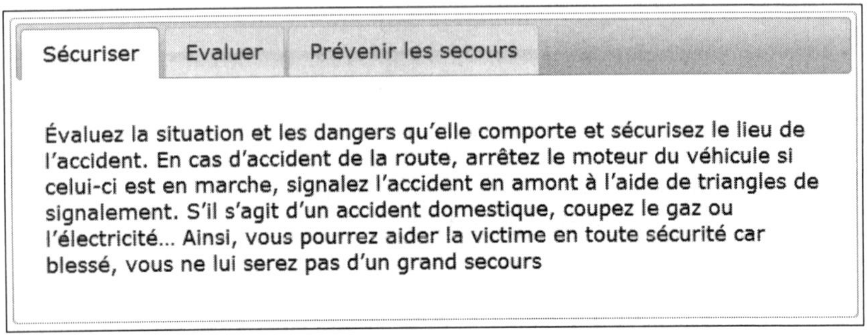

Figure 6.11 : L'onglet de base : le résultat à obtenir

Comme pour le calendrier, il suffit d'une quarantaine de lignes pour générer un menu de 3 onglets contenant les consignes essentielles des premiers secours (**www.viesdefamille.fr/etudiants/sante-psycho/214-sport-dossier-premiers-secours-trois-regles-dor-pour-porter-secours.html**).

```
<html>
<head>
   <script type="text/javascript"
      src="http://ajax.googleapis.com/ajax/libs/jquery/1/jquery
     ✂ .min.js">
   </script>
   <script type="text/javascript"
      src="https://ajax.googleapis.com/ajax/libs/jqueryui/1
     ✂ /jquery-ui.js">
   </script>
   <link href="http://ajax.googleapis.com/ajax/libs/jqueryui/1
  ✂ /themes/base/jquery-ui.css" type="text/css" rel="stylesheet"
  ✂ media="screen">
   <script >
   $(function(){
      $("#onglets").tabs();
   });
   </script>
   </head>
<body>
<div id="onglets">
   <ul>
      <li><a href="#onglet-1">Sécuriser</a></li>
      <li><a href="#onglet-2">Évaluer</a></li>
      <li><a href="#onglet-3">Prévenir les secours</a></li>
   </ul>
   <div id="onglet-1">
      <p>
```

```
        Évaluez la situation et les dangers qu'elle…
        </p>
    </div>
    <div id="onglet-2">
        <p>
        Appréciez l'état de la victime…

        </p>
    </div>
    <div id="onglet-3">
        <p>
        Il est très important de bien expliquer la situation…
        </p>
    </div>
</div>
</body>
</html>
```

Pour la gestion des onglets, vous avez appliqué la fonction `.tabs()` à la balise `<div>` ayant pour identifiant `onglets`.

Cette `<div>` doit commencer par une liste d'onglets stockée dans un `<ul>`.

```
<ul>
    <li><a href="#onglet-1">Sécuriser</a></li>
    <li><a href="#onglet-2">Evaluer</a></li>
    <li><a href="#onglet-3">Prévenir les secours</a></li>
</ul>
```

Chaque élément de la liste pointe vers un contenu. Ce contenu est désigné par l'ancre (#) située dans l'attribut `href`.

```
<li><a href="#onglet-1">Sécuriser</a></li>
```

Le contenu de l'onglet est donc dans l'élément désigné par l'identifiant (`onglet-1`).

```
<div id="onglet-1">
    <p>
    Évaluez la situation et les dangers qu'elle comporte
    et sécurisez le lieu de l'accident. En cas d'accident
    de la route, arrêtez le moteur du véhicule si celui-ci
    est en marche, signalez l'accident en amont à l'aide
    de triangles de signalement.
    S'il s'agit d'un accident domestique, coupez le gaz
    ou l'électricité… Ainsi, vous pourrez aider la victime
    en toute sécurité car blessé, vous ne lui serez pas
    d'un grand secours
    </p>
</div>
```

Les options spécifiques des onglets

Comme pour tous les widgets de jQuery UI, des options propres à ce widget sont disponibles. Pour le premier exemple, vous allez utiliser le code suivant :

```
$(function(){
   $( "#onglets" ).tabs({
      event: "mouseover",
      collapsible: true,
   }).find( ".ui-tabs-nav" ).sortable({ axis: "x" });
});
```

Les onglets se sélectionnent au passage de la souris (`event: "mouse over"`). À la deuxième sélection d'un onglet, son contenu est masqué (`collapsible: true`). Lorsque le contenu est masqué, il reste uniquement les titres des trois onglets visibles. Vous appliquez ensuite la fonction de tri `.sortable({ axis: "x" })` à tous les onglets trouvés (`.find( ".ui-tabs-nav" )`) pour rendre possible leur déplacement afin de changer leur ordre.

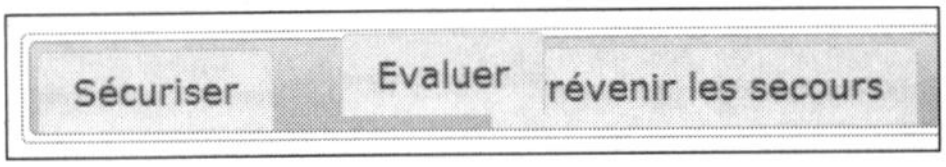

Figure 6.12 : Onglets "déplaçables"

Lors de la création de portails web, il est parfois nécessaire de donner la possibilité à l'utilisateur de créer et de supprimer des onglets à la volée. Vous allez donc voir un système d'onglets implémentant cette fonctionnalité.

Sprite CSS

Vous allez donc avoir besoin d'une icône de suppression. Les thèmes de jQuery UI viennent avec un grand nombre d'icônes, dont une de suppression. Vous verrez tout d'abord comment les utiliser.

Lorsque l'on utilise un thème de jQuery UI, un jeu d'images afférent est téléchargé. Cet ensemble d'images est appelé un *sprite CSS*. Vous allez utiliser l'icône de suppression fournie avec le thème CSS de jQuery UI.

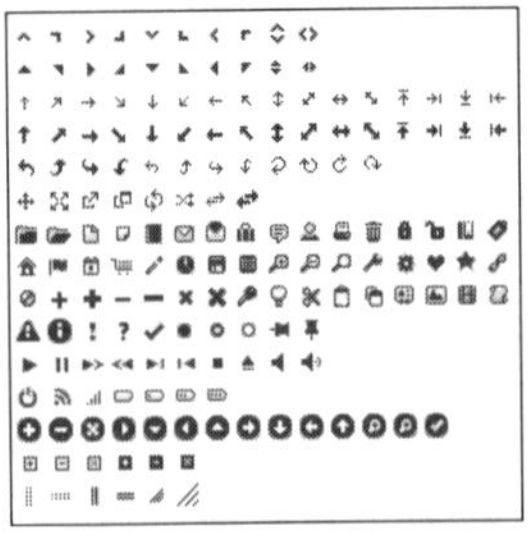

Figure 6.13 : Sprite de jQuery UI

Les sprites CSS sont utilisés pour améliorer les performances. En effet, dans un sprite de 256 pixels de large et de 240 pixels de haut, on peut stocker 240 icônes de 16 × 16 pixels. Or il est préférable de faire une seule requête HTTP pour récupérer une grosse image, plutôt que 240 requêtes HTTP pour récupérer toutes les petites. Une fois que le sprite est mis en cache, il suffit d'utiliser un peu de CSS pour afficher uniquement l'icône qui vous intéresse.

Avec la class `ui-icon`, vous affichez un carré de 16 × 16 pixels.

```
.ui-icon {
   height: 16px;
   width: 16px;
}
```

L'icône se trouve sur la cinquième colonne et sur la huitième ligne. Il faut donc décaler le sprite de 16 × 5 = 80 px vers la droite et de 16 × 8 = 128 px vers le bas.

```
.ui-icon-close {
   background-position: -80px -128px;
}
```

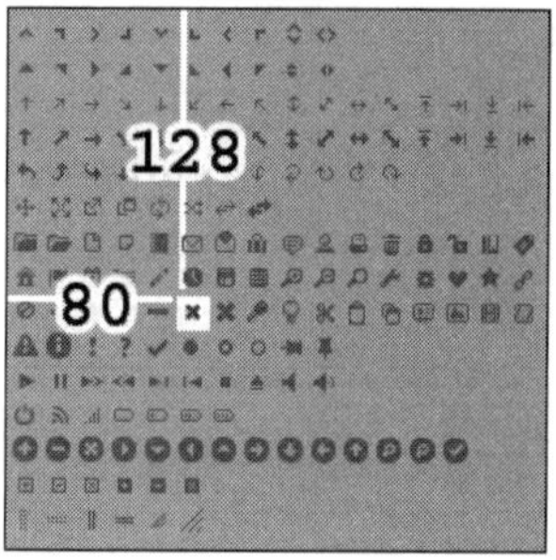

Figure 6.14 : Icône close

Rassurez-vous, toutes ces classes sont définies automatiquement par le thème CSS de jQuery UI. Vous n'aurez pas besoin de calculer le décalage à chaque fois que vous utiliserez une icône. Cette icône de suppression est donc reprise par la classe `.ui-icon-close`. Cette fois-ci, vous allez lui ajouter quelques propriétés CSS. Vous allez la placer à la suite du titre de l'onglet (`float: left`) en précisant que le curseur de la souris change pour afficher une petite main (`pointer`) au passage sur cette icône (`cursor: pointer`).

```
<style type="text/css">
   #onglets li .ui-icon-close {
      float:left;
      margin: 0.4em 0.2em 0 0;
      cursor: pointer;
   }
</style>
```

Figure 6.15 : Icône Suppression

Ajout/suppression d'onglets

Ajoutez ces icônes de suppression dans chaque onglet.

```
<ul>
  <li>
    <a href="#onglet-1">Sécuriser</a>
    <span class="ui-icon ui-icon-close">Suppression</span>
  </li>
  <li>
    <a href="#onglet-2">Evaluer</a>
    <span class="ui-icon ui-icon-close">Suppression</span>
  </li>
  <li>
    <a href="#onglet-3">Prévenir les secours</a>
    <span class="ui-icon ui-icon-close">Suppression</span>
  </li>
</ul>
```

Le texte "Suppression" est un texte alternatif si le fichier CSS n'est pas chargé correctement. Il est caché par la propriété `text-indent: -99999px;` de la classe CSS `ui-icon`.

Pour finir, ajoutez un bouton dans la page, qui permettra la création d'un nouvel onglet :

```
<input type="button" id="ajouteOnglet" value="ajouter un onglet" />
```

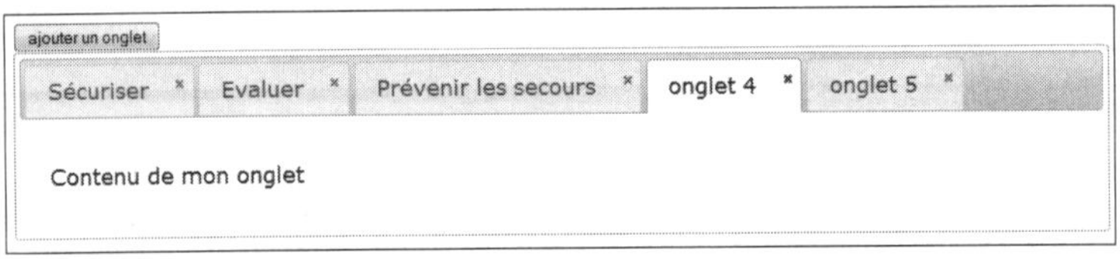

Figure 6.16 : Manipulation d'onglets

Voici le code jQuery qui permet la mécanique d'ajout et de suppression d'onglets :

```
$(function(){
   // Définition des onglets
   $( "#onglets" ).tabs({
      tabTemplate: "<li><a href='#{href}'>#{label}</a> <span
     ✂ class='ui-icon ui-icon-close'> Suppression </span></li>",
      add: function( event, ui ) {
         $( ui.panel ).append(
            "<p>Contenu de mon onglet</p>"
         );
      }
   });
```

```
    // on lie (bind) la fonction ajouteOnglet au clic sur
    // l'élément ayant pour identifiant ajouteOnglet
    $("#ajouteOnglet").bind("click",function(){
       ajouteOnglet();
    });

    // Fonction d'ajout d'un nouvel onglet
    function ajouteOnglet() {
      idNouvelOnglet = $('#onglets ul li').length+1;
      $( "#onglets" ).tabs(
         "add",
         "#onglet-" + idNouvelOnglet ,
         "onglet "+ idNouvelOnglet
      );
    }

    // Fonction de suppression d'un onglet
    $( "span.ui-icon-close " ).live( "click", function() {
       var i =$("#onglets>ul>li").index($(this).parent());
       $("#onglets").tabs( "remove", i );
  });
});
```

Vous définissez tout d'abord le squelette HTML d'un nouvel onglet avec l'option `tabTemplate`. Cette structure ressemble à celle des autres onglets, mais elle dispose de deux *variables* : `{href}` et `{label}`. Leurs valeurs seront passées en paramètre à la fonction d'ajout d'onglets (`.tabs("add",chaineRemplaçant{href}, chaineRemplaçant{label})`) et remplacées à la volée par jQuery UI.

```
tabTemplate:
"<li>"+
   "<a href='#{href}'>#{label}</a>"+
   "<span class='ui-icon ui-icon-close'>"+
      "Suppression"+
   "</span>"+
"</li>",
```

Comme pour les onglets préchargés :

- `#{href}` est le sélecteur CSS qui désignera l'élément hébergeant le contenu de l'onglet.
- `#{label}` est le libellé de l'onglet.

L'option `add` permet de définir le contenu d'un nouvel onglet.

```
add: function( event, ui ) {
   $( ui.panel ).append(
     "<p>Contenu de mon onglet</p>"
   )
};
```

Vous définissez ensuite la fonction `ajouteOnglet()`. L'ajout d'un onglet se fait avec la méthode `.tabs("add")`, qui prend deux paramètres : tout d'abord le sélecteur CSS, puis le libellé de l'onglet.

```
function ajouteOnglet() {
    idNouvelOnglet = $('#onglets ul li').length+1;
    $( "#onglets" ).tabs(
        "add",
        "#onglet-" + idNouvelOnglet ,
        "onglet "+ idNouvelOnglet
    );
}
```

Vous ajoutez un numéro pour différencier chaque onglet. Pour cela, vous vous référez au nombre d'onglets déjà présents (`$('#onglets ul li').length`) et vous l'incrémentez de 1.

Pour le quatrième onglet :

- `#{href}` sera remplacé par `"#onglet-4"`.
- `#{label}` sera remplacé par `"onglet 4"`.

Vous attachez ensuite cette fonction à l'événement `click` du bouton `ajouteOnglet` :

```
$("#ajouteOnglet").bind("click", ajouteOnglet);
```

REMARQUE

Restauration des onglets

Ces onglets sont ajoutés en JavaScript. Au rafraîchissement de la page, tous les onglets ajoutés disparaissent. Pour que les onglets soient restaurés, il faut bien entendu envoyer les informations au serveur et enregistrer les informations de l'onglet dans une base de données.

REMARQUE

Identifiant de l'onglet

Pour générer l'identifiant du nouvel onglet, vous vous basez sur une référence au nombre d'onglets déjà présents. Si l'utilisateur effectue un ajout puis une suppression puis un ajout, vous risquez de vous retrouver avec deux onglets ayant le même identifiant.

Pour résoudre ce problème, vous pouvez commencer par générer un identifiant aléatoire (*idAleatoire*) unique afin d'avoir l'onglet accessible immédiatement. Ensuite, vous transmettez les informations de l'onglet en AJAX au serveur, qui se charge d'insérer l'onglet dans une base de données. C'est cette base de données qui gère la contrainte d'intégrité et retourne un identifiant unique (*idBdd*). Cet identifiant est retourné au client dans la réponse de la requête AJAX. Cela permet de remplacer *idAleatoire* par *idBdd* et donc d'être certain que chaque onglet a un identifiant unique.

Enfin, vous ajoutez la possibilité de supprimer des onglets. Pour cela, vous utilisez la fonction `.live()`. Cette fonction permet de supprimer les onglets qui n'étaient pas présents lors du chargement initial de la page. Pour supprimer un onglet, on utilise la méthode `remove` et on indique l'index de l'onglet à supprimer (et non son id). Par exemple, pour supprimer l'onglet ayant pour index 2, on écrit :

```
$( "#onglets" ).tabs("remove", 2)
```

Dans ce cas, vous récupérez l'index avec la fonction `.index()`.

```
$( "span.ui-icon-close ").live( "click", function() {
   var i = $("#onglets>ul>li").index($(this).parent());
   $("#onglets").tabs( "remove", i );
});
```

Le sélecteur CSS #onglets>ul>li récupère les <li> enfants directs des <ul> eux-mêmes enfants de la <div> ayant pour identifiant `onglets`. Ce sélecteur permet donc de récupérer chacun des onglets.

Ensuite, vous appliquez la fonction de récupération d'index `.index ($(this).parent());`. Ici `$(this)` représente la croix sur laquelle l'utilisateur a cliqué. `$(this).parent()` représente donc l'onglet à supprimer.

Contenu créé à la volée par l'utilisateur

Vous pouvez améliorer cet exemple en utilisant un onglet à la place du bouton de création pour définir le titre et le contenu de l'onglet à ajouter.

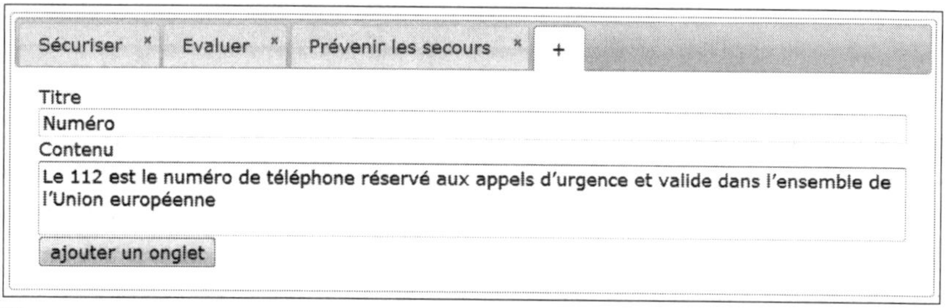

Figure 6.17 : Ajout d'onglet

Pour cela, ajoutez dans le HTML un onglet **+**.

```
<li>
   <a href="#nouveaucontenu">+</a>
</li>
```

Ajoutez également deux champs pour définir le nouveau titre et le nouveau contenu.

```
<div id="nouveaucontenu">
   Titre
   <input style="width:100%;" id="monTitre" />
   Contenu
   <textarea style="width:100%;" id="monContenu" >
   </textarea>
   <input type="button" id="ajouteOnglet" value="ajouter un
  ✂ onglet" >
</div>
```

Le nouveau contenu est repris dans la méthode `add`.

```
$( "#onglets" ).tabs({
   tabTemplate: "<li><a href='#{href}'>#{label}</a> <span
  ✂ class='ui-icon ui-icon-close'> Suppression </span></li>",
   add: function( event, ui ) {
      $( ui.panel ).append(
         "<p>" + $("#monContenu").val() + "</p>"
      );
   }
});
```

Le nouveau titre sera utilisé dans la fonction `ajouteOnglet()`.

```
function ajouteOnglet() {
   $( "#onglets" ).tabs(
      "add",
      "#onglet-" + ($('#onglets ul li').length+1),
      $("#monTitre").val()
      ($('#onglets ul li').length-1)
   );
}
```

Vous avez ajouté un troisième paramètre à cette méthode : `$('#onglets ul li').length-1`. Ce paramètre est optionnel et permet de définir l'index (la position) où vous placez l'onglet. Vous le placez en avant-dernière position pour toujours garder l'onglet **+** à la fin.

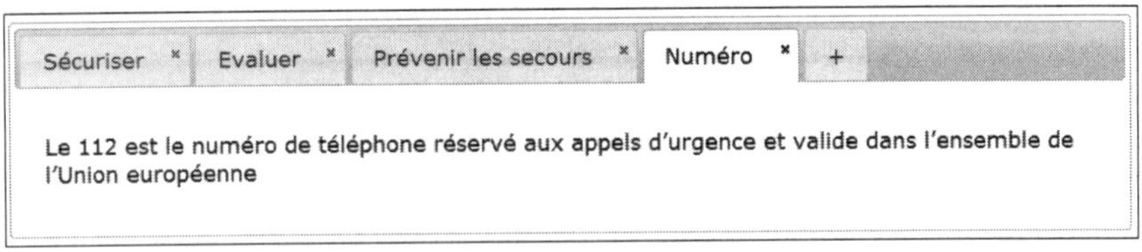

Figure 6.18 : Ajout d'onglet en avant-dernière position

Événements sur les onglets

Pour terminer, voici les principaux événements sur lesquels il est possible d'effectuer des traitements :

```
$( "#onglets" ).tabs({
   create: function(event, ui){
      console.log("création")
   },
   select: function(event, ui){
      console.log("sélection")
   },
   show: function(event, ui){
      console.log("affichage")
   },
   remove: function(event, ui){
      console.log("suppression de l'onglet")
   }
});
```

Charger le contenu via AJAX

Jusqu'à présent, vous avez chargé le contenu de tous les onglets au premier chargement de la page. Or tous les onglets ne sont pas nécessairement visités par l'internaute. Il n'est donc pas nécessaire de lui faire subir ce temps de téléchargement inutile. Vous allez donc charger en AJAX les contenus des onglets si et seulement si l'utilisateur souhaite afficher ces contenus. Pour cela, vous allez utiliser l'option `ajaxOptions` du widget `.tabs()`. La syntaxe de cette fonction est très proche de celle de `$.ajax()`.

La fonction `$.ajax()`. est décrite au chapitre *Communiquer avec le serveur à l'aide d'AJAX*.

```
$( "#onglets" ).tabs({
   ajaxOptions: {
     dataType : 'html',
      success: function( xhr, status, index, anchor ) {
        console.log('Chargement AJAX OK')
        // traitement si besoin…
      },
      error: function( xhr, status, index, anchor ) {
         $( anchor.hash ).html(
            "Erreur "+ xhr.status
            +" contacter le Webmaster…"
          );
      }
   }
});
```

Cet appel AJAX charge la valeur de l'attribut `href` de l'onglet. Vous indiquez le type du retour de l'appel AJAX, ici du HTML (`dataType: 'html'`).

La fonction `success()` ajoutera *automatiquement* le contenu de l'appel AJAX dans l'onglet. En cas d'erreur (`error()`), il s'agit d'indiquer directement le problème à la place du contenu de l'onglet. Pour cela, vous pouvez utiliser la propriété `anchor.hash` renvoyée par la fonction `error` de `ajaxOptions`. Cette propriété contient le sélecteur CSS de l'emplacement où devait se situer le contenu.

```
$( anchor.hash ).html(
  "Erreur "+ xhr.status +" contacter le Webmaster…"
);
```

Dans le HTML, vous avez uniquement le premier onglet qui est préchargé. Les onglets 2 et 3 le seront en AJAX. Indiquez tout simplement les fichiers sources dans l'attribut `href` de l'onglet.

```
<ul>
   <li>
      <a href="#onglet-1">Sécuriser</a>
   </li>
   <li>
      <a href="onglet2.html">Evaluer</a>
   </li>
   <li>
      <a href="onglet3.html">Prévenir les secours</a>
   </li>
</ul>
<div id="onglet-1">
   <p>
  Évaluez la situation et les dangers qu'elle…
   </p>
</div>
```

Au clic sur l'onglet, le chargement du fichier se fait en AJAX. Vous pouvez voir le contenu HTML du fichier *onglet2.html* dans la console Firebug (voir fig. 6.19).

REMARQUE

Onglet en cache

Si vous utilisez l'option `cache: true` de `.tabs()`, la requête AJAX ne sera effectuée que la première fois. Après, le contenu de l'onglet sera repris dans le cache. Par défaut, cette option de `.tabs()` est à `false` ; l'onglet sera donc rechargé à chaque clic.

Pour tester le cas où une erreur se produit, vous n'allez pas créer le fichier *onglet3.html*. L'appel AJAX retourne donc une erreur 404 (fichier non trouvé). Vous passez donc dans la fonction `error` de `ajaxOptions`. Le code erreur `xhr.status` est affiché dans l'onglet (voir fig. 6.20).

```
error: function( xhr, status, index, anchor ) {
   $( anchor.hash ).html(
     "Erreur "+ xhr.status
     +" contacter le Webmaster…"
    );
}
```

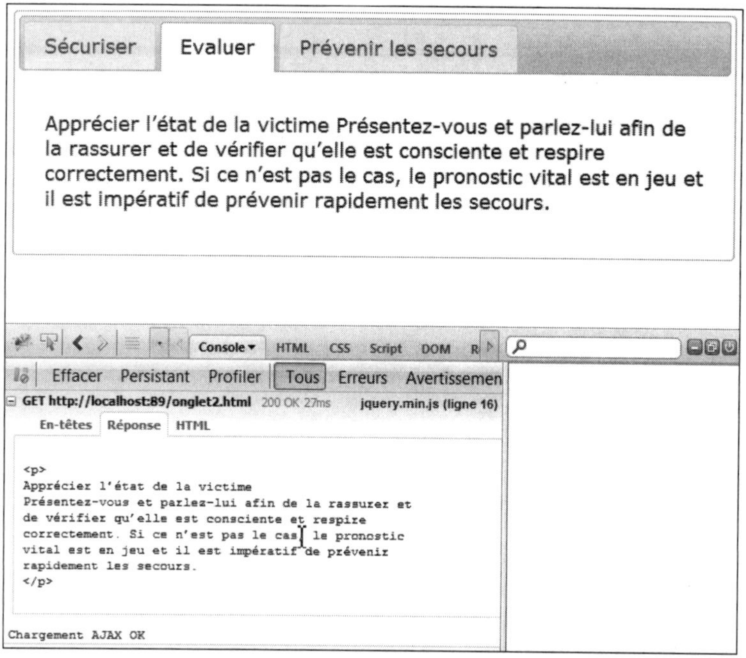

Figure 6.19 : Chargement d'un onglet en AJAX

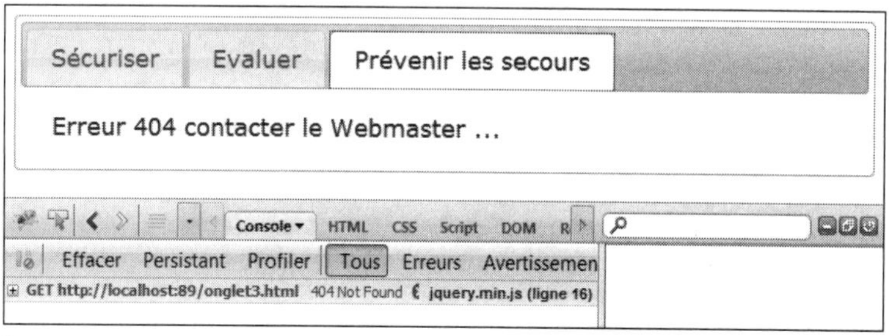

Figure 6.20 : Erreur de chargement

Les menus accordéons

Les menus accordéons permettent de présenter un contenu riche d'une manière compacte. Ils aident l'internaute à différencier les grandes étapes du message.

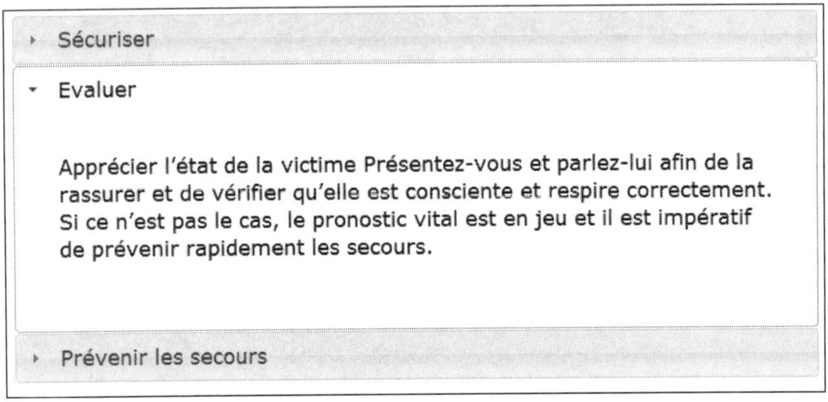

Figure 6.21 : Menu accordéon

La structure d'un menu accordéon est composée d'un conteneur `<div id="accordeon">`, sur lequel vous appliquez la fonction `.accordion()`.

```
<html>
<head>
   <script type="text/javascript"
      src="http://ajax.googleapis.com/ajax/libs/jquery/1/jquery
     ✂ .min.js">
   </script>
   <script type="text/javascript"
      src="https://ajax.googleapis.com/ajax/libs/jqueryui/1
     ✂ /jquery-ui.js">
   </script>
   <link href="http://ajax.googleapis.com/ajax/libs/jqueryui/1
  ✂ /themes/base/jquery-ui.css" type="text/css" rel="stylesheet"
  ✂ media="screen">
   <script >
   $(function(){
      $("#accordeon").accordion();
   });
   </script>
   </head>
<body>
   <div id="accordeon">
      <h3><a>Sécuriser</a></h3>
      <div>
         <p>
         Évaluez la situation et les dangers qu'elle…
         </p>
```

```
      </div>
       <h3><a>Evaluer</a></h3>
       <div>
          <p>
          Apprécier l'état de la victime…
          </p>
       </div>
       <h3><a>Prévenir les secours</a></h3>
       <div>
          <p>
          Il est très important de bien expliquer…
         </p>
       </div>
   </div>
</div>
</body>
</html>
```

Chaque menu est composé d'un titre comportant un lien et un contenu. Le contenu doit se situer dans l'élément HTML suivant le titre, ici une <div>.

```
<h3><a>Evaluer</a></h3>
<div>
   <p>Apprécier l'état de la victime…</p>
</div>
```

Par défaut, les `.accordion()` utilisent les balises HTML header (<h1>, <h2>, <h3>…). Il est possible de déclarer un sélecteur CSS en paramètre de `.accordion()` pour définir la balise qui fera office de header.

```
$( "#accordeon" ).accordion({
   header:".titre"
});
```

Vous pouvez ainsi utiliser d'autres balises à la place des balises <h1>, <h2>, <h3>, etc.

```
<div class="titre"><a>Evaluer</a></div>
```

D'autres options permettent de modifier le comportement par défaut du widget Accordéon.

L'option `collapsible` permet un affichage de l'ensemble des menus sans qu'aucun de leur contenu ne soit apparent. Au clic sur le menu actif, il se refermera.

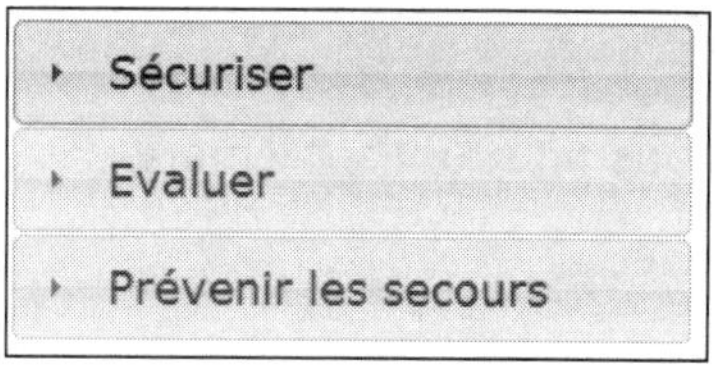

Figure 6.22 : Menus collapsible

L'option `autoHeight` à `false` affiche chaque contenu dans un espace correspondant à sa hauteur. Par défaut, cette option est à `true` ; dans ce cas, le contenu le plus haut impose sa taille à tous les autres contenus.

```
$( "#accordeon" ).accordion({
   collapsible: true,
   autoHeight: false,
   event: "mouseover",
   icons: {
      header: "ui-icon-circle-arrow-e",
      headerSelected: "ui-icon-circle-arrow-s"
   }
});
```

Vous utilisez deux autres options : l'événement (`event`) sur lequel le menu se déroulera et le jeu d'icônes (`icons:{header: "…", headerSelected: "…"}`) utilisé pour représenter un menu actif (`headerSelected`) ou non (`header`).

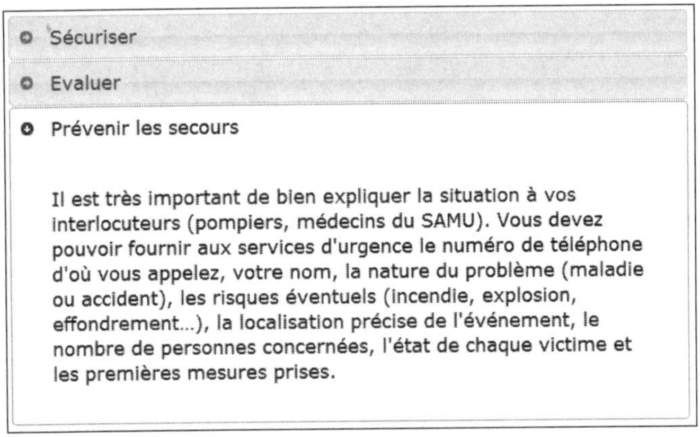

Figure 6.23 : Menu accordéon avec des icônes personnalisées

REMARQUE

Affichage de plusieurs menus

Un menu accordéon ne permet pas l'ouverture de plusieurs blocs à la fois.

Implémenter l'ouverture multiple

Pour ouvrir plusieurs menus à la fois, vous allez utiliser jQuery.

```
$(function(){
   $('h3').next().hide();
   $('h3').click(function() {
```

```
        $(this).next().toggle('slow');
    });
});
```

`$('h3').next().hide();` permet de cacher tous les éléments qui suivent les balises <h3>. L'ensemble des contenus sera donc caché par défaut.

La suite du code détecte les clics sur les titres des menus et applique la fonction `.toggle()` au contenu de ce menu (`$(this).next()`). Cela a pour effet d'afficher le menu s'il est masqué et de le masquer dans le cas contraire.

```
$('h3').click(function() {
    $(this).next().toggle('slow');
});
```

Si vous utilisez uniquement cette fonction, vous avez un résultat qui interagit correctement, mais vous n'obtenez pas les styles qui sont appliqués automatiquement avec jQuery UI.

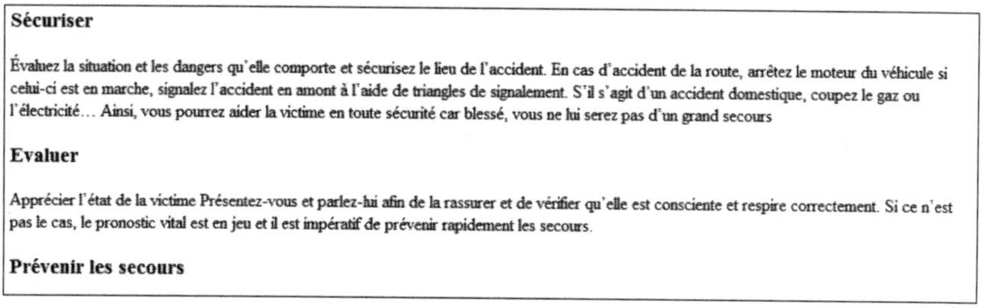

Figure 6.24 : Affichage de contenus multiples sans style

Pour remédier à ce problème de style, ajoutez la fonction `.accordion()` avec le paramètre `event` vide. Cela permet de ne pas déclencher les événements du widget.

```
$(function(){
    $('h3').next().hide();
    $('h3').click(function() {
        $(this).next().toggle('slow');
    })
    $( "#accordeon" ).accordion({
        autoHeight: false,
        event: '',
        icons: {
            header: "ui-icon-circle-arrow-s",
            headerSelected: "ui-icon-circle-arrow-s"
        }
    });
});
```

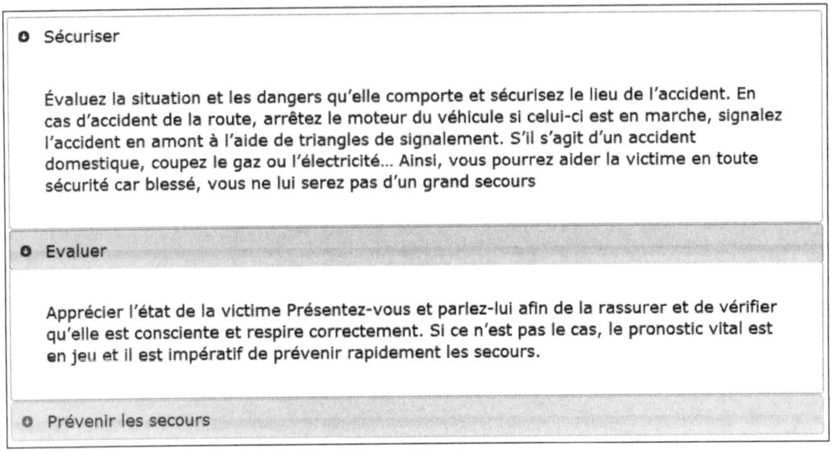

Figure 6.25 : Plusieurs contenus avec style

Et voilà un menu accordéon modifié pour donner la possibilité d'ouvrir plusieurs menus !

Cet exemple montre qu'il est possible de modifier les fonctionnalités d'un widget pour obtenir un résultat personnalisé. Vous verrez avec l'exemple du widget Auto-complétion qu'il est possible d'aller encore plus loin dans les modifications.

Les boutons

À quoi sert un widget Bouton puisqu'il existe déjà des balises "boutons" en HTML ? Le widget Bouton de jQuery UI permet d'homogénéiser et de personnaliser le design de tous les éléments cliquables d'un site (bouton, lien, case à cocher).

Pour utiliser ce widget à la place des éléments classiques, il faut recourir à la fonction `.button()` appliquée aux liens <a>, aux boutons <button> et aux <input> de type `submit`. Comme pour les widgets précédents, il faut également inclure dans l'en-tête jQuery, jQuery UI et un thème CSS de UI.

Pour comparer les deux types de fonctionnements, vous allez créer en double chaque balise. Vous appliquerez ensuite la fonction `.button()` uniquement aux éléments qui sont situés dans la balise <div> ayant pour identifiant `baliseButtonjQueryUI`, grâce au sélecteur CSS `$("button,input:submit, a", "#baliseButtonjQueryUI")`.

```
<script type="text/javascript">
$(function(){
```

```
    $( "button, input:submit, a", "#baliseButtonjQueryUI"
  ✂ ).button();
 });
 </script>
```

Ensuite ajoutez le code HTML.

```
<div id="baliseHTML">
  <button>Balise button</button>
  <input type="submit" value="Balise input de type bouton">
  <a href="#">Balise a</a>
<div>
<div id="baliseButtonjQueryUI">
  <button>Balise button</button>
  <input type="submit" value="Balise input de type bouton">
  <a href="#">Balise a</a></div>
</div>
```

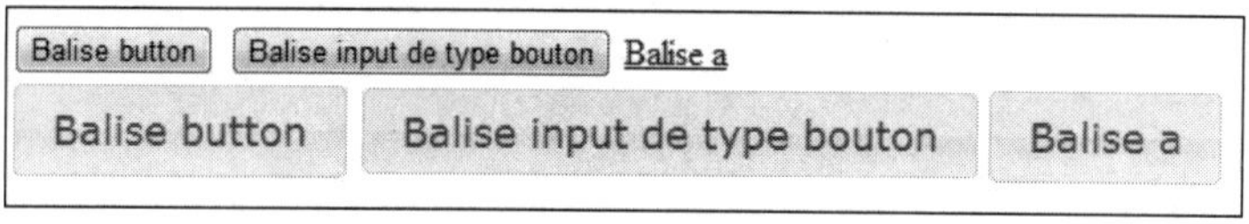

Figure 6.26 : La deuxième ligne représente les boutons de UI

Les boutons radio peuvent être remplacés par la fonction `.buttonset()`.

Figure 6.27 : Boutons radio HTML

```
<script type="text/javascript" >
   $(function(){
      $("input:radio", "#baliseButtonjQueryUI").buttonset();
   });
 </script>
```

Associez un label à chaque bouton radio. Ces labels seront inscrits à l'intérieur des boutons.

```
<div id="baliseButtonjQueryUI">
   <input type="radio" id="radio1" name="radio" />
   <label for="radio1">Bronze</label>
   <input type="radio" id="radio2" name="radio" />
   <label for="radio2">Argent</label>
   <input type="radio" id="radio3" name="radio" />
   <label for="radio3">Or</label>
</div>
```

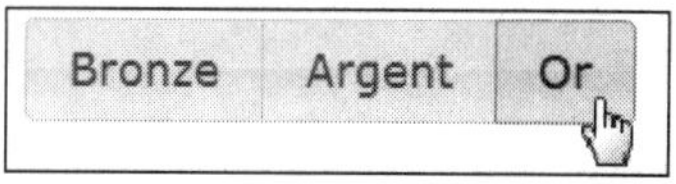

Figure 6.28 : Bouton radio de jQuery UI

Il est également possible d'utiliser `.buttonset()` sur les éléments de type case à cocher (`type="checkbox"`). Plusieurs éléments pourront alors être sélectionnés simultanément, contrairement aux boutons radio.

Enfin, vous allez utiliser des icônes pour mettre en valeur un bouton. La première, `primary`, sera placée à gauche du bouton et la seconde sera placée à droite.

```
$(function() {
   $( "#Quitter" ).button({
         icons: {
            primary: "ui-icon-power",
            secondary: "ui-icon-triangle-1-s"
         }
  });
});
```

Le code HTML du bouton :

```
<input type="checkbox" id="Quitter" />
<label for="Quitter">Quitter</label>
```

Figure 6.29 : Illustration du bouton

Les icônes sont stockées dans le sprite CSS de UI. Le widget Bouton est donc très simple à utiliser. Sur le site de jQuery UI (**http://jqueryui.com/demos/button/#toolbar**), il y a un exemple pour reproduire la barre d'outils d'un lecteur multimédia.

Figure 6.30 : Barre d'outils

Pour changer le style de l'ensemble des boutons de votre site, il suffira de changer le thème CSS de jQuery UI.

Les popups

Les boîtes de dialogue, ou popups, permettent d'afficher des messages sur l'écran des utilisateurs. Pour instancier une popup avec jQuery UI, il faut utiliser la fonction `.dialog()`. Comme pour les widgets précédents, il faut également inclure dans l'en-tête jQuery, jQuery UI et un thème CSS de UI.

```
<script type="text/javascript">
   $(function() {
      $( "#dialog" ).dialog();
   });
```

```
</script>
```

Cette fonction s'applique sur la balise ayant pour identifiant `#dialog`.

```
<div id="dialog" title="Information">
 <p>
   La révolution informatique fait gagner un temps fou
   aux hommes, mais ils le passent avec leur ordinateur !
 </p>
 <p>
   [Khalil Assala]
 </p>
</div>
```

Pour mettre en évidence le fait que la popup vient se superposer sur le code HTML existant, vous utilisez un texte d'arrière-plan.

```
<!-- Texte en arrière-plan -->
<div class="hiddenInViewSource" style="padding:20px;">
<p>
Wikipédia est une encyclopédie multilingue, universelle…
</p>
</div>
```

Cette popup est par défaut redimensionnable et "déplaçable".

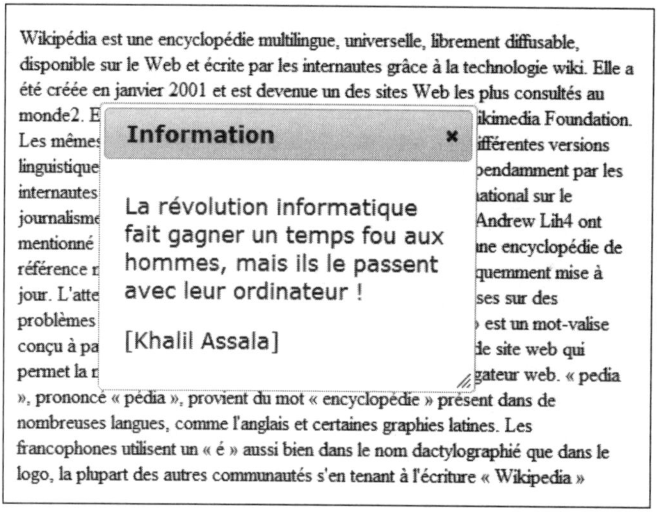

Figure 6.31 : Popup

Comme pour les autres widgets, vous allez découvrir les options principales grâce à quelques exemples. Voici le premier :

```
$( "#dialog" ).dialog({
   autoOpen: false,
   show: "blind",
   hide: "explode",
   height: 340,
```

```
    modal: true,
    buttons: {
        "Vrai": function() {
            $( this ).dialog( "close" );
        },
        "faux": function() {
            $( this ).dialog( "close" );
        }
    }
});
```

L'option `autoOpen` permet de gérer l'affichage par défaut ou non de la popup. Vous mettez cette option à `false` car la popup va s'ouvrir suite à un clic sur un bouton.

```
$( "#btnOuvrir" ).click(function() {
    $( "#dialog" ).dialog( "open" );
});
```

Le code HTML du bouton pour ouvrir la popup :

```
<input type="button" id="btnOuvrir" value="ouvrir" >
```

Vous avez également défini des animations d'apparition (`show: "blind"`) et de disparition (`hide: "explode"`) de la popup.

L'option `modale: true` ajoute un calque gris sous la popup, qui permet d'empêcher toutes interactions avec le reste de la page tant que la popup n'est pas fermée.

Enfin, vous ajoutez des boutons (`buttons`) auxquels vous attachez une fonction s'exécutant au clic de l'utilisateur.

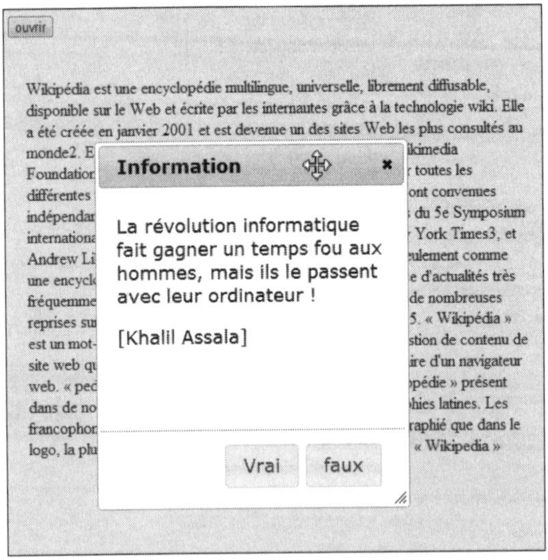

Figure 6.32 : Popup avec confirmation

```
buttons: {
   "Vrai": function() {
      $( this ).dialog( "close" );
   },
   "faux": function() {
      $( this ).dialog( "close" );
   }
}
```

Une popup formulaire

Vous avez précédemment fabriqué une popup sans utiliser le plug-in UI.

RENVOI — Lisez à ce sujet le chapitre : *Ajouter un formulaire de contact.*

Vous voyez maintenant qu'il est possible d'utiliser un widget pour simplifier cette tâche. Commencez donc par définir les caractéristiques de la popup : une popup modale de 400 pixels de haut, avec un bouton d'envoi.

```
$( "#dialog" ).dialog({
   height: 400,
   modal: true,
   buttons: {
      "envoyer": function() {
         // Traitements…
         $( this ).dialog( "close" );
      }
   }
});
```

Voici sa structure HTML à placer dans la balise <div> qui servira de popup :

```
<div id="dialog" title="Information">

   <div>
      <label for="mail">Votre email *</label>
      <input type="text" id="mail" class="obligatoire email" />
   </div>
   <div>
      <label for="nom">Votre nom</label>
      <input type="text" id="nom" />
   </div>
   <div>
      <label for="sujet">Sujet *</label>
      <input type="text" id="sujet" data-minLength="5" />
   </div>
   <div>
```

```
    <label for="msg">Message *</label>
    <textarea id="msg" data-minLength="10"></textarea>
  </div>

</div>
```

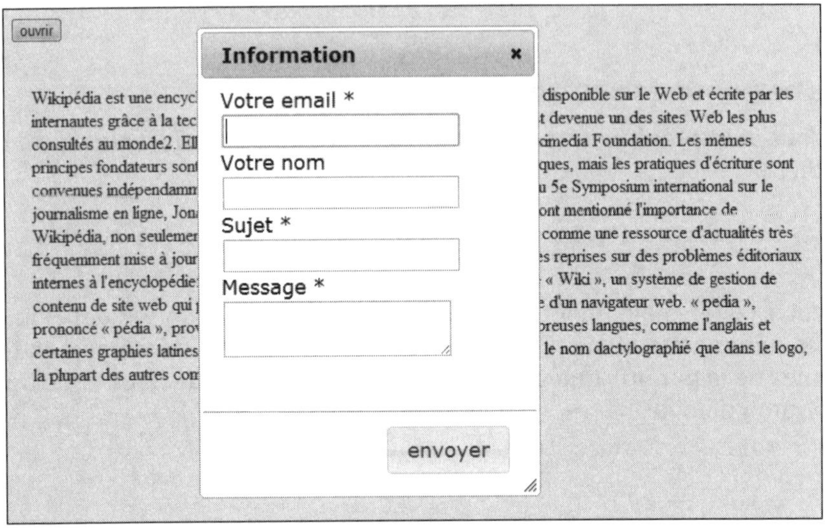

Figure 6.33 : Popup formulaire

Il suffit de quelques lignes pour créer une popup modale "déplaçable" qui contient le formulaire.

Les jauges

Les jauges permettent de sélectionner facilement un nombre à l'aide de la souris. Comme pour les widgets précédents, il faut inclure dans l'en-tête HTML jQuery, jQuery UI et un thème CSS de UI. Une jauge s'applique sur une balise `<div>` avec la fonction `.slider()`.

```
<script >
  $(function() {
    $( "#slider" ).slider({
      value: 33
    });
  });
</script>
</head>
<body>
  <div id="slider"></div>
</body>
```

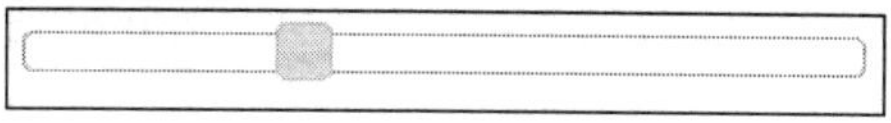

Figure 6.34 : Jauge à 33 %

Voici trois exemples de jauges :

```
<script >
$(function() {
   $( "#slider" ).slider({
      value:100,
      min: 0,
      max: 500,
      step: 50
   });
   $( "#slider2" ).slider({
      min: 0,
      max: 500,
      range: true,
      values: [ 75, 300 ]
   });
   $( "#slider3" ).slider({
      orientation: "vertical",
      min: 1,
      max: 6,
      slide: function( event, ui ) {
         $( "#affichage" ).html("Nombre = "+ ui.value)
      }
   });
});
</script>
</head>
<body>
   <span >Jauge simple</span>
   <div id="slider"></div>

   <span >Fourchette entre 0 et 500</span>
   <div id="slider2"></div>

   <span id="affichage" >Nombre = 1</span>
   <div id="slider3"></div>
</body>
```

La première est une jauge simple allant de 0 (`min`) à 500 (`max`) avec un pas de 50 (`step: 50`). Les valeurs sélectionnables sont donc 0, 50, 100, 150,…, 450 et 500.

La deuxième est une jauge qui permet de définir un intervalle (`range: true`). Il faut donc donner un tableau de valeurs pour déterminer les deux extrémités de la fourchette sélectionnées par défaut (`values:[75, 300]`).

La troisième est une jauge verticale qui, pour chaque modification, affiche sa valeur dans le <span> ayant pour identifiant `affichage`. Pour cela, vous utilisez l'événement slide (la variable ui.value contient la valeur de la jauge).

```
slide: function( event, ui ) {
   $( "#affichage" ).html("Nombre = "+ ui.value)
}
```

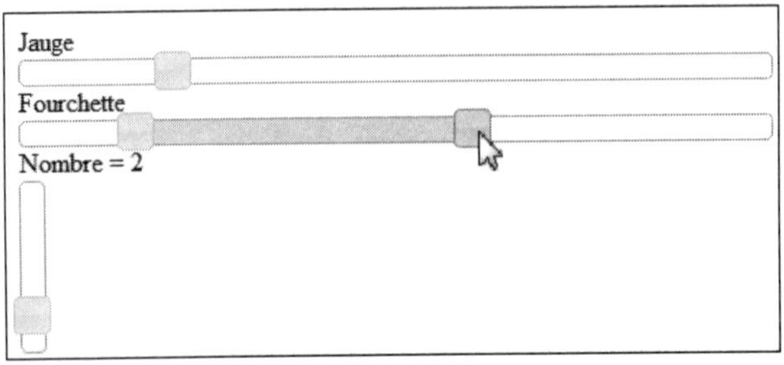

Figure 6.35 : Trois jauges indépendantes

L'auto-complétion des champs

Le widget .autocomplete() permet d'offrir un ensemble de propositions prédéfinies (auto-complétion) à l'internaute lorsqu'il complète un formulaire. Vous allez tout d'abord implémenter l'auto-complétion d'un champ qui permet de choisir un domaine d'informatique théorique. Après avoir inclus jQuery, jQuery UI et un thème CSS de UI, vous pouvez utiliser la fonction .autocomplete().

```
$(function(){
   var MathDiscreteInformatique = [
      'Théories du calcul',
      'Modèles de calcul',
      'Machine de Turing',
      'Automates',
      …
      'Traitement de la parole',
      'Traitement d\'image'
   ];
   $( "#listeTheorieInformatique" ).autocomplete({
      source: MathDiscreteInformatique
   });
});

   </script>
   </head>
<body>
   <input id="listeTheorieInformatique" >
</body>
</html>
```

Vous appliquez tout simplement la fonction .autocomplete() à un champ <input> (#listeTheorieInformatique). Pour que des choix d'auto-complétion soient proposés, il faut envoyer une source de données au widget. Pour cela, vous utilisez l'option `source: MathDiscreteInformatique`.

Le tableau JavaScript est défini préalablement.

```
var MathDiscreteInformatique = [
   'Théories du calcul',
   'Modèles de calcul',
    ...
   'Traitement d\'image'
];
```

Quand l'utilisateur saisit des caractères dans le champ `<input>`, le widget propose tous les éléments du tableau qui contiennent la chaîne demandée (Crypto*gra*phie, Preuve de pro*gra*mmes et Théorie des *gra*phes).

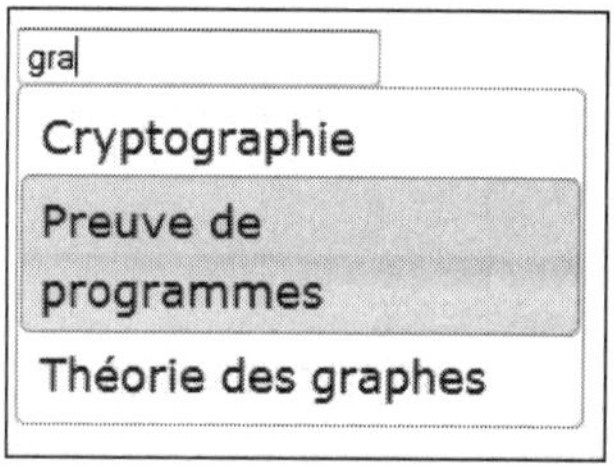

Figure 6.36 : Auto-complétion

Les options de paramétrage

Des options de paramétrage permettent de modifier le comportement du widget.

```
$( "#listeTheorieInformatique" ).autocomplete({
   source: MathDiscreteInformatique,
   delay: 1000,
   minLength: 2,
   select: function( event, ui ) {
      console.log(ui.item.value);
   }
});
```

Le délai (en millisecondes) est un paramètre important dans ce widget : il définit le moment à partir duquel vous affichez les propositions. Par défaut, la valeur est fixée à 300 millisecondes. Ce délai peut être mis à 0 ; dans ce cas, une exécution de la fonction `.autocomplete()` sera effectuée à chaque fois que l'utilisateur appuiera sur une touche pour ajouter un caractère.

Il peut être intéressant de disposer de la source de données en local, comme pour le tableau JavaScript, car le résultat est quasiment instantané. Par contre, si la source de données nécessite l'interrogation d'un serveur et d'une base de données, il n'est alors pas judicieux d'envoyer autant de requêtes.

D'ailleurs, l'option `minLength` permet de commencer l'auto-complétion à partir d'un certain nombre de caractères. Dans cet exemple, le premier caractère n'entraîne aucune proposition.

Enfin, il est possible de faire des traitements particuliers entre le moment où la sélection est effectuée et le moment où la liste se ferme grâce à l'événement `select`. La valeur sélectionnée est alors accessible via `ui.item.value`.

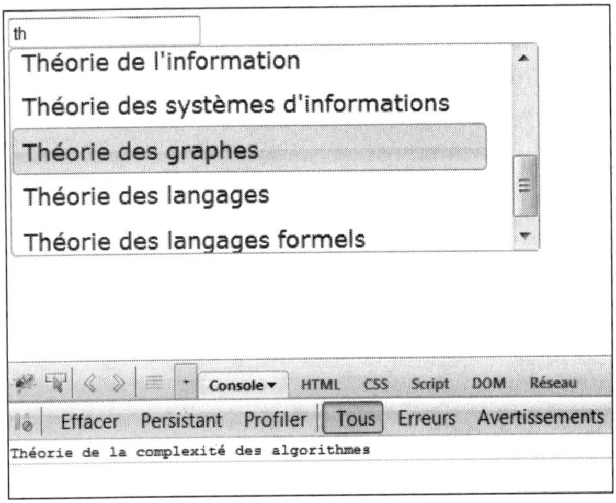

Figure 6.37 : Auto-complétion

Les sources de données

Outre un simple tableau de chaînes JavaScript, il est également possible d'utiliser d'autres sources (locale ou externe), comme un tableau d'objets JavaScript (JSON) ou du XML.

Vous allez utiliser le site GeoNames.org dans cet exemple. Ce site expose les différents lieux de la planète (pays, ville…) en JSON ou en XML.

Tout d'abord, commençons par une simple requête HTTP pour récupérer les 12 premiers résultats de la recherche sur le mot `France` : **http://ws.geonames.org/searchJSON?style=full&maxRows=12&name_startsWith=france.**

Ce lien retourne un JSON qui contient 12 résultats (`maxRows=12`). Pour chaque résultat, un ensemble de propriétés est proposé : le nom du continent, le code du pays, la latitude, la longitude, la population, etc. Le JSON contient la variable `totalResultsCount`, qui donne le nombre total de résultats trouvés.

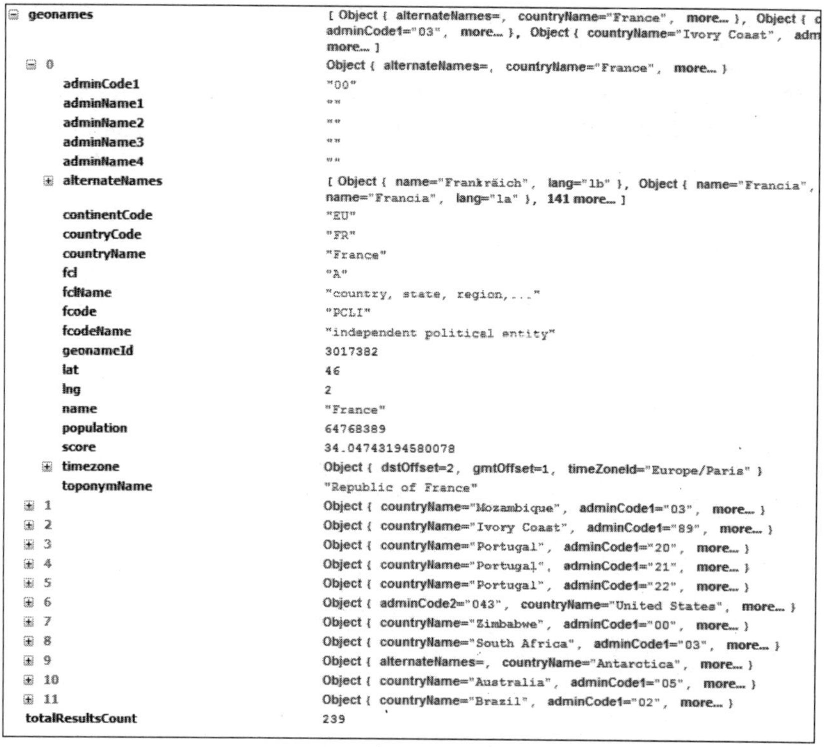

Figure 6.38 : JSON de recherche pour France

Si, à la place de `searchJSON`, vous utilisez la fonction `search`, le résultat est retourné en XML. Les formats de ces fichiers sont différents mais les contenus sont identiques : **http://ws.geonames.org/search?style=full&maxRows=12&name_startsWith=france.**

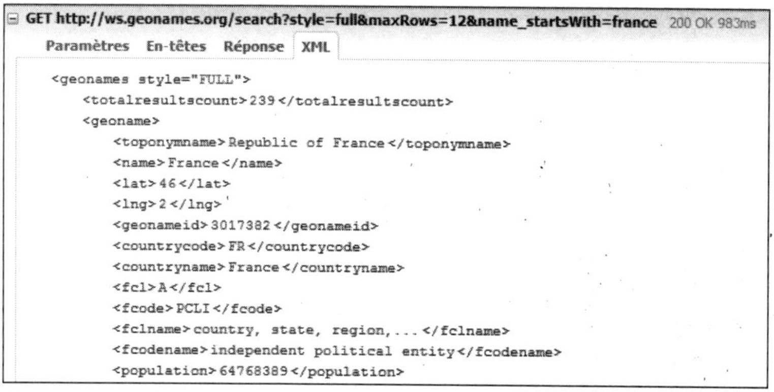

Figure 6.39 : XML de recherche pour France

Les sources JSON

Vous allez commencer par traiter le fichier JSON. Utilisez une requête AJAX directement comme source du widget. Pour éviter d'envoyer trop de requêtes, utilisez le paramètre `delay` pour lancer la requête au bout de 1 seconde d'inactivité entre deux appuis sur les touches du clavier.

La fonction associée à l'option `source` contient deux paramètres : le premier, `request`, dispose du terme que l'utilisateur recherche, et le second, `response`, est une fonction de rappel à exécuter.

Pour aller chercher le contenu JSON, envoyez en paramètre (`name_startsWith`) ce que l'utilisateur a saisi dans le champ, qui est accessible via la variable `request.term`.

Le second paramètre, `response`, est une fonction de rappel. Elle doit être appelée avec, comme paramètre, le tableau de résultats.

```
$("#listeDesVillesJSON").autocomplete({
   source: function( request, response ) {
      $.ajax({
         url: "http://ws.geonames.org/searchJSON",
         dataType: "json",
         data: {
            style: "full",
            maxRows: 12,
            name_startsWith: request.term
         },
         success: function( data ) {
            response(
               $.map(data.geonames,function(item) {
                  return {
                     label: item.name
                        + (item.adminName1 ?
                           ", " + item.adminName1 : "")
                        + ", " + item.countryName,
                     value: item.name
                  };
               })
            );
         }
      });
   },
   delay: 1000
});
```

Examinons maintenant la partie `success` de l'appel AJAX et le traitement de cette requête. Tout d'abord, vous utilisez la fonction `$.map()`, qui permet de manipuler le tableau `data.geonames` (que renvoie GeoNames.org) pour le transformer en un tableau compréhensible par

.autocomplete() : un tableau contenant un ensemble d'objets ayant chacun les propriétés label et value.

```
response($.map(data.geonames,function(item){
            // traitement…
            return {value: '[…]', label: '[…]'};
         })
);
```

Le traitement consiste, pour chaque donnée, à isoler et à retourner un objet comprenant uniquement deux attributs :

- le libellé (label) qui sera utilisé dans la liste déroulante ;
- la valeur (value) qui sera placée dans le champ <input>.

Il est important de distinguer ces deux éléments car, par exemple *France* est bien sûr un état européen, mais c'est aussi une ville qui se trouve dans la circonscription d'Inhambane au Mozambique, et il y en a beaucoup d'autres... Dans le libellé, vous ajoutez donc des informations supplémentaires qui permettent de différencier les propositions.

```
label: item.name
   + (item.adminName1 ? ", " + item.adminName1 : "")
   + ", " + item.countryName,
value: item.name
```

Pour rappel,

```
(assertion ? valeursivraie : valeursifaux)
```

est l'équivalent de

```
if(assertion){
   return valeursivraie
}else{
   return valeursifaux
}
```

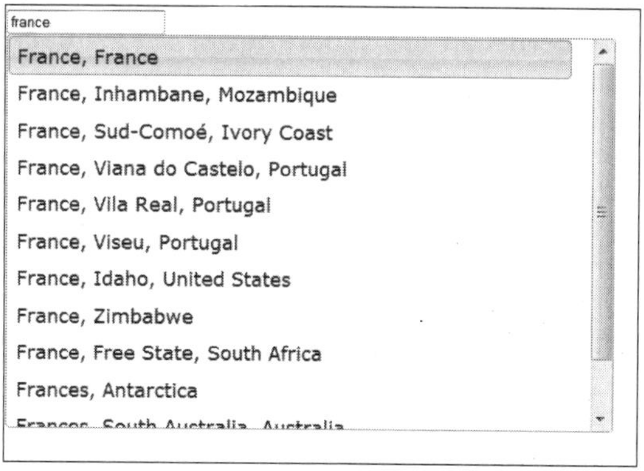

Figure 6.40 : Auto-complétion avec une source externe : résultat de l'appel AJAX

La valeur affichée dans le champ correspond à `value: item.name` alors que les propositions correspondent à `label: item.name + […] + item.countryName`.

Les sources XML

Comme vous n'avez pas toujours la possibilité d'obtenir les informations en JSON, voici un traitement identique avec une source XML :

```
$("#listeDesVillesXML").autocomplete({
  source: function( request, response ) {
     $.ajax({
        url: "http://ws.geonames.org/search",
        dataType: "xml",
        data: {
           style: "full",
           maxRows: 12,
           name_startsWith: request.term
        },
        success: function( data ) {
           console.log(data);
           // Traitement du XML
           response(
              $( "geoname", data ).map(function() {
                 return {
                    label: $( "name", this ).text() + " @ "
                       + $( "countryName", this ).text(),
                    value: $( "name", this ).text()
                 };
              }).get()
           );
        }
     });
  },
  delay: 1000
});
```

Pour les différencier visuellement, vous affichez le nom de la localisation et le nom du pays concerné en les séparant par un arobase (voir fig. 6.41).

> REMARQUE
>
> **Navigation dans un fichier XML**
>
> Avec jQuery, il est facile de naviguer dans un fichier XML. `$("geoname",monXML)` récupère l'ensemble des balises dénommées "geoname" et la fonction `$("totalResultsCount",monXML).text()` récupère la valeur stockée dans la balise `totalResultsCount`, soit 239 dans l'exemple.

Pour le traitement du XML, vous utilisez la fonction `$.map()` sur chacun des éléments `geoname` retournés (`$( "geoname", data ).map(…)`).

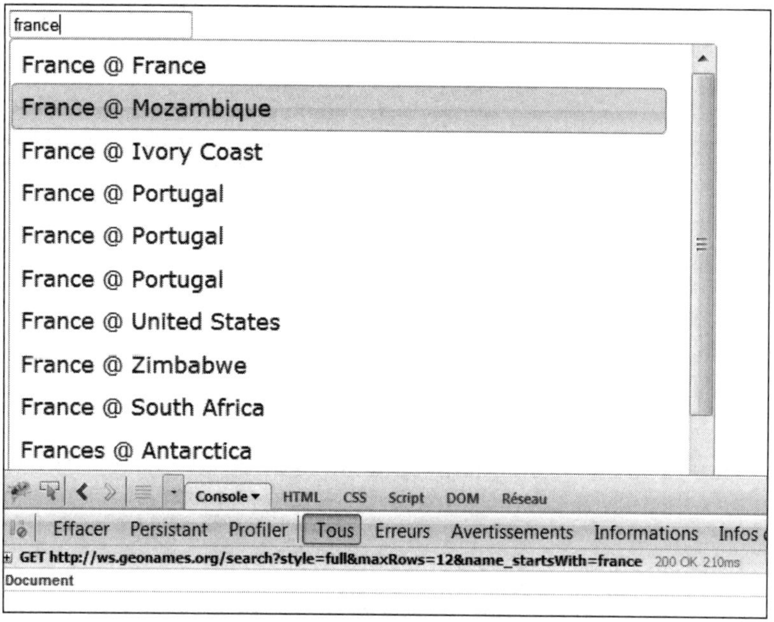

Figure 6.41 : Auto-complétion avec une source XML

L'objectif est de retourner le même tableau comprenant uniquement les libellés et les valeurs qui seront exploités par le widget.

Ensuite, vous récupérez le nom de l'élément courant (`$("name",this).text()`), que vous placez dans les attributs `label` et `value` attendus par le widget `autocomplete`.

La fonction `.get()` permet ensuite de transformer l'objet jQuery en un vrai *tableau* de ces mêmes éléments DOM. Sans `.get()`, vous obtenez la collection d'éléments DOM accompagnée de propriétés et méthodes.

RENVOI

Pour en savoir plus sur l'objet jQuery, reportez-vous aux *Annexes*.

```
console.log($( "geoname", data ).map(function() {
   return {
      label:$( "name", this ).text()+ " @ " +
          $( "countryName", this ).text(),
      value: $( "name", this ).text()
   };
}))
```

⊞ 0	Object { label="France @ France", value="France" }
⊞ 1	Object { label="France @ Mozambique", value="France" }
⊞ 2	Object { label="France @ Ivory Coast", value="France" }
⊞ 3	Object { label="France @ Portugal", value="France" }
⊞ 4	Object { label="France @ Portugal", value="France" }
⊞ 5	Object { label="France @ Portugal", value="France" }
⊞ 6	Object { label="France @ United States", value="France" }
⊞ 7	Object { label="France @ Zimbabwe", value="France" }
⊞ 8	Object { label="France @ South Africa", value="France" }
⊞ 9	Object { label="Frances @ Antarctica", value="Frances" }
⊞ 10	Object { label="Frances @ Australia", value="Frances" }
⊞ 11	Object { label="Frances @ Brazil", value="Frances" }
⊞ **context**	Document
jquery	"1.5.1"
length	12
⊞ **prevObject**	⊞ [geoname, geoname, geoname, **9 more...**]
selector	""
⊞ constructor	function()
⊞ init	function()
__toggle	function()
_addClass	function()

Figure 6.42 : Sans .get()

Avec `.get()`, vous avez uniquement le tableau.

```
console.log($( "geoname", data ).map(function() {
   return {
      label:$( "name", this ).text()+ " @ " +
          $( "countryName", this ).text(),
      value: $( "name", this ).text()
   };
}).get())
```

```
[ Object { label="France @ France", value="France" }, Object { label="France @ Mozambique", value="France" }, Object
{ label="France @ Ivory Coast", value="France" }, Object { label="France @ Portugal", value="France" }, Object {
label="France @ Portugal", value="France" }, Object { label="France @ Portugal", value="France" }, Object {
label="France @ United States", value="France" }, Object { label="France @ Zimbabwe", value="France" }, Object {
label="France @ South Africa", value="France" }, Object { label="Frances @ Antarctica", value="Frances" }, Object {
label="Frances @ Australia", value="Frances" }, Object { label="Frances @ Brazil", value="Frances" } ]
```

Figure 6.43 : Avec .get()

Modifier le widget (option avancée)

Il est possible de redéfinir le fonctionnement des widgets de jQuery UI. Cette utilisation avancée des plug-ins permet d'ajouter de nouvelles fonctionnalités à un widget existant. Vous allez définir l'utilisation de catégories pour la liste des 14 merveilles du monde (7 dans la catégorie "*ancienne*" et 7 dans la catégorie "*nouvelle*").

Voici tout d'abord la source de données qui précise la catégorie de chacune des merveilles :

```
var merveillesDuMonde = [
   { label: "Pyramide de Khéops", categorie: "Ancienne" },
   { label: "Jardins suspendus de Babylone",
     categorie: "Ancienne" },
   { label: "Statue chryséléphantine de Zeus",
     categorie: "Ancienne" },
   { label: "Temple d'Artémis", categorie: "Ancienne" },
   { label: "Tombeau de Mausole", categorie: "Ancienne" },
```

```
    { label: "Colosse de Rhodes", categorie: "Ancienne" },
    { label: "Phare d'Alexandrie", categorie: "Ancienne" },
    { label: "Grande Muraille", categorie: "Nouvelle" },
    { label: "Pétra", categorie: "Nouvelle" },
    { label: "Statue du Christ Rédempteur",
      categorie: "Nouvelle" },
    { label: "Machu Picchu", categorie: "Nouvelle" },
    { label: "Chichén Itzá", categorie: "Nouvelle" },
    { label: "Colisée", categorie: "Nouvelle" },
    { label: "Taj Mahal", categorie: "Nouvelle" }
];
```

L'objectif est de préciser ces catégories dans la liste des propositions.

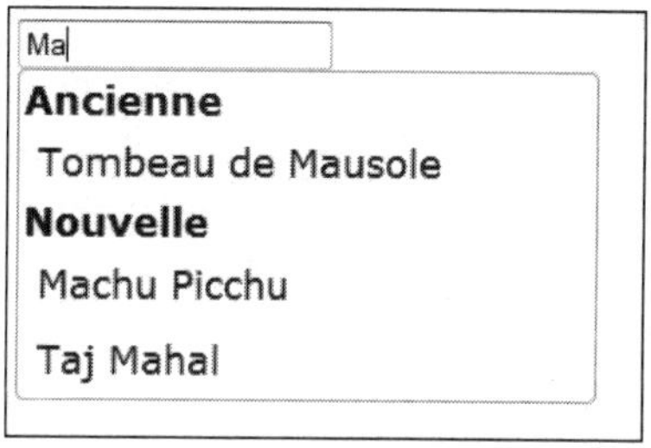

Figure 6.44 : Auto-complétion avec menu

Lorsque vous affichez le code de jQuery UI non compressé, il paraît assez lisible : **https://ajax.googleapis.com/ajax/libs/jqueryui/1/jquery-ui.js.**

Il contient une section sur le widget `autocomplete` qui commence par :

```
/*
 * jQuery UI Autocomplete 1.8.11
 *
 * Copyright 2011, AUTHORS.txt (http://jqueryui.com/about)
 * Dual licensed under the MIT or GPL Version 2 licenses.
 * http://jquery.org/license
 *
 * http://docs.jquery.com/UI/Autocomplete
 *
 * Depends:
 *    jquery.ui.core.js
 *    jquery.ui.widget.js
 *    jquery.ui.position.js
 */
```

Ensuite, vient l'ensemble de la mécanique du widget, dont la définition de fonction `_renderMenu()` :

```
_renderMenu: function( ul, items ) {
   var self = this;
   $.each( items, function( index, item ) {
      self._renderItem( ul, item );
   });
}
```

Cette fonction boucle (`$each()`) sur l'ensemble des données (`items`) et exécute, pour chacune de ces données, la fonction `_renderItem`, qui se charge de l'affichage de la donnée. L'objectif est d'insérer dans la boucle une ligne avec le nom de la catégorie, au bon moment.

Pour modifier cette fonction, vous allez utiliser la fonction `$.widget()`. Elle permet de créer un nouveau widget `nouveauAutocomplete`, identique au widget `autocomplete`, à l'exception des fonctions redéfinies. Pour redéfinir le widget, utilisez la syntaxe suivante :

```
$.widget( "custom.nouveauAutocomplete", $.ui.autocomplete,{
   _renderMenu: function( ul, items ) {
      // Redéfinition de _renderMenu…
   }
});
```

Lorsque vous bouclez sur les données avec la fonction `.each()`, vous insérez les catégories dans une balise `<li>` au-dessus de l'élément.

```
$.widget( "custom.nouveauAutocomplete", $.ui.autocomplete,{
   _renderMenu: function( ul, items ) {
      var monmenu = this;
      $.each( items, function( index, item ) {
            ul.append( "<li class='ui-autocomplete-category'
          ✂ style='font-weight:bold;'>" + item.categorie +
          ✂ "</li>" );
         }
         monmenu._renderItem( ul, item );
      });
   }
});
```

Appliquez ensuite le widget personnalisé au champ de texte pour avoir le résultat désiré.

```
$("#listeDesMerveilles").nouveauAutocomplete({
   source: merveillesDuMonde
});
```

Le champ de recherche :

```
<input id="listeDesMerveilles">
```

Remarquez que la catégorie est affichée au-dessus de *chaque* merveille. Comme les données sont triées par catégorie, vous allez ajouter une condition pour que la catégorie soit affichée uniquement si elle est différente de la précédente. Cela aura pour effet d'ajouter la catégorie une seule fois au-dessus des données afférentes. Pour cela, vous avez besoin de stocker la catégorie précédente dans une variable.

```
var CategorieEnCours = "";
```

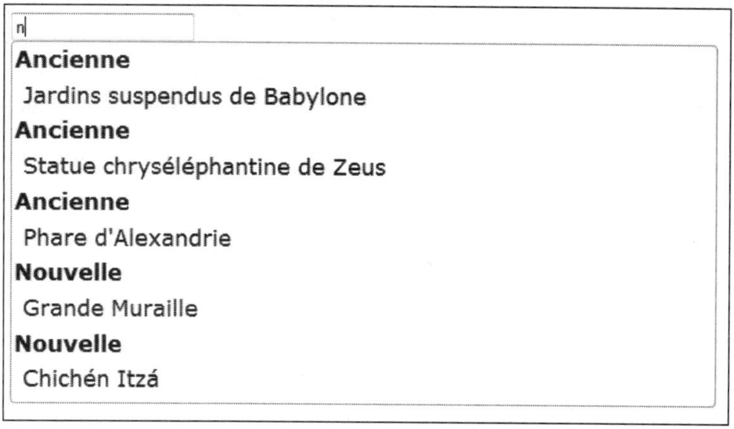

Figure 6.45 : Ajout des catégories

Puis effectuez un test : si la catégorie est différente de celle stockée dans `CategorieEnCours`, ajoutez un `<li>` contenant cette catégorie et mémorisez le nom de cette catégorie dans la variable `CategorieEnCours`.

```
$.widget( "custom.nouveauAutocomplete", $.ui.autocomplete,{
   _renderMenu: function( ul, items ) {
      var monmenu = this;
      var CategorieEnCours = "";
      $.each( items, function( index, item ) {
         if ( item.categorie != CategorieEnCours ) {
            ul.append( "<li class='ui-autocomplete-category'
          ✂ style='font-weight:bold;' >" + item.categorie + "<
          ✂ /li>" );
            CategorieEnCours = item.categorie;
         }
         monmenu._renderItem( ul, item );
      });
   }
});
```

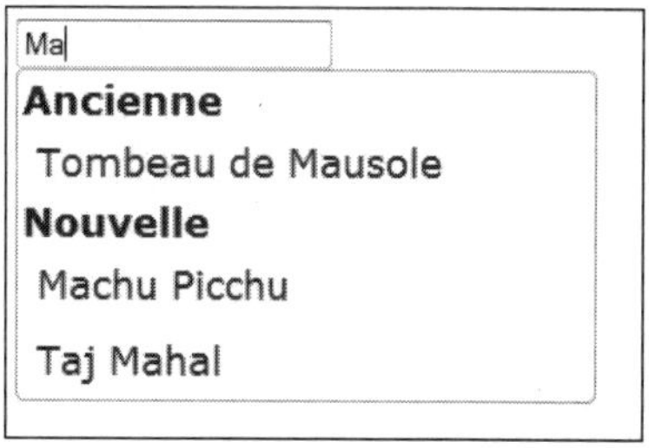

Figure 6.46 : Auto-complétion avec menu : vous obtenez bien une seule occurrence de chaque catégorie

ATTENTION

Personnalisation

N'oubliez pas de tester vos fonctionnalités en profondeur (tous les navigateurs, gestion des erreurs…) avant de les mettre en production sur votre site web.

La barre de progression (progress bar)

Terminons avec un widget assez simple : la barre de progression. Son utilisation est comparable à celle du widget Jauge. Comme pour les widgets précédents, il nécessite jQuery, jQuery UI et un thème CSS de UI. Puis il suffit d'appeler .progressbar() sur un élément <div>.

```
<script >
   $(function() {
      $( "#progressbar" ).progressbar({
         value: 33
      });
   });
</script>
</head>
<body>
   <div id="progressbar"></div>
</body>
</html>
```

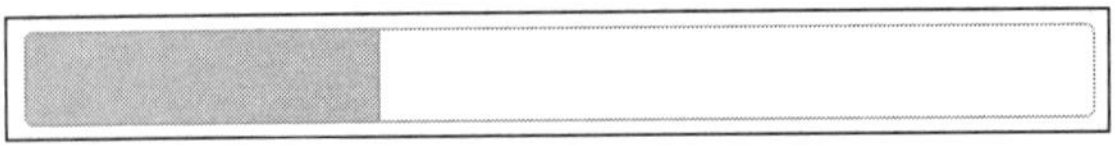

Figure 6.47 : Vous obtenez une barre de progression à 33 %

Les barres de progression peuvent être utilisées lors du remplissage d'un formulaire ou bien lors des appels AJAX par exemple. En effet, lorsqu'un appel AJAX a lieu, rien ne prévient l'internaute que sa demande est bien en train d'être traitée.

REMARQUE

Apnée de l'internaute

Il faut s'efforcer de diminuer les temps de réponse des applications car la rapidité d'exécution est un des points essentiels de l'ergonomie. Or, pendant les interactions homme-machine, un temps de réponse identique peut paraître moins long ou plus long selon que la page intègre ou pas une barre de progression.

Plus étonnant encore, ces temps d'attente sont source d'apnée et de stress (www.wisegeek.com/what-is-email-apnea.htm). En effet, l'internaute retient sa respiration jusqu'à ce qu'il soit sûr que sa demande a bien été prise en compte.

> REMARQUE
>
> Conclusion : évitez de stresser l'internaute et utilisez des barres de progression !

Vous allez donc ajouter une barre de progression sur un appel AJAX.

Tout d'abord, définissez le style de cette barre. Elle peut être discrète, mais doit être présente : l'utilisateur doit savoir que le traitement est en cours. Placez-la en haut à droite de l'écran.

```
<style type="text/css">
   .progressbar {
      position: absolute;
      top: 0px;
      right: 0px;
      width: 50px;
      height: 10px;
   }
</style>
```

Ajoutez ensuite la barre de progression avec une valeur par défaut à 0 et supprimez-la avec la méthode `destroy` dès qu'elle atteint les 100 %.

```
<script type="type/javascript">
$(function() {
   function CreationBarreDeProgression(){
     $( "#progressbar" ).progressbar({
        value: 0,
        complete: function(event, ui) {
           $( "#progressbar" ).progressbar("destroy")
         }
     });
   }
```

Ensuite, choisissez l'évolution de la barre de progression au fur et à mesure des étapes de la requête.

```
   $("#btnRequete").bind("click",function(){
     CreationBarreDeProgression();
     $.ajax({
        url: 'HWorld.php',
        beforeSend : function(data) {
            // exécuté avant la requête HTTP
            $( "#progressbar" ).progressbar({value: 20});
            alert(20);
         },
         dataFilter: function(data) {
           // exécuté au retour de la requête HTTP
           $( "#progressbar" ).progressbar({value: 50});
           alert(50);
        },
        success: function(data) {
```

```
            $( "#progressbar" ).progressbar({value: 80});
            alert(80);
         },
         error: function(data) {
            $( "#progressbar" ).progressbar({value: 80});
            alert(80);
         },
         complete: function(data) {
            $( "#progressbar" ).progressbar({value: 100});
             alert(100);
          }
      });
   });

});
</script>
```

Il est même possible de laisser la barre de progression à l'écran 2 secondes, avant de la faire disparaître, en modifiant légèrement le contenu de l'option `complete` de la fonction `CreationBarreDeProgression()`.

```
complete: function(event, ui) {
   setTimeout(
      function(){
         $( "#progressbar" ).progressbar("destroy")
      },
      2000
   );
}
```

Enfin, ajoutez le bouton qui permet d'envoyer les requêtes AJAX et la `<div>` qui sert d'élément de base de la barre de progression.

```
<body>
<input id="btnRequete" type="button" value="Requete AJAX" />
<div id="progressbar" class="progressbar"></div>
</body>
```

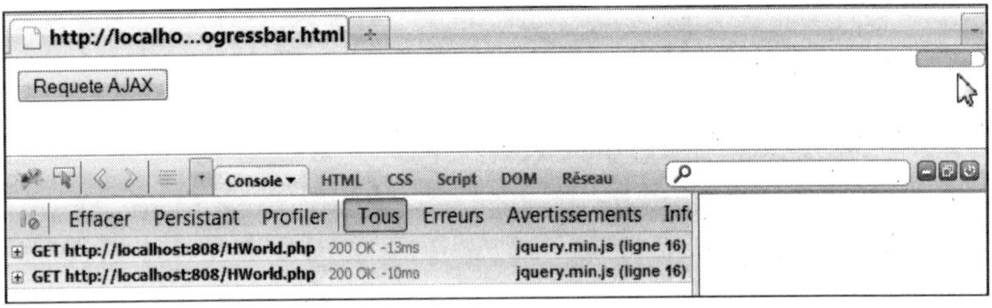

Figure 6.48 : Barre de progression AJAX en haut à droite de la fenêtre

6.3. Des widgets caméléons

Avoir des widgets paramétrables, c'est bien ! Encore faut-il qu'ils s'intègrent parfaitement dans le design de votre site.

Choisir un thème CSS

Dans les exemples de ce chapitre, vous avez utilisé principalement le thème *base*, mais jQuery UI propose une vingtaine d'autres thèmes prédéfinis.

Pour les voir en couleur, consultez **http://jqueryui.com/themeroller/**, puis cliquez sur l'onglet **Gallery** du menu de gauche.

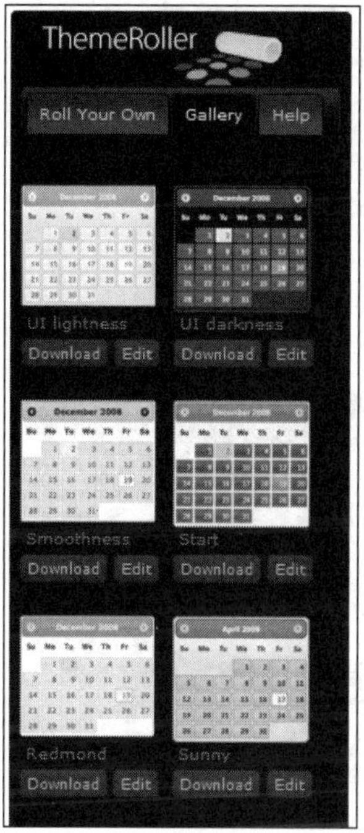

Figure 6.49 : Galerie de thèmes

Pour chacun de ces thèmes, il est possible de consulter une page exposant un exemple de chaque widget. Vous allez comparer tous les widgets de jQuery UI pour les deux thèmes *UI-lightness* et *UI-darkness*.

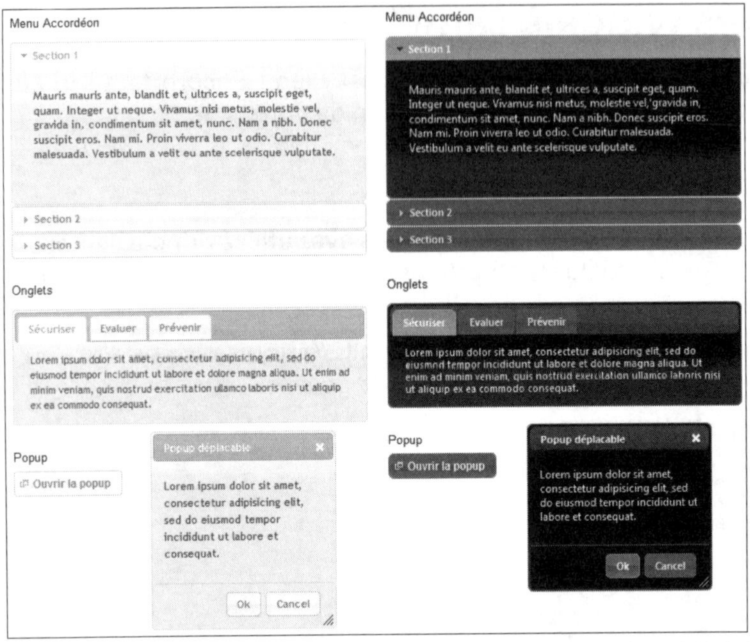

Figure 6.50 : Accordéons, onglets et popup : UI-lightness (à gauche) et UI-darkness (à droite)

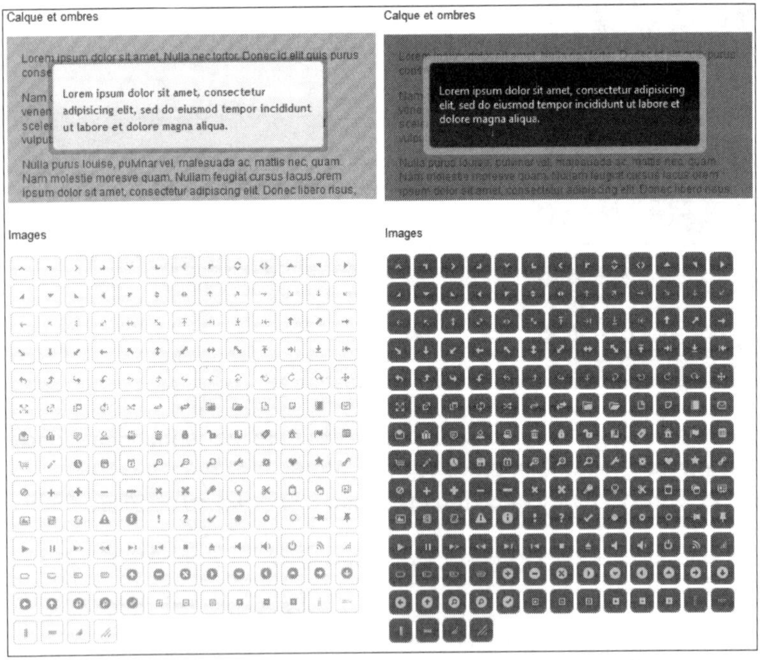

Figure 6.51 : Calque et sprite : UI-lightness (à gauche) et UI-darkness (à droite)

Figure 6.52 : Bouton, jauge, calendrier et message : UI-lightness (à gauche) et UI-darkness (à droite)

On voit bien, même dans un livre noir et blanc, qu'une simple modification du thème CSS permet de complètement changer l'aspect des widgets.

Personnaliser un thème

Imaginez que vous devez réaliser un site web pour le célèbre créateur Karl Lagerfeld. Les contraintes artistiques imposées sont précises : uniquement du noir et du blanc, absolument aucune couleur ne peut être utilisée. Il faut également enlever tous les arrondis.

Vous êtes face à un obstacle car aucun des thèmes prédéfinis ne correspond à ce style ! La solution ? Le *themeRoller* (**http://jqueryui.com/themeroller/**), qui donne la possibilité de modifier un des styles existants afin de définir son propre style. Pour cela, il faut utiliser le premier onglet du menu de gauche, **Roll Your Own**.

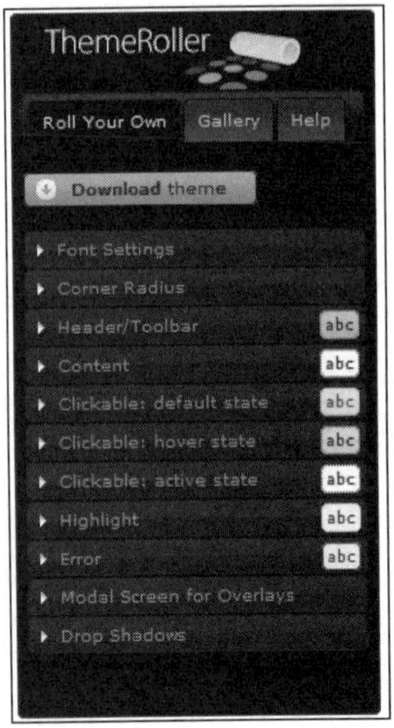

Figure 6.53 : Menu de création de thème

Ce menu permet de modifier les caractéristiques (la police, les couleurs, les arrondis...) d'un style existant puis de télécharger le nouveau style afin de l'utiliser sur un projet.

1 Pour cet exemple, basez-vous sur le style *smoothness* car il semble assez proche du résultat à obtenir. Commencez par vous occuper des angles, en mettant *0 px* dans l'option *corner radius*. Les arrondis de tous les widgets sont retirés. Les widgets se retrouvent tous instantanément d'équerre !

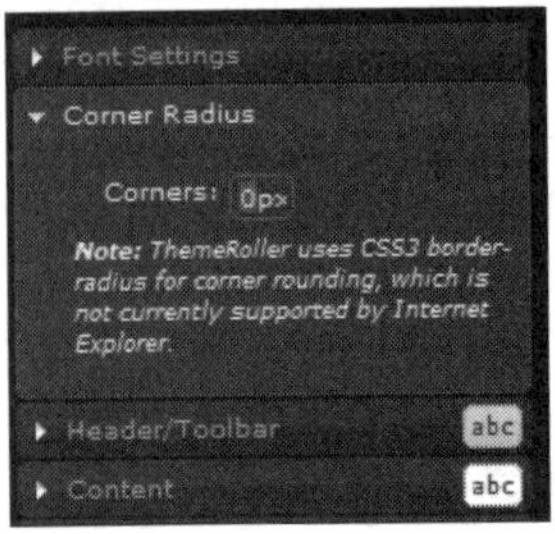

Figure 6.54 : Changement du paramétrage des arrondis d'angle

2 Ensuite, pour chaque sous-menu, assurez-vous que la police est bien noire. Par exemple, le message d'alerte du thème *smoothness* est rouge par défaut (voir fig. 6.55).

3 Utilisez la palette de couleurs pour passer la bordure, le texte et l'icône en noir. Il est également possible de saisir directement le code hexadécimal du noir (`#000000`) (voir fig. 6.56).

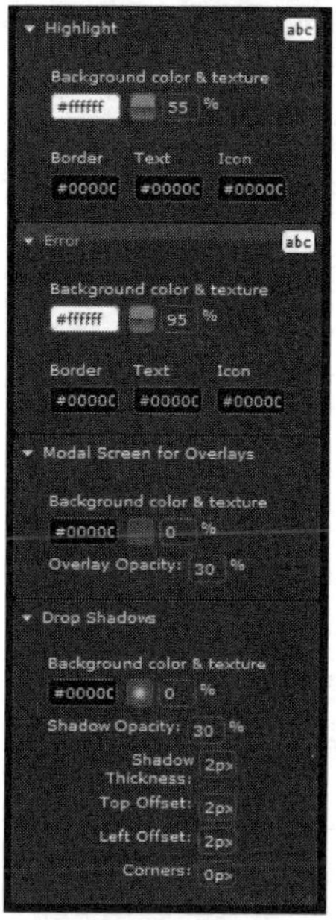

Figure 6.55 : Paramétrage des zones de texte

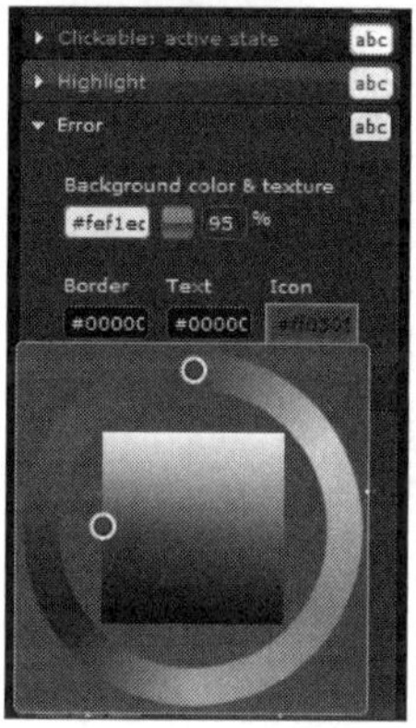

Figure 6.56 : Roue des couleurs

4 Puis téléchargez ce thème avec le bouton **Download theme**.

Figure 6.57 : Téléchargement du thème

5 Le thème se trouve dans le répertoire *css\custom-theme*. Il se nomme *jquery-ui-1.x.x.custom.css*. Renommez-le en *jquery-ui.KarlL.css*. Il est accompagné d'un répertoire d'images dans lequel se trouvent les différents boutons.

Comparez le nouveau thème *KarlL* et le thème *smoothness* : ils sont maintenant très différents.

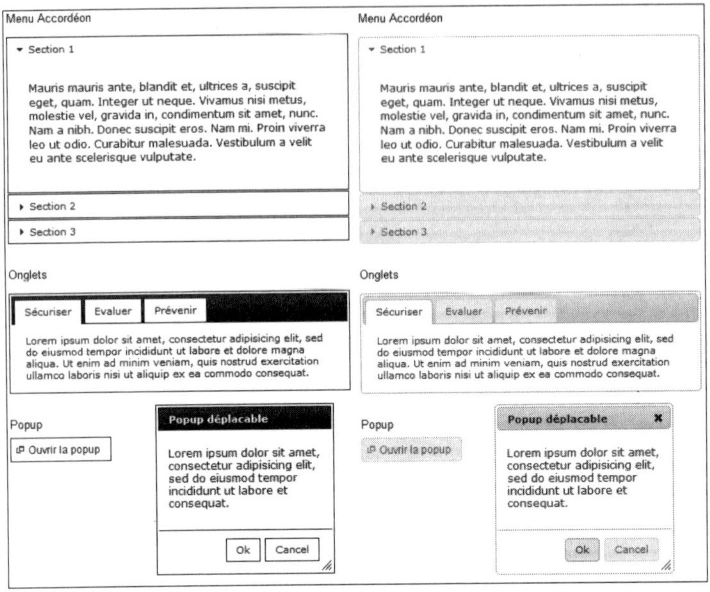

Figure 6.58 : Accordéons, onglets et popup : UI-KarlL (à gauche) et UI-smoothness (à droite)

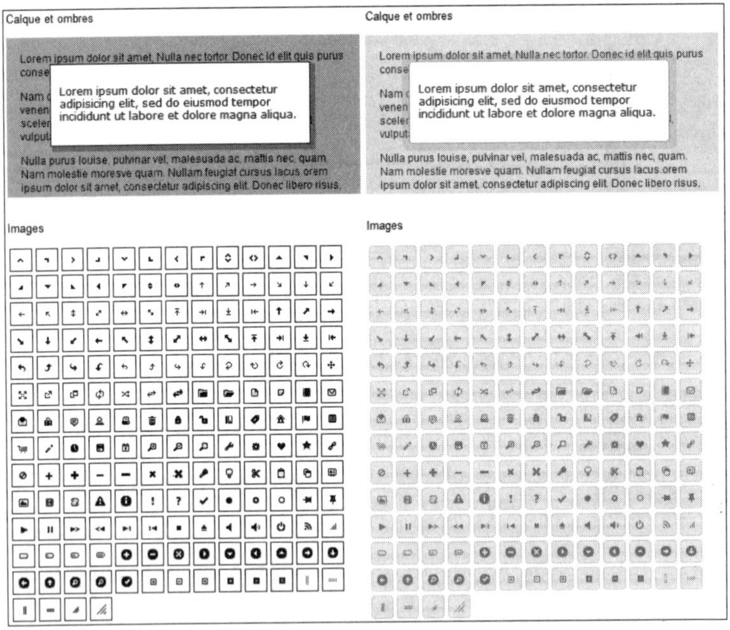

Figure 6.59 : Calque et sprite : UI-KarlL (à gauche) et UI-smoothness (à droite)

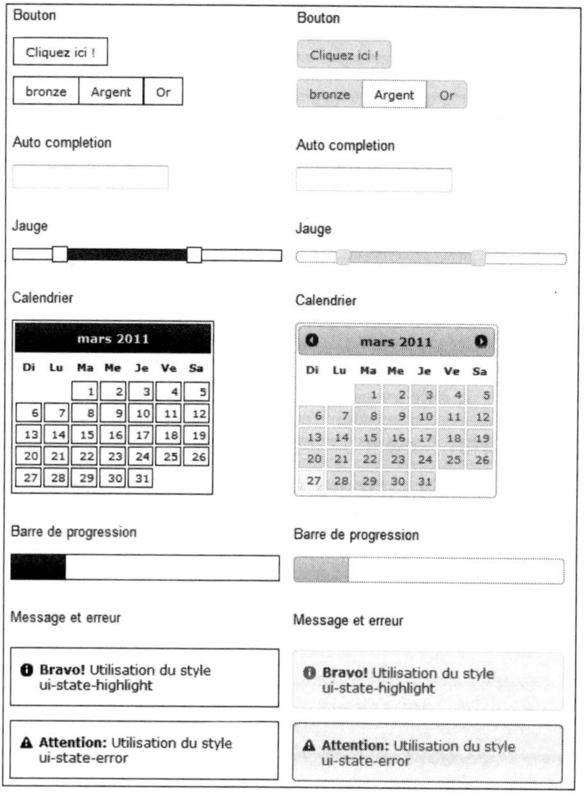

Figure 6.60 : Bouton, jauge, calendrier et message : UI-KarlL (à gauche) et UI-smoothness (à droite)

Une fois que vous avez téléchargé le style, il est bien sûr possible de faire des modifications directement dans le fichier CSS. Par exemple, il n'est pas proposé, dans l'outil de paramétrage des thèmes, de changer la taille des bordures.

Pour modifier le style du message "Bravo !...", allez dans le code de *jquery-ui.KarlL.css* et trouvez la ligne qui définit cette classe CSS.

```
.ui-state-highlight, .ui-widget-content .ui-state-highlight,
✂ .ui-widget-header .ui-state-highlight {border: 1px solid
✂ #000000; background: #ffffff url(images/ui-
✂ bg_glass_55_ffffff_1x400.png) 50% 50% repeat-x; color:
✂ #000000; }
```

Puis modifiez la taille de la bordure.

```
.ui-state-highlight, .ui-widget-content .ui-state-highlight,
✂ .ui-widget-header .ui-state-highlight {border: 5px solid
✂ #000000; background: #ffffff url(images/ui-
✂ bg_glass_55_ffffff_1x400.png) 50% 50% repeat-x; color:
✂ #000000; }
```

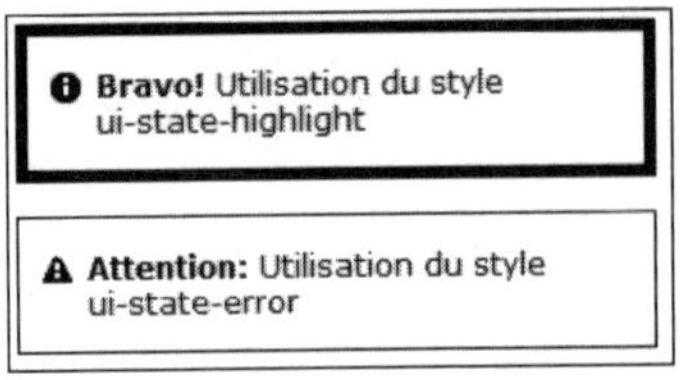

Figure 6.61 : Modification de la taille des bordures

6.4. Check-list

Le plug-in jQuery UI fait partie du projet jQuery http://jquery.org/. À ce titre, ses widgets sont inclus dans la plupart des sites qui utilisent jQuery Core.

Voici les points essentiels à retenir dans ce chapitre :

- Pour implémenter un widget de jQuery UI, il est nécessaire d'inclure jQuery, jQuery UI et un thème CSS de jQuery UI. Il suffit donc de quelques lignes pour utiliser un widget.

```
<script type="text/javascript" src="http://ajax.googleapis.com
✂ /ajax/libs/jquery/1/jquery.min.js"></script>

<script type="text/javascript" src="https://ajax.googleapis
✂ .com/ajax/libs/jqueryui/1/jquery-ui.js"></script>

<link href="http://ajax.googleapis.com/ajax/libs/jqueryui/1
✂ /themes/base/jquery-ui.css" type="text/css"
✂ rel="stylesheet" media="screen">
```

- Chaque widget possède des options standard permettant de changer son comportement.

```
$("#monCalendrier").datepicker({
   numberOfMonths: 3
});
```

- Chaque widget possède des événements déclenchés au cours de son utilisation. Vous pouvez effectuer des traitements lors de ces événements.

```
$("#monCalendrier").datepicker({
   onClose: function(dateText, instance){
      console.log("fermeture du calendrier");
   }
});
```

- Il est possible d'exécuter les méthodes d'un widget en utilisant cette syntaxe :

```
$("#monCalendrier").datepicker("hide");
```

- Vous pouvez redéfinir les comportements d'un widget en dupliquant ce widget avec la fonction `$.widget()` et en changeant le code de certaines fonctions.

```
$.widget( "custom.nouveauAutocomplete", $.ui.autocomplete,{
    _renderMenu: function( ul, items ) {
                    // Le nouveau code ici
                   });
    }
});
```

- Il est possible de choisir le thème CSS des widgets parmi une galerie de thèmes ou de créer son propre thème.

Ces widgets nécessaires dans la plupart des projets web permettent d'éviter de réinventer la roue et de gagner beaucoup de temps de développement. À l'heure où nous écrivons ce livre, d'autres widgets sont en projet dans jQuery UI, comme :

- *Tooltip*, pour afficher de petites aides contextuelles ;

Figure 6.62 : Futur widget Tooltip

- *Menu*, pour créer une barre de menus et de sous-menus ;

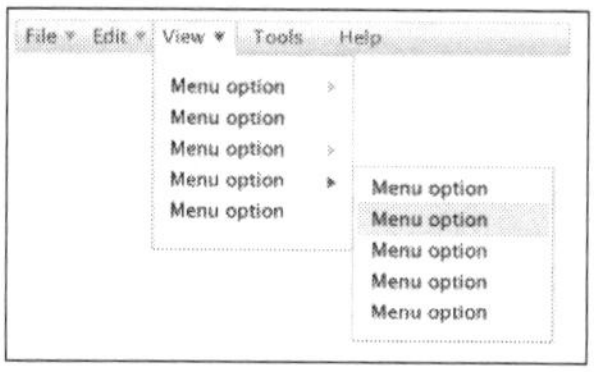

Figure 6.63 : Futur widget Menu

- *Stepper*, pour faciliter la saisie d'un champ numérique (incrémentation, décrémentation).

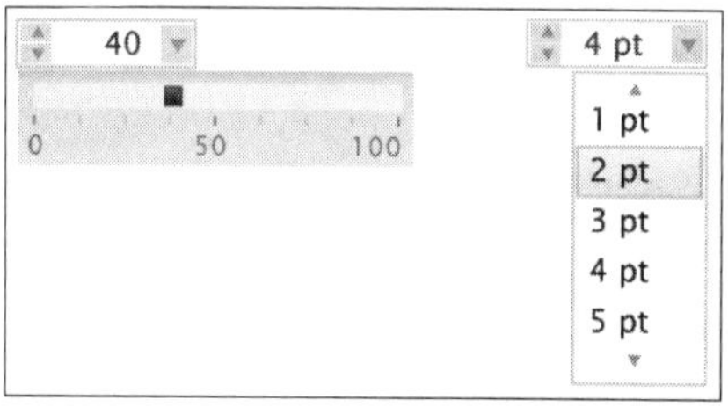

Figure 6.64 : Futur widget Stepper

CHAPITRE 7

CRÉER UN PLUG-IN JQUERY AVEC FACEBOOK ET TWITTER

Vous allez découvrir un exemple de Mashup avec jQuery. Le Mashup est la création d'une nouvelle application via la combinaison de plusieurs applications existantes. Vous allez tout d'abord apprendre à étendre jQuery en créant des plug-ins. Vous créerez ensuite votre propre plug-in, TheSocialPlugin, qui utilisera les API de Facebook et de Twitter pour récupérer les dernières informations de la page d'AlloCiné.

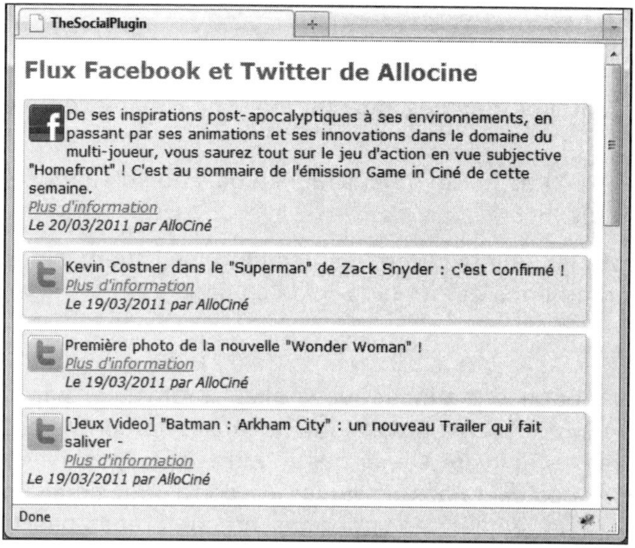

Figure 7.1 : Un avant-goût du résultat de TheSocialPlugin

DEFINITION

API (*Application Programming Interface*)
Une API est une interface fournie par un programme informatique (comme Facebook), qui permet à deux programmes de communiquer entre eux.

Les appels AJAX *normaux* sont limités au même nom de domaine que le site web. Vous aurez donc l'occasion d'utiliser JSONP (*JSON with Padding*) pour appeler les API des deux réseaux.

7.1. Créer un plug-in jQuery

Après un peu de théorie sur les plug-ins jQuery, vous créerez deux plug-ins assez simples. Vous établirez ensuite la structure du plug-in TheSocialPlugin.

Mais pourquoi créer un plug-in jQuery ? Comme vous avez décidé d'utiliser jQuery pour votre projet, il est préférable de garder le même style de code (par exemple, `$('div').maFonction()`). De plus, la création de plug-ins aide à mieux structurer le code et à le rendre plus facilement réutilisable. Et pourquoi pas aller jusqu'à sa publication pour que d'autres développeurs l'utilisent.

La structure d'un plug-in jQuery

Il existe deux types de plug-ins jQuery :

- les fonctions utilitaires définies directement sur `$` (par exemple `$.monPlugin()`) ;
- les fonctions à exécuter sur un objet jQuery (collection d'éléments DOM, par exemple `$('div').monPlugin()`).

Examinons d'abord les points communs des plug-ins jQuery. Nous verrons ensuite comment créer un plug-in de chaque type.

Un avant-goût

Avant d'étudier les bonnes pratiques, vous allez commencer par la création d'un plug-in de chaque type. Nous ne nous attarderons pas sur les explications. Il s'agit simplement de montrer que vous n'avez pas besoin d'écrire des centaines de lignes de code pour créer un plug-in. Donc ne vous inquiétez pas si vous ne comprenez pas la syntaxe ; nous étudierons le tout en détail dans les sections suivantes.

Il suffit de 5 lignes pour créer un plug-in utilitaire basique :

```
(function($) {
   $.jacquesADit = function(instruction) {
      alert(instruction);
   }
})(jQuery);
```

Vous pouvez l'appeler de cette façon :

```
$.jacquesADit('Tirez la langue');
```

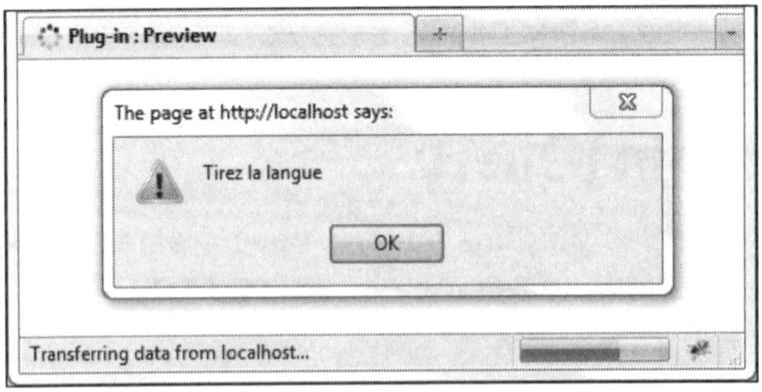

Figure 7.2 : Résultat du plug-in utilitaire $.jacquesADit()

Pour l'autre type de plug-in, ce n'est pas plus compliqué ; voici en 5 lignes un exemple de plug-in qui s'exécute sur un objet jQuery :

```
(function($) {
   $.fn.jacquesADit = function(instruction) {
      return this.html(instruction);
   }
})(jQuery);
```

Vous avez donc besoin d'une balise :

```
<div id="monDIV"></div>
```

Et enfin, l'appel du plug-in :

```
$('div#monDIV')
   .jacquesADit('Sautez sur place')
   .css('border', '1px solid #000000');
```

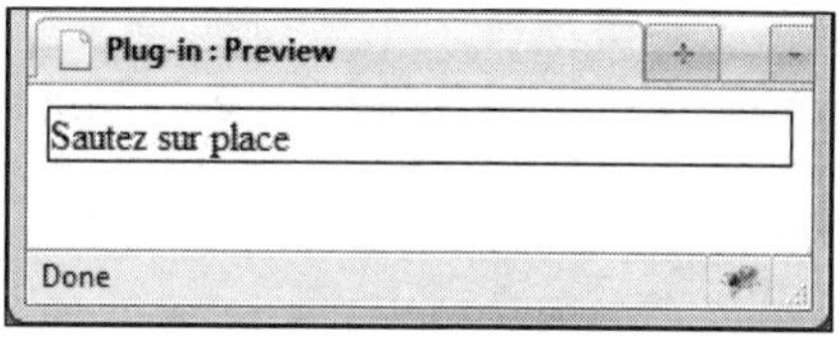

Figure 7.3 : Résultat du plug-in .jacquesADit() exécuté sur un objet jQuery

Évidemment, ces plug-ins ne sont pas aussi aboutis que jQuery UI, mais vous avez maintenant démystifié la création et l'utilisation d'un plug-in !

Les bonnes pratiques

Peu importe le type de plug-in que vous développez, il y a des bases communes :

- l'utilisation de l'alias `$` ;
- le nom du fichier JavaScript du plug-in ;
- les paramètres du plug-in.

Utilisation de $

`$` est un simple alias pour `jQuery`.

RENVOI

Lisez à ce sujet le chapitre *: Créer une première page avec jQuery.*

Vous pouvez inclure d'autres bibliothèques JavaScript, qui peuvent redéfinir le sens de `$`. Si vous comptez inclure une autre bibliothèque à votre projet, ou publier le plug-in, vous devez faire très attention à l'utilisation de `$`. En effet, `$` ne sera pas forcément un alias pour `jQuery` ! Cela pourrait donc casser le plug-in.

La solution la plus évidente est tout simplement de vous forcer à utiliser `jQuery` à la place de `$` lorsque vous écrivez le plug-in. Cela n'est pas très pratique et vous risquez en plus de mettre `$` par habitude !

Heureusement, il existe une méthode pour s'assurer que `$` est un alias pour `jQuery` *uniquement à l'intérieur* du plug-in. Ce qui se passe à l'extérieur ne vous concerne pas !

Pour cela, vous allez utiliser une fonction anonyme qui s'exécute *automatiquement* dès sa définition. Cette fonction prend un seul paramètre : `$`. Le sens de `$` à l'intérieur de cette fonction sera donc la valeur passée en paramètre lors de l'appel (`jQuery`), et non la valeur définie par une autre bibliothèque par exemple.

```
(function($) {
   // Définition du plug-in avec $
})(jQuery);
```

Pour tester l'utilisation de `$` à l'intérieur de cette fonction, vous allez appeler `jQuery.noConflict()` pour dire à jQuery de ne pas définir l'alias `$`. En effet, vous allez lui donner une autre valeur : la chaîne "Hello World".

```
jQuery.noConflict();
var $ = 'Hello World';
```

Vous pouvez ensuite utiliser la console de Firebug pour vérifier la valeur de `$` avant, à l'intérieur et après la fonction anonyme.

```
console.log('Avant : ', $);

(function($) {
   console.log('Plug-in : ', $);
})(jQuery);

console.log('Après : ', $);
```

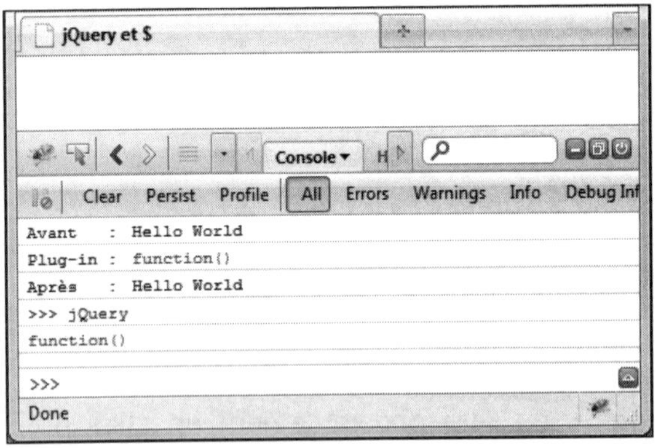

Figure 7.4 : Sens de $ avant, à l'intérieur et après la fonction anonyme

`$` a bien la valeur "Hello World" avant et après la fonction. À l'intérieur de la fonction, vous avez `function()`, ce qui correspond bien à jQuery (pour vérifier cela, vous pouvez simplement saisir `jQuery` dans la console de Firebug).

Nom du fichier JavaScript du plug-in

Il existe une convention pour le nom des fichiers JavaScript des plug-ins jQuery. Vient d'abord le préfixe *jquery.*, puis le nom du plug-in, potentiellement la version du plug-in, et enfin, l'extension *.js*. Par exemple, pour le plug-in *monPlugin*, cela donne *jquery.monPlugin.js* ou *jquery.monPlugin-1.0.js*.

Paramètres d'un plug-in

Que vous écriviez une simple fonction, ou un plug-in, vous avez besoin de paramètres. Quand une fonction ou plug-in a beaucoup de paramètres, il est assez fastidieux de devoir les fournir à chaque appel, surtout si un certain nombre d'entre eux ont souvent la même valeur ou sont optionnels.

Vous l'avez d'ailleurs peut-être remarqué, les fonctions jQuery avec beaucoup d'options, comme `$.ajax()`, prennent un seul paramètre : un objet JavaScript qui contient la valeur des options que vous souhaitez changer ; les autres options gardent la valeur par défaut.

Dans l'exemple suivant, vous modifiez seulement l'option `url` de l'appel AJAX ; vous gardez la valeur par défaut de tous les autres paramètres. Par exemple, la méthode de communication par défaut est `GET`.

```
$.ajax({
   "url": "helloworld.php"
});
```

Pour changer la méthode de communication, vous devez ajouter l'option `"type": "POST"`.

```
$.ajax({
   "url": "helloworld.php",
   "type": "POST"
});
```

Prenons maintenant l'exemple d'une fonction qui écrit du texte avec un certain style dans un élément DOM de la page.

```
function ecrireAvecStyle(element, options) {

   // Valeur par défaut des paramètres
   var defaut = {
      "texte": "Hello World",
```

```
        "taille": "14px",
        "bordure": "1px solid green"
    };

    // Écrasement des valeurs par défaut
    var params = $.extend(defaut, options);

    // Corps de la fonction: écrire avec style
    $(element)
        .css("font-size", params.taille)
        .css("border", params.bordure)
        .html(params.text);
}
```

Cette fonction prend deux paramètres : un élément DOM, `element`, qui est obligatoire, et des options, `options`, qui sont facultatives. Les options possibles sont le texte, sa taille et la bordure de l'élément.

Définissez tout d'abord les valeurs par défaut pour ces trois options.

```
var defaut = {
    "texte": "Hello World",
    "taille": "14px",
    "bordure": "1px solid green"
};
```

Utilisez ensuite l'utilitaire jQuery `$.extend()` pour écraser les propriétés de l'objet `defaut` au profit de celles définies par l'objet `options`. En d'autres termes, combinez les objets `defaut` et `options`, avec les valeurs de `options` en tant que valeurs *maîtresses*.

```
var params = $.extend(defaut, options);
```

La dernière instruction est simple : vous changez le style de `element` avec les options CSS et le texte défini par la combinaison (`params`) des options par défaut (`defaut`) et des options passées en paramètre (`options`) :

```
$(element)
    .css("font-size", params.taille)
    .css("border", params.bordure)
    .html(params.texte);
```

Vous pouvez maintenant faire quelques tests de cette fonction. Pour cela, ajoutez simplement une balise `<div>` au document.

```
<div id="monDIV"></div>
```

Premier exemple : utilisez les valeurs par défaut (le texte "*Hello World*", avec une taille de 14 px et une bordure verte solide de 1 px).

```
ecrireAvecStyle($('#monDIV'));
```

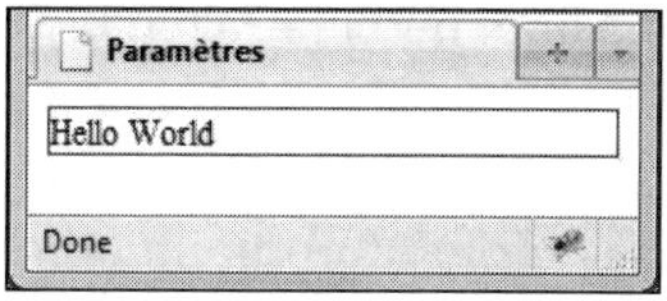

Figure 7.5 : ecrireAvecStyle() : valeurs par défaut

Changez ensuite une seule option : la valeur de la propriété `texte`.

```
ecrireAvecStyle($('#monDIV'), {
  "texte": "Bonjour !"
});
```

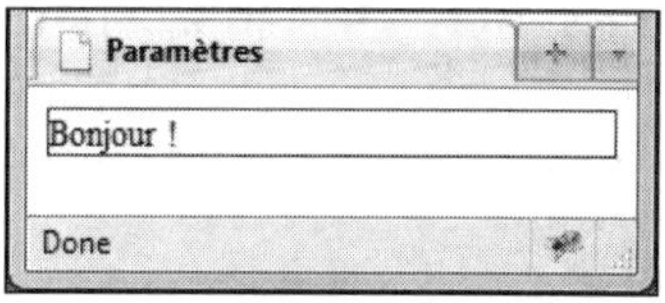

Figure 7.6 : ecrireAvecStyle() : changement de la valeur de texte

Et enfin, changez toutes les options.

```
ecrireAvecStyle($('#monDIV'), {
   "texte": "Bonjour !",
   "taille": "50px",
   "bordure": "4px dashed red"
});
```

Figure 7.7 : ecrireAvecStyle() : modification de toutes les valeurs

Vous l'aurez remarqué, ce type de paramètre est très puissant. Son utilisation est donc vivement conseillée lorsque vous développez des plug-ins.

Plug-in utilitaire

Les plug-ins utilitaires ont la forme `$.monPlugin()`. Leur définition est très simple :

```
(function($) {

   $.monPlugin = function() {
      // ...
   }

})(jQuery);
```

Vous avez tout d'abord la fonction anonyme pour gérer la valeur de `$`, puis la définition de `$.monPlugin()`.

En JavaScript, la fonction pour arrondir un nombre décimal `number` à l'entier le plus proche est `Math.round(number)`. Pour arrondir un nombre au dixième près, vous êtes obligé de le multiplier par 10, puis de l'arrondir, et enfin de le diviser par 10. Par exemple, pour arrondir 12.276 à 12.3, écrivez :

```
Math.round(12.276 * 10) / 10;
```

Vous allez créer un plug-in utilitaire `$.round()` qui va arrondir un nombre à une précision donnée (0 pour entier, 1 pour dixième, 2 pour centième...) :

```
(function($) {

   $.round = function(number, precision) {
      var m = Math.pow(10, precision);

      return Math.round(number * m) / m;
   }

})(jQuery);
```

Vous utilisez la fonction `Math.pow()` (*pow* pour "*power*", qui signifie "*puissance*") pour définir le multiplicateur `m` pour la précision donnée. Pour une précision de 1 dixième (`precision` = 1), `m` est 10^1, soit 10 ; pour une précision de 1 centième (`precision` = 2), `m` est 10^2, soit 100, etc.

Vous pouvez maintenant faire appel à Firebug pour tester le plug-in utilitaire.

```
$.round(67.268, 2)  // Retourne 67.27
$.round(67.268, 1)   // Retourne 67.3
$.round(67.268, 0)   // Retourne 67
```

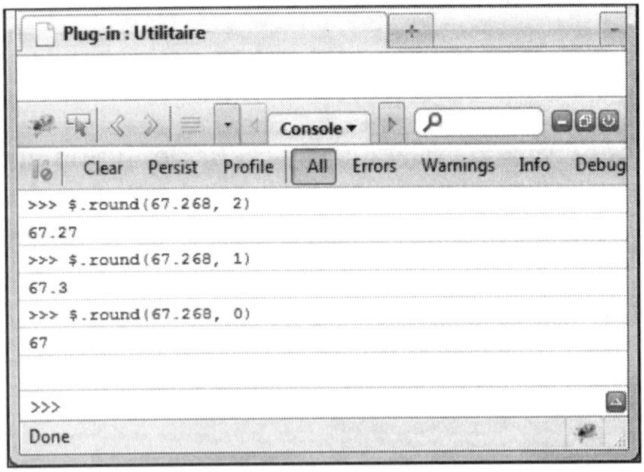

Figure 7.8 : Test du plug-in $.round()

REMARQUE

Regroupement des utilitaires

Si vous créez d'autres fonctions mathématiques, il peut être utile de les regrouper sur le même espace de nom. Pour cela, définissez tout d'abord l'espace `$.math` en tant qu'objet :

```
$.math = {};
```

Puis, ajoutez les fonctions, comme `round()`, sur cet espace de nom :

```
$.math.round = function(number, precision) { /* … */ };
```

Vous pouvez maintenant appeler le plug-in via :

```
$.math.round(67.268, 2);
```

Plug-in pour les objets jQuery

Le deuxième type de plug-in jQuery s'exécute sur un objet jQuery (une collection d'éléments DOM). Par exemple, pour exécuter un plug-in sur toutes les balises `<div>` d'une page, écrivez :

```
$('div').monPlugin();
```

Structure du plug-in

Vous allez reprendre la fonction `ecrireAvecStyle()` et la transformer en plug-in. En ce sens, créez le fichier *jquery.ecrireAvecStyle.js* avec comme contenu de base :

```
(function($) {
   // Le plug-in
})(jQuery);
```

Passez ensuite à la définition du plug-in. Celle-ci est comparable aux utilitaires à une exception près : vous déclarez le plug-in sur l'objet `fn` de `$`.

```
(function($) {

   $.fn.ecrireAvecStyle = function(options) {

      // Gestion des paramètres
      // Corps de la fonction

      return this;
   }

})(jQuery);
```

Le *contexte d'exécution* (`this`) de ce type de plug-in est l'objet jQuery sur lequel le plug-in est exécuté. Par exemple, à l'intérieur du plug-in `ecrireAvecStyle()` de l'appel suivant, `this` représente `$('div')` :

```
$('div').ecrireAvecStyle();
```

Une fonctionnalité très utile de jQuery est le chaînage. Pour que vous puissiez enchaîner une autre fonction jQuery après l'appel du plug-in, *il est impératif que le plug-in retourne l'objet jQuery d'origine* (son contexte d'exécution, `this`). Vous pourrez ainsi appeler une autre fonction jQuery après le plug-in. Par exemple :

```
$('div').ecrireAvecStyle().css('background-color', 'blue');
```

Le corps de la fonction du plug-in doit être exécuté sur *chaque* élément DOM de l'objet jQuery. En ce sens, utilisez la fonction `.each()` pour itérer sur chaque élément. À l'intérieur de cette fonction, `this` représente l'objet DOM en cours de manipulation.

```
(function($) {

   $.fn.ecrireAvecStyle = function(options) {

      // Gestion des paramètres

      this.each(function() {
         // Traitement à effectuer sur chaque élément DOM
         // this = un élément DOM
      });

      return this;
   }

})(jQuery);
```

Corps du plug-in

Vous allez maintenant vous concentrer sur le contenu de la fonction du plug-in. Vous pouvez reprendre la gestion des paramètres telle quelle. Ajoutez ensuite le traitement à effectuer sur chaque élément DOM à l'intérieur de la fonction `.each()`.

```
(function($) {

   $.fn.ecrireAvecStyle = function(options) {

      // Valeur par défaut des paramètres
      var defaut = {
         "texte": "Hello World",
         "taille": "14px",
         "bordure": "1px solid green"
      };

      // Écrasement des valeurs par défaut
      var params = $.extend(defaut, options);

      this.each(function() {
```

```
        $(this)
            .css("font-size", params.taille)
            .css("border", params.bordure)
            .html(params.texte);
    });

    return this;
}


})(jQuery);
```

REMARQUE

Itération triviale dans certains cas

Dans le corps de la fonction de cet exemple, vous avez uniquement utilisé les fonctions jQuery `.css()` et `.html()`. Or ces fonctions s'exécutent déjà sur des objets jQuery. L'appel de la fonction `.each()` n'est donc pas nécessaire dans ce cas.

Si, en revanche, vous aviez utilisé les fonctions JavaScript pour définir le CSS et le texte de l'élément DOM, alors l'appel de `.each()` aurait été indispensable.

```
this.each(function() {
  this.style.fontSize = params.taille;
  this.style.border   = params.bordure;
  this.innerHTML      = params.texte;
});
```

Lorsque vous développez un plug-in, vous devez donc voir si l'appel à `.each()` est nécessaire ou pas.

Inclure et tester le plug-in

Le plug-in `.ecrireAvecStyle()` est fini. Créez à présent un fichier HTML qui va inclure la bibliothèque jQuery et le plug-in.

```
<html>
   <head>
      <title>Plug-in</title>
      <script type="text/javascript"
         src="include/jquery/jquery.min.js"></script>
      <script type="text/javascript"
         src="include/jquery.ecrireAvecStyle.js"></script>
```

Une fois que la structure de la page sera chargée (`$(document).ready()`), vous exécuterez le plug-in sur toutes balises `<div>` de la page (`$('div')`).

```
      <script type="text/javascript">
         $(document).ready(function() {

            $('div').ecrireAvecStyle({
```

```
                "taille": "50px",
                "bordure": "4px dashed red"
            }).css('background-color', '#D7D7D7');
        });
    </script>
</head>
```

Les options passées au plug-in sont la taille du texte et la bordure. Vous avez ensuite utilisé le chaînage pour changer la couleur de fond de chaque balise `<div>` (`#D7D7D7` est un gris clair).

Vient ensuite le corps de la page : deux balises `<div>` séparées par une ligne horizontale grise (`<hr />`).

```
  <body>
      <div></div>
      <hr />
      <div></div>
  </body>
</html>
```

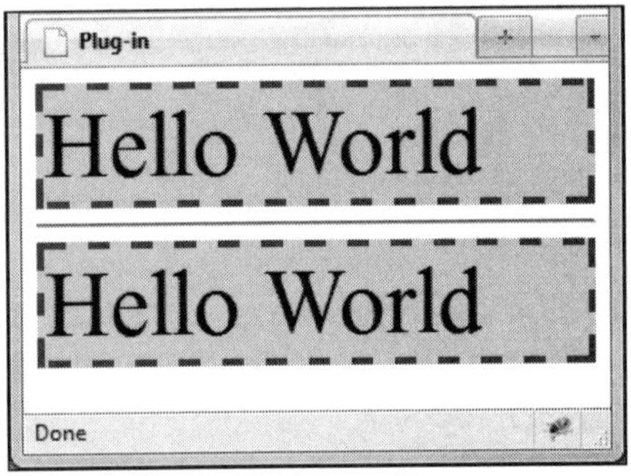

Figure 7.9 : Appel du plug-in .ecrireAvecStyle() sur les deux balises <div> du document

Les deux balises `<div>` ont bien été modifiées : vous avez le texte par défaut "Hello World", la taille (`50px`) et les bordures spécifiées (`4px dashed red`), enfin la couleur de fond définie par `.css()` et appliquée par chaînage après l'appel du plug-in.

The Social Plug-in (structure)

TheSocialPlugin est un plug-in jQuery qui s'exécute sur des objets jQuery. Vous allez utiliser les API de Facebook et de Twitter pour récupérer les dernières informations d'AlloCiné et ensuite combiner leur résultat.

Les fichiers

Ce plug-in nécessite plusieurs fichiers :

- le fichier JavaScript *jquery.theSocialPlugin.js* (le plus important !) ;

- le fichier CSS *jquery.theSocialPlugin.css* pour la présentation ;
- les logos de Facebook et de Twitter : *facebook.png* et *twitter.png*.

Créez donc le dossier *include/jquery.theSocialPlugin/* qui contiendra tous ces fichiers.

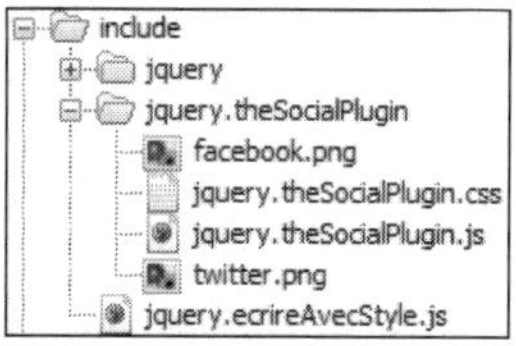

Figure 7.10 : Regroupement des fichiers de TheSocialPlugin

Les paramètres

Vous allez récupérer les informations d'AlloCiné, mais vous pourriez très bien leur préférer celles d'un autre site, comme Groupon ou autres. La source (AlloCiné, Groupon...) doit donc être paramétrable.

Chaque page Facebook et compte Twitter a un identifiant unique. Dans le cas d'AlloCiné, cet identifiant est le même pour les deux sites : "allocine".

- **www.facebook.com/allocine** ;
- **www.twitter.com/allocine**.

Vous avez donc besoin de deux paramètres pour gérer les "sources" : le nom de la page Facebook, `srcFacebook`, et le nom du compte Twitter, `srcTwitter`.

Configurer le nombre d'informations à récupérer et à afficher est en général une bonne pratique. Pour cela, créez donc les paramètres `nbFacebook` et `nbTwitter`. Lorsque vous utiliserez le plug-in, vous pourrez ainsi choisir d'afficher cinq informations provenant de Facebook et dix informations provenant de Twitter.

Au final, vous avez quatre paramètres : `srcFacebook`, `srcTwitter`, `nbFacebook` et `nbTwitter`. Créez l'objet `optionsParDefaut` pour contenir les valeurs par défaut.

```
var optionsParDefaut = {
   srcFacebook: null,
   srcTwitter: null,
   nbFacebook: 5,
   nbTwitter: 5
};
```

Les paramètres `srcFacebook` et `srcTwitter` ont tous les deux la valeur `null`, pour ne pas avoir de contenu spécifique (allocine). Leur valeur devra donc être fournie au moment de l'appel du plug-in.

Le corps du plug-in et ses fonctions auxiliaires

Le plug-in doit d'abord récupérer les informations provenant de Facebook et de Twitter, puis afficher la combinaison de ces informations. Pour bien structurer le code, vous allez avoir une fonction pour chacune de ces actions :

- `getFacebook()` : appel AJAX vers Facebook.
- `getTwitter()` : appel AJAX vers Twitter.
- `afficherResultat()` : affichage du résultat dans la page HTML.

Ces trois fonctions sont propres au plug-in. Elles sont donc définies à l'intérieur de celui-ci et *n'existent pas en dehors* (c'est ce qu'on appelle des fonctions privées). Elles héritent de toutes les variables définies dans le plug-in, comme les paramètres. En revanche, leur contexte d'exécution est différent. Vous verrez cela plus en détail une fois que vous aurez fini la structure du plug-in.

Le corps du plug-in va ensuite servir de chef d'orchestre et diriger l'ensemble de ces fonctions. Définissez d'abord un tableau `lesPosts`, qui contiendra les données provenant de Facebook et de Twitter. Il sera en effet rempli par les fonctions `getFacebook()` et `getTwitter()`. Utilisez ensuite la fonction `$.when()` pour l'appel de ces deux fonctions.

RENVOI

La fonction `$.when()` est décrite au chapitre *Communiquer avec le serveur à l'aide d'AJAX*.

```
var lesPosts = [];
$.when(getFacebook(), getTwitter())
   .done(afficherResultat);
```

La structure du plug-in

Vous pouvez maintenant regrouper tous ces éléments pour construire la structure de base du plug-in.

Vous avez tout d'abord la fonction anonyme pour gérer la valeur de `$` et la définition du plug-in.

```
(function( $ ){

   jQuery.fn.theSocialPlugin = function(options) {
```

Vient ensuite la gestion des paramètres du plug-in.

```
      // Les options par défaut du plugin à utiliser
      var optionsParDefaut = {
         srcFacebook: null,
         srcTwitter: null,
```

```
        nbFacebook: 5,
        nbTwitter: 5
      };

      // On écrase les options par défaut au profit
      // de celles définies lors de l'appel du plugin
      var params = $.extend(optionsParDefaut, options);
```

Puis vous avez le corps du plug-in (que vous définirez plus tard) et la valeur retournée (utilisée pour le chaînage).

```
      // CORPS DU PLUG-IN

      // Retourne "this" pour le chaînage
      return this;
```

Enfin, trois fonctions auxiliaires vont récupérer les données Facebook et Twitter, puis afficher le résultat.

```
      // Affichage du résultat
      function afficherResultat() {

      }

      // Récupération du flux Facebook
      function getFacebook() {

        return null;
      }

      // Récupération du flux Twitter
     function getTwitter() {

        return null;
      }
   };

})( jQuery );
```

Pour le moment, le plug-in ne fait rien. Vous avez simplement défini sa structure. Vous allez dans les sections suivantes vous occuper de la définition des fonctions auxiliaires et du corps du plug-in.

Inclure le plug-in

Vous allez maintenant créer le fichier HTML *social.html* qui va inclure le plug-in et qui permettra de le tester lors de son développement.

Vous avez tout d'abord le début de l'en-tête du fichier, avec l'inclusion de la librairie jQuery et du plug-in jQuery UI que vous utiliserez plus tard.

```
<!DOCTYPE html>
<html>
   <head>
      <title>TheSocialPlugin</title>
      <script type="text/javascript"
   src="include/jquery/jquery.min.js"></script>
      <script type="text/javascript"
   src="include/jquery/jquery-ui.min.js"></script>
```

Vous avez ensuite l'inclusion du fichier JavaScript et CSS pour le plug-in.

```
      <script type="text/javascript" src="include/jquery
     ✂ .theSocialPlugin/jquery.theSocialPlugin.js"></script>
     <link rel="stylesheet" type="text/css" href="include/jquery
 ✂ .theSocialPlugin/jquery.theSocialPlugin.css">
```

La partie centrale consiste en l'appel du plug-in avec les sources Facebook et Twitter sur la balise `<div>` ayant pour identifiant `monDIV`. Vous ajoutez également le message "*Le chaînage fonctionne*" à afficher après la `<div>` pour tester le bon fonctionnement du chaînage.

```
      <script type="text/javascript">
         // Raccourci pour $(document).ready();
         $(function() {
            $('#monDIV').theSocialPlugin({
               "srcFacebook": "Allocine",
               "srcTwitter": "Allocine"
            }).after('Le chaînage fonctionne !');
         });
      </script>
   </head>
```

Enfin, le corps de la page est constitué de la balise `<div>`.

```
   <body>
      <div id="monDIV"></div>
   </body>
</html>
```

Vous pouvez déjà ouvrir ce fichier dans le navigateur. Le plug-in n'a aucune action pour le moment. Vous obtenez donc simplement le message "*Le chaînage fonctionne*".

Figure 7.11 : Le fichier HTML qui permettra de tester le plug-in

Le contexte d'exécution

Il est très important de connaître le contexte d'exécution de chaque fonction. Il existe une différence entre le contexte d'exécution du plug-in et celui de ses fonctions auxiliaires, comme le montre ce qui suit.

Le *corps du plug-in* est constitué de deux instructions : afficher son contexte d'exécution dans la console de Firebug et appeler la fonction `afficherResultat()`.

```
console.log('Contexte d\'exécution du plug-in: ', this);
afficherResultat();
```

La fonction `afficherResultat()` affiche son contexte d'exécution dans la console.

```
function afficherResultat() {
   console.log('Contexte d\'exécution de '
      + 'afficherResultat(): ', this);
}
```

Le résultat peut ensuite être visualisé dans Firebug :

- Le contexte d'exécution du plug-in est l'objet jQuery sur lequel le plug-in est exécuté. Dans ce cas, il s'agit bien de `$('#monDIV')` (le "tableau" contenant uniquement la balise `<div>` ayant pour identifiant `monDIV`).
- Le contexte d'exécution de la fonction `afficherResultat()` est la fenêtre ! Si vous avez besoin d'utiliser `monDIV` à l'intérieur de cette fonction, vous devrez donc le passer en paramètre. Une autre solution consiste à déclarer une variable `$this` (`var $this = this;`) au début du plug-in. Le *contexte* (`$this`) sera alors accessible à toutes les fonctions privées du plug-in.

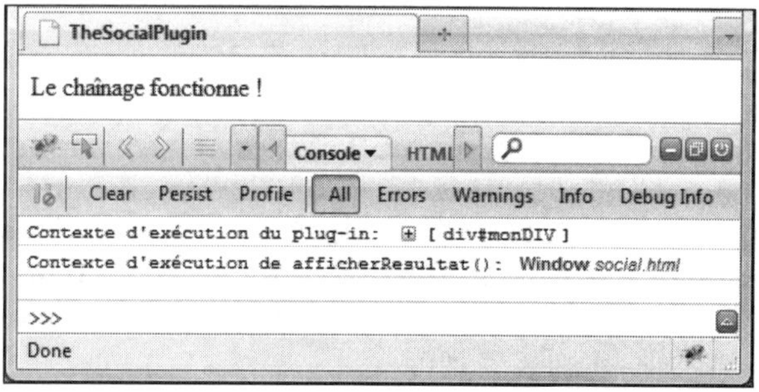

Figure 7.12 : Contexte d'exécution du plug-in et de ses fonctions auxiliaires

7.2. Facebook : utiliser l'API

Vous allez vous concentrer sur la partie Facebook du plug-in. Tout d'abord, vous consulterez la page Facebook d'AlloCiné, et son flux JSON accessible via l'API. Vous allez ensuite étudier l'option `jsonp` de la fonction `$.ajax()` de jQuery que vous utiliserez pour communiquer avec l'API de Facebook. Et pour finir, vous compléterez la fonction `getFacebook()` du plug-in.

Flux public de la page d'AlloCiné

Une page Facebook permet à une société, une association, un produit, un artiste, etc de communiquer avec ses fans. L'URL d'une page Facebook est **www.facebook.com/<nom-unique>**. Pour AlloCiné, c'est **www.facebook.com/allocine.**

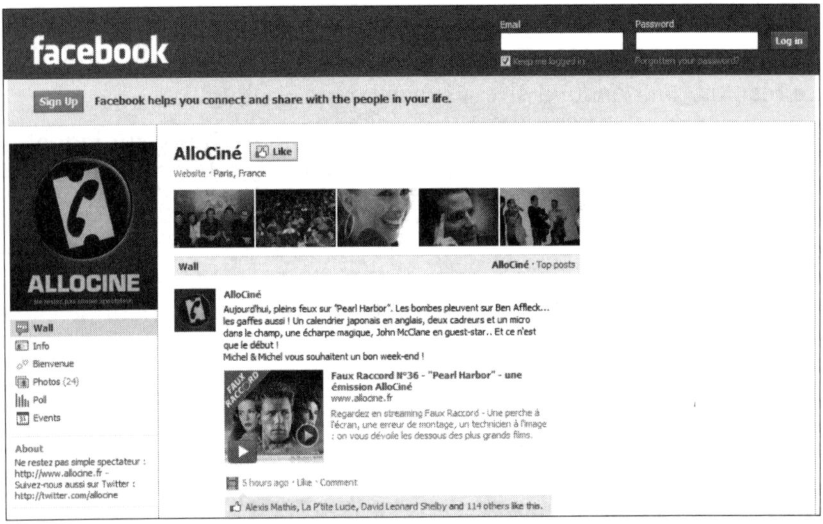

Figure 7.13 : Page Facebook d'AlloCiné

L'API de Facebook (**http://developers.facebook.com/docs/reference/api/**) permet de récupérer énormément d'informations (profil utilisateur, amis, photos...). Ce qui vous intéresse, c'est de récupérer les informations postées sur la page d'AlloCiné. L'URL pour récupérer les posts d'une page Facebook est **http://graph.facebook.com/<nom-unique>/posts**. Pour AlloCiné, c'est **http://graph.facebook.com/allocine/posts.**

L'API renvoie un objet JSON comprenant deux propriétés :

- le tableau `data` comprenant les 25 derniers posts (ce qui vous intéresse) ;

- l'objet `paging` qui contient les URL pour les posts précédents et suivants.

Figure 7.14 : Flux JSON retourné par l'API de Facebook pour AlloCiné

Facebook renvoie par défaut les 25 derniers posts. Vous pouvez utiliser l'option `limit` pour limiter le nombre de résultats. Par exemple, si vous souhaitez récupérer les 5 derniers posts, l'URL complète est **http://graph.facebook.com/allocine/posts?limit=5.**

Le but du plug-in est d'afficher les informations provenant de Facebook et de Twitter. Pour des raisons de simplicité, vous allez vous restreindre aux informations communes. Facebook et Twitter ont tous les deux les informations suivantes :

Tableau 7.1 : Les informations à afficher

Nom de l'information	**Nom de la propriété Facebook**
Auteur	`from.name` (propriété `name` de l'objet `from`)
Date de création	`created_time`
Message	`message`
Lien vers l'article pour plus d'informations	`link`

JSON : AJAX cross-domain

Vous avez besoin de récupérer le flux JSON de l'API en JavaScript. Il existe cependant un problème : en général, il n'est pas possible de faire des requêtes AJAX sur un autre domaine (appelé *cross-domain*).

Par exemple, la page **www.monsite.com/mapage.html** peut faire une requête AJAX vers la page **www.monsite.com/monfichier.php** mais ne peut pas faire de requête AJAX vers la page **www.un-autre-site.com/monfichier.php.**

Il existe différentes techniques pour contourner ce problème. Une solution assez simple est d'utiliser le JSONP (JSON with Padding). Vous allez donc étudier le fonctionnement de JSONP.

La balise script

Au lieu de faire appel à l'objet `XMLHttpRequest` pour effectuer la requête AJAX, utilisez la balise `<script>` pour charger le contenu.

RENVOI

Pour en savoir plus sur l'objet `XMLHttpRequest`, reportez-vous au chapitre *Communiquer avec le serveur à l'aide d'AJAX.*

En effet, cette balise n'a pas de limitations de cross-domain. Vous pouvez donc avoir la balise suivante dans la page pour charger le contenu de Facebook :

```
<script
   type="text/javascript"
   src="http://graph.facebook.com/allocine/posts">
</script>
```

Il reste cependant un problème à régler : vous n'avez aucun moyen de savoir quand le contenu de la balise `<script>` est chargé. Cet appel est donc inutile !

L'astuce est d'appeler ce script en lui envoyant, en plus, le paramètre `callback`, qui prend comme valeur le nom d'une fonction de rappel (par exemple, `maFonctionDeRappel`) que *vous définissez dans votre page.* L'API détectera ce paramètre `callback` et appellera `maFonctionDeRappel()` avec, comme paramètre, le contenu JSON que vous souhaitez charger. D'où le nom JSONP (JSON with Padding, ou "JSON avec un formatage" en français). On utilise le JSON mais il est encapsulé dans une fonction JavaScript `maFonctionDeRappel(JSON)`.

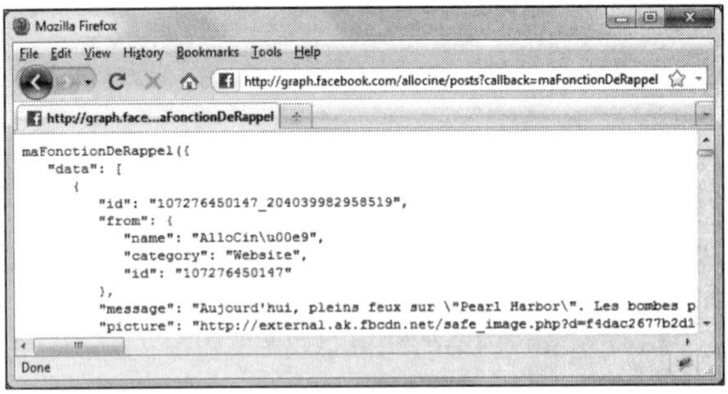

Figure 7.15 : Retour de l'appel de l'API de Facebook avec l'option callback=maFonctionDeRappel

La fonction de rappel

Pour que vous puissiez charger des données avec JSONP, le service utilisé (par exemple, l'API de Facebook) doit bien entendu supporter cette technique : il doit détecter le paramètre `callback` et l'appliquer dans son retour.

Pour tester le bon fonctionnement de ce paramètre `callback`, vous pouvez définir la fonction `maFonctionDeRappel()`, puis appeler l'API de Facebook avec la balise `<script>`.

```
<script type="text/javascript">
   function maFonctionDeRappel(facebookData) {
      console.log(facebookData);
   }
</script>
<script
   type="text/javascript"
   src="http://graph.facebook.com/allocine
 ✂ /posts?callback=maFonctionDeRappel">
</script>
```

Firebug permet une fois de plus de voir le bon fonctionnement de ce code JavaScript.

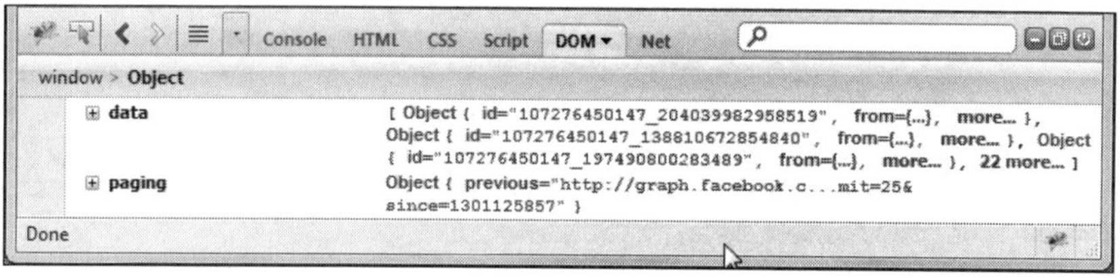

Figure 7.16 : Chargement des données Facebook avec JSONP

jQuery et JSONP

Maintenant que vous connaissez la théorie (basique) derrière JSONP, vous pouvez voir comment jQuery rend cela complètement transparent via le `dataType jsonp` de la fonction `$.ajax()`.

Pour cela, définissez tout d'abord la fonction `appelFacebook()`, chargée de récupérer les données de l'API de Facebook via la fonction `$.ajax()`. La fonction de rappel `success()` va simplement afficher les propriétés `data` et `paging` dans la console de Firebug.

```
function appelFacebook() {
   $.ajax({
      "url": "http://graph.facebook.com/allocine/posts",
      "dataType": "jsonp",
      "success": function(obj) {
         console.log(obj.data);
```

```
            console.log(obj.paging);
        }
    });
}
```

Vous pouvez maintenant inclure un lien pour appeler cette fonction :

```
<a href="javascript:appelFacebook();">Facebook</a>
```

Lorsque vous cliquez sur le lien *Facebook*, jQuery crée *dynamiquement* la balise `<script>` nécessaire pour charger les données provenant de Facebook. En outre, il ajoute automatiquement le paramètre `callback` et lui attribue une fonction qu'il a également créée. Dans l'exemple suivant, cette fonction a le joli nom de `jQuery 15060115882500031085_1301148619377`.

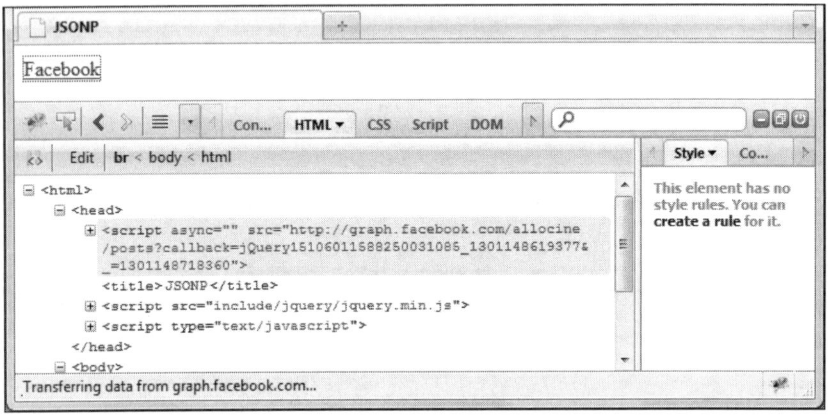

Figure 7.17 : La balise <script> utilisée par JSONP

REMARQUE

Options JSONP de $.ajax()

La fonction `$.ajax()` supporte d'autres options relatives à JSONP :

- `jsonp` permet de renommer le nom du paramètre `callback`. Par exemple, `"jsonp": "fonctionCallback"` appelle la page **http://graph.facebook.com/allocine/posts?fonctionCallback=xxx.**
- `jsonpCallback` permet de spécifier le nom de la fonction de rappel (au lieu que jQuery crée sa propre fonction). Par exemple, `"jsonpCallback": "maFonctionDeRappel"` appelle la page **http://graph.facebook.com/allocine/posts?callback=maFonctionDeRappel.**

Ces options rendent l'utilisation de `$.ajax()` avec JSONP assez souple ; mais vous en aurez rarement besoin.

Une fois l'appel fini, jQuery *détruit* la balise `<script>` et la fonction de rappel `success()` de `$.ajax()` est appelée, comme si vous aviez fait un appel AJAX normal !

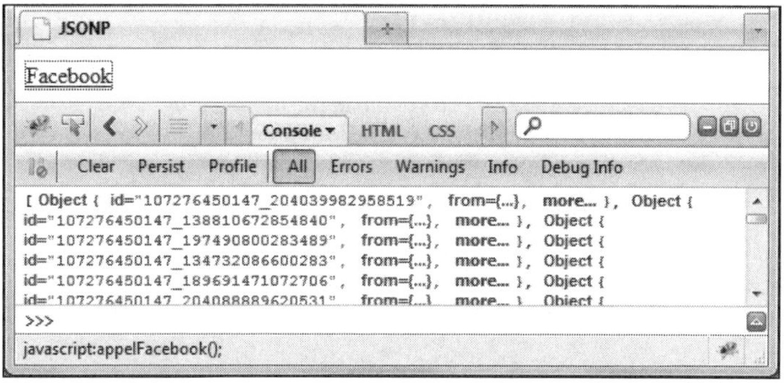

Figure 7.18 : Exécution de la fonction de rappel success() de l'appel AJAX

ATTENTION

Aucun retour en cas d'erreur

Lorsque jQuery charge des données avec JSONP, il attend que le script appelé exécute la fonction de rappel (du paramètre `callback`). Il ne peut donc pas savoir s'il y a eu une erreur. La fonction de rappel `error()` n'est donc *jamais appelée* lorsque vous faites des requêtes JSONP.

Récupérer les données avec JSONP

Après le chargement de données d'un site externe avec jQuery, reprenons le développement du plug-in (fichier *jquery.theSocial Plugin.js*). Vous allez définir la fonction `getFacebook()` qui doit effectuer deux tâches :

- récupérer les données de l'API de Facebook avec `$.ajax()` ;
- convertir les données dans un format commun, à savoir un objet JavaScript avec les propriétés `auteur`, `dtCreation`, `message`, `lien` et `type` (le type est une simple chaîne avec pour valeurs "facebook" ou "twitter").

Voici la fonction utilisée pour récupérer les données d'AlloCiné avec l'API de Facebook :

```
function getFacebook() {

   if (params.srcFacebook != null) {

      return $.ajax({
```

```
      "url": "http://graph.facebook.com/"
         + params.srcFacebook
         + "/posts?limit=" + params.nbFacebook,
      "dataType": "jsonp",
      "success": function(obj) {

         $.each(obj.data, function() {
            // this = entrée de obj.data
            // ie: un post

            // On parse la date de Facebook
            // avec jQuery UI
            // Format ISO: 2011-03-12T09:47:57+0000
            var dt = $.datepicker.parseDate('yy-mm-dd',
               this.created_time);

            // Ajout du post Facebook au
            // tableau général "lesPosts"
            lesPosts.push({
               "type": "facebook",
               "auteur": this.from.name,
               "message": this.message,
               "dtCreation": dt,
               "lien": this.link
            });
         });
      }
   });
}

return null;
}
```

Étudions chaque partie de cette fonction. Vous testez tout d'abord si le paramètre source pour Facebook (`params.srcFacebook`) a été fourni (non `null`). En effet, vous pourriez très bien afficher uniquement les informations provenant de Twitter. Si ce paramètre n'est pas `null`, alors vous effectuez une requête AJAX vers Facebook et retournez le résultat de `$.ajax()`. Cela est nécessaire pour que la fonction `$.when (getFacebook(), getTwitter())` dans le corps du plug-in fonctionne correctement. Dans le cas contraire (`params.srcFacebook` est `null`), `getFacebook()` retourne simplement `null`.

```
if (params.srcFacebook != null) {
   return $.ajax(…);
}

return null;
```

L'appel AJAX a trois paramètres :

- `url` : pour récupérer les derniers posts de la page Facebook. Cette URL contient deux paramètres du plug-in : le premier est le nom de la page Facebook (`params.srcFacebook`) et le second est le nombre de données à récupérer (`params.nbFacebook`).

```
"url": "http://graph.facebook.com/"
   + params.srcFacebook
   + "/posts?limit=" + params.nbFacebook
```

- `dataType` : vous utilisez `jsonp` car vous effectuez une requête sur un autre domaine.
- `success` : la fonction de rappel lorsque la requête est réussie.

La fonction de rappel success()

La fonction de rappel `success()` récupère l'objet provenant de l'API de Facebook qui contient les propriétés `data` (un tableau des récents posts) et `paging`.

Seul le tableau `data` vous intéresse. Vous itérez dessus avec l'utilitaire `$.each()` pour convertir chaque entrée. À l'intérieur de cette fonction, `this` représente un post.

```
$.each(obj.data, function() {
   // this = un post
});
```

La date de création (`this.created_time`) de chaque post a le format suivant : `aaaa-mm-jjThh:mm:ss+0000`. Par exemple, pour le 12/03/2011 à 9:47:57, cela donne "2011-03-12T09:47:57+0000".

Vous avez besoin de convertir cette date (une chaîne) en un objet `Date` JavaScript. Vous pourriez utiliser la technique habituelle pour cela, à savoir :

```
var dt = Date.parse(this.created_time);
```

Malheureusement, certains navigateurs ne supportent pas ce format et sont donc incapables d'interpréter cette date. Vous utilisez donc la fonction `$.datepicker.parseDate()` de jQuery UI, qui permet de spécifier le format de la date. Cette fonction ne supporte pas l'heure, vous l'omettez donc de la définition du format.

RENVOI

Pour en savoir plus sur `$.datepicker.parseDate()`, reportez-vous au chapitre *Les widgets de jQuery UI*.

```
var dt = $.datepicker.parseDate('yy-mm-dd',
   this.created_time);
```

Vous avez maintenant toutes les données nécessaires pour convertir le post Facebook dans votre format, et l'ajouter au tableau global lesPosts (défini dans le corps du plug-in), qui contient les posts de Facebook *et* ceux de Twitter.

```
lesPosts.push({
   "type": "facebook",
   "auteur": this.from.name,
   "message": this.message,
   "dtCreation": dt,
   "lien": this.link
});
```

Tester la fonction getFacebook()

Vous pouvez déjà tester la fonction getFacebook() en modifiant le corps du plug-in. Utilisez la fonction $.when() pour exécuter la requête vers Facebook et .done() pour afficher le résultat une fois qu'elle est finie.

```
(function( $ ){

   jQuery.fn.theSocialPlugin = function(options) {

      // Les paramètres
      // [...]

      // Le corps
      var lesPosts = [];

      $.when(getFacebook()).done(function() {
         console.log(lesPosts);
      });

      return this;

      // Les fonctions:
      // getFacebook(), getTwitter() et afficherResultat()
      // [...]
   };

})( jQuery );
```

Visionnez le résultat dans la console de Firebug en ouvrant le fichier *social.html*.

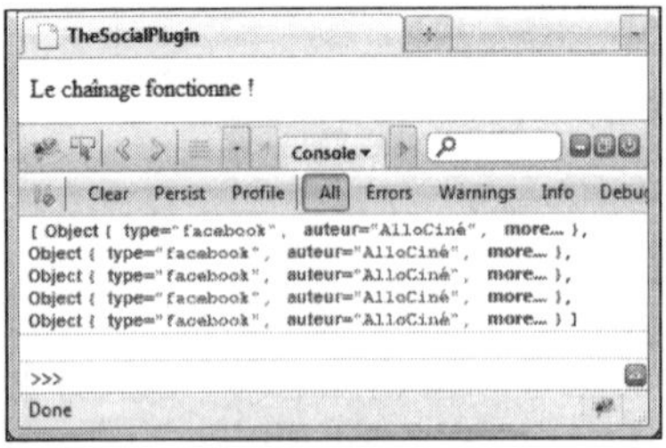

Figure 7.19 : Affichage des posts de page Facebook d'AlloCiné dans la console de Firebug

Cliquez sur une entrée pour voir ses détails.

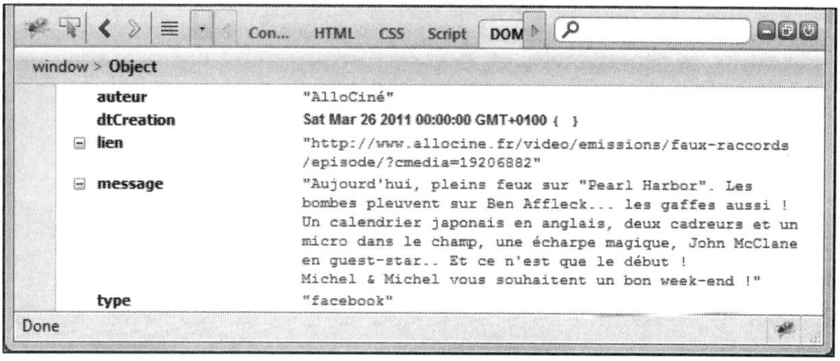

Figure 7.20 : Affichage d'un post de la page Facebook d'AlloCiné

7.3. Twitter : utiliser l'API

Il s'agit maintenant de se concentrer sur la partie Twitter du plug-in. Vous allez d'abord voir le compte Twitter d'AlloCiné et son flux JSON accessible via l'API. Vous compléterez ensuite la fonction `getTwitter()` du plug-in.

Vous aurez ensuite tous les éléments en main pour finaliser le plug-in.

Flux du compte Twitter d'AlloCiné

Twitter permet de poster des messages relativement courts (140 caractères maximum), qui peuvent être suivis par beaucoup de personnes. Ces messages finissent régulièrement avec un lien donnant accès à plus d'informations. Exemple d'un message Twitter d'AlloCiné :

Jouez et gagnez des DVD de Buried : http://bit.ly/gmDxhl

9:49 AM Mar 25th via TweetDeck

L'URL d'un compte Twitter est www.twitter.com/<nom-unique>. Pour AlloCiné, c'est www.twitter.com/allocine (voir fig. 7.21).

L'API de Twitter (http://dev.twitter.com/doc) permet de récupérer les derniers messages postés sur un compte donné. L'URL pour récupérer les derniers posts d'un compte Twitter est http://twitter.com/status/user_timeline/*<nom-unique>.json*. Pour AlloCiné, c'est http://twitter.com/status/user_timeline/allocine.json.

Figure 7.21 : Compte Twitter d'AlloCiné

L'API renvoie un tableau avec les 20 derniers messages. Alors que l'API de Facebook formate son JSON pour qu'il soit facilement lisible par les humains, l'API de Twitter n'insère aucun espace superflu (ce qui réduit la taille).

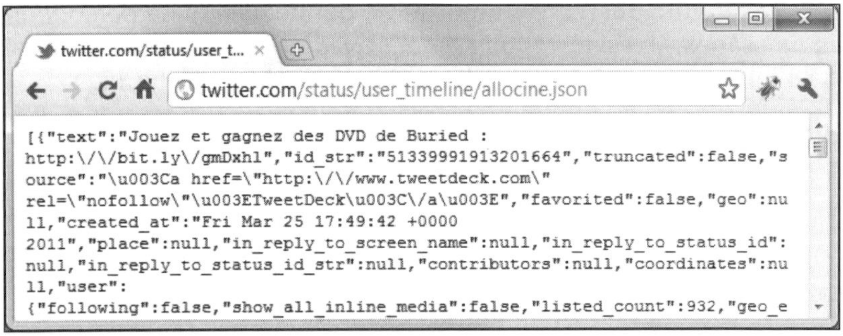

Figure 7.22 : Flux JSON retourné par l'API de Twitter pour AlloCiné

Twitter renvoie par défaut les 20 derniers posts. Utilisez l'option `count` pour limiter le nombre de résultats. Par exemple, si vous souhaitez récupérer les 5 derniers posts, l'URL complète est **http://twitter.com/status/user_timeline/allocine.json?count=5**.

Vous avez convenu d'afficher uniquement les informations communes à Facebook et à Twitter. Les propriétés pour Twitter sont affichées dans le tableau suivant :

Tableau 7.2 : Les informations à afficher

Nom de l'information	Nom de la propriété Twitter
Auteur	`user.name` (propriété `name` de l'objet `user`)
Date de création	`created_at`
Message	`text`
Lien vers l'article pour plus d'informations	Contenu en général à la fin du message (`text`)

Limitation de l'API de Twitter

Twitter limite le nombre d'appels à son API à 150 requêtes par heure. Rassurez-vous, cette limite est largement suffisante pour que vous puissiez tester cet exemple sans rencontrer de problèmes. C'est par contre un point à prendre en compte si vous souhaitez utiliser l'API de Twitter sur votre site.

Le nombre de requêtes restantes peut être consulté via l'API :

- En XML : **http://api.twitter.com/1/account/rate_limit_status.xml**.
- En JSON : **http://api.twitter.com/1/account/rate_limit_status.json**.

La consultation de la limitation n'est pas prise en compte dans le nombre de requêtes possibles. Pour plus d'informations sur le sujet, consultez la documentation de Twitter (**http://dev.twitter.com/pages/rate-limiting**).

Récupérer des données avec JSONP

Comme pour Facebook, utilisez l'option `jsonp` de `$.ajax()` pour récupérer les informations de l'API. Assurez-vous tout d'abord que l'API de Twitter supporte bien JSONP en l'appelant avec l'option `callback=maFonctionDeRappel`. Le contenu retourné par l'API comprend bien l'appel à la fonction `maFonctionDeRappel()`.

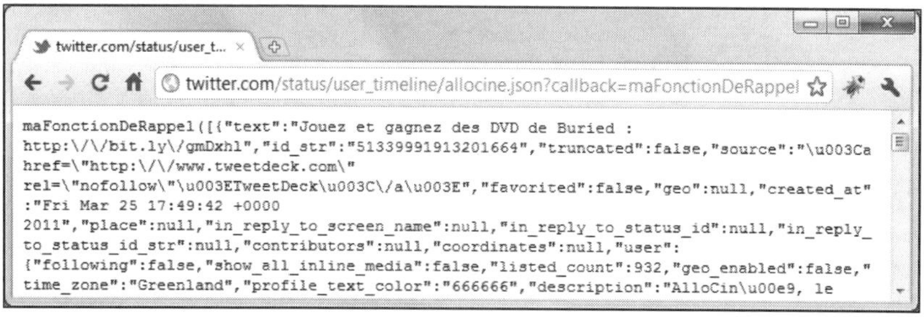

Figure 7.23 : Retour de l'appel de l'API de Twitter avec l'option callback=maFonctionDeRappel

Vous êtes maintenant en mesure de compléter la fonction `getTwitter()`. Comme `getFacebook()`, cette fonction doit effectuer deux tâches :

- récupérer les données de l'API de Twitter avec `$.ajax()` ;
- convertir les données dans un format commun, à savoir un objet JavaScript avec les propriétés `auteur`, `dtCreation`, `message`, `lien` et `type`.

```
function getTwitter() {

  if (params.srcTwitter != null) {

     return $.ajax({
        "url": "http://twitter.com/status/user_timeline/"
           + params.srcTwitter + ".json"
           + "?count=" + params.nbTwitter,
        "dataType": "jsonp",
        "success": function(posts) {

           $.each(posts, function() {
              // this = entrée de posts
              // ie: un post

              // Regex pour détecter le lien dans le texte
              var regex = new RegExp('^(.*)(https?://.*)$',
                'i');

              // On enlève le lien du message
              var message = this.text.replace(regex, '$1');

              // On stocke le lien pour le réutiliser
              var lien = this.text.replace(regex, '$2');

              // Exemple de Date provenant de Twitter
              // Index: 0   1   2 3        4     5
              // Date : Fri Mar 11 17:15:42 +0000 2011
              var bits = this.created_at.split(' ');
              var dt   = $.datepicker.parseDate('yyMdd',
                 bits[5] + bits[1] + bits[2]);

              // Ajout du post Twitter au
              // tableau général "lesPosts"
              lesPosts.push({
                 "type": "twitter",
                 "auteur": this.user.name,
                 "message": message,
                 "dtCreation": dt,
                 "lien": lien
              });
           });
        }
     });
```

```
    }

    return null;
  }
```

Cette fonction et `getFacebook()` sont similaires. Les différences portent sur les options `url` et `success`.

L'URL utilisée est simplement celle de l'API de Twitter avec le nom du compte (`params.srcTwitter`) et le nombre de messages à récupérer (`params.nbTwitter`).

```
"url": "http://twitter.com/status/user_timeline/"
   + params.srcTwitter + ".json"
   + "?count=" + params.nbTwitter,
```

La fonction de rappel success()

L'API de Twitter renvoie un tableau contenant chaque post. Comme pour Facebook, vous itérez sur ce tableau avec la fonction `$.each()`. À l'intérieur de cette fonction, `this` représente un post.

```
$.each(posts, function() {
   // this = un post
});
```

Les posts Twitter comportent en général un message, suivi par un lien. Cette information est stockée dans la propriété `text` de chaque post.

Vous définissez donc une expression régulière (basique) `regex` pour détecter le lien *à la fin* de chaque post (`this.text`). L'expression régulière se compose de deux sections :

- le message, en l'occurrence une chaîne texte qui peut être n'importe quel caractère : `(.*)` ;
- le lien, en l'occurrence une chaîne texte qui commence par "`http://`" ou "`https://`" : `(https?://.*)`.

```
var regex = new RegExp('^(.*)(https?://.*)$', 'i');
```

La fonction JavaScript `replace()` récupère d'abord le message, puis le lien. Cette fonction prend deux paramètres :

- L'expression régulière qui décrit la *sous-chaîne* à remplacer.
- Le texte de remplacement. Vous pouvez utiliser les propriétés `$1`, `$2`, etc. qui correspondent aux différentes sections de la chaîne trouvées par l'expression régulière.

Pour ne garder que le message (première partie), vous écrivez :

```
var message = this.text.replace(regex, '$1');
```

Et vous récupérez le lien uniquement (deuxième partie) de cette façon :

```
var lien = this.text.replace(regex, '$2');
```

Vous devez ensuite interpréter la date de création de chaque post (`this.created_at`). Certains navigateurs n'arrivent pas à interpréter la date retournée par Twitter avec un simple appel à `Date.parse()`.

Le format de date utilisé par Twitter est le suivant : *le 11/03/2011 à 17:15:42* est représenté par "`Fri Mar 11 17:15:42 +0000 2011`". Vient d'abord une partie de la date, "`Fri Mar 11`", puis l'heure "`11 17:15:42 +0000`" et enfin l'année "`2011`". Vous ne pouvez donc pas simplement utiliser la fonction `$.datepicker.parseDate()`, qui ne supporte pas les heures.

Vous allez donc ruser, et ne garder que les sections de la date qui vous intéressent. Vous convertissez la chaîne en tableau, avec l'espace comme délimiteur.

```
// Index: 0   1   2 3          4      5
// Date : Fri Mar 11 17:15:42 +0000 2011
var bits = this.created_at.split(' ');
```

Les index 5, 1 et 2 permettent de construire une date au format suivant : l'année sur 4 chiffres (`yy`), le nom court du mois (`M`) et le jour sur 2 chiffres (`dd`). Sur cette base, vous convertissez la date de création avec la fonction `$.datepicker.parseDate()`.

```
var dt = $.datepicker.parseDate('yyMdd',
   bits[5] + bits[1] + bits[2]);
```

Vous avez maintenant toutes les données nécessaires pour convertir le post Twitter dans votre format et l'ajouter au tableau global `lesPosts` (défini dans le corps du plug-in), qui contient les posts de Facebook *et* ceux de Twitter.

```
lesPosts.push({
   "type": "twitter",
   "auteur": this.user.name,
   "message": message,
   "dtCreation": dt,
   "lien": lien
});
```

Tester la fonction getTwitter()

Testez les fonctions `getFacebook()` et `getTwitter()` en modifiant le corps du plug-in.

```
(function( $ ){

   jQuery.fn.theSocialPlugin = function(options) {
```

```
        // Les paramètres
        // [...]

        // Le corps
        var lesPosts = [];

        $.when(getFacebook(), getTwitter()).done(function() {
            console.log(lesPosts);
        });

        return this;

        // Les fonctions:
        // getFacebook(), getTwitter() et afficherResultat()
        // [...]
    };

})( jQuery );
```

Observez le résultat dans la console de Firebug en ouvrant le fichier *social.html*.

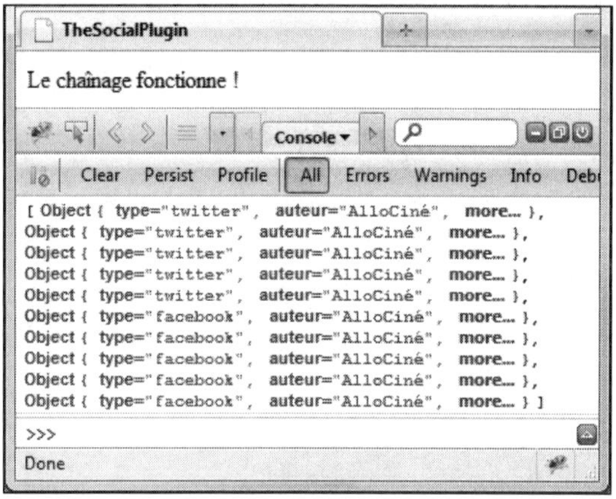

Figure 7.24 : Affichage des posts Facebook et Twitter dans la console de Firebug

Finaliser The Social Plug-in

Vous avez terminé les fonctions `getFacebook()` et `getTwitter()`. Vous devez maintenant créer la fonction `afficherResultat()` et faire quelques retouches au corps du plug-in.

La fonction afficherResultat()

La fonction `afficherResultat()` va afficher le contenu récupéré par les fonctions `getFacebook()` et `getTwitter()`, qui est stocké dans le tableau `lesPosts`.

Ce contenu doit être mis dans chaque élément DOM de l'objet jQuery sur lequel le plug-in est exécuté (le contexte d'exécution du plug-in). Or, le contexte d'exécution de la fonction *n'est pas* le même que celui du plug-in.

Pour remédier à ce problème, la fonction `afficherResultat()` va prendre le paramètre `$elements` (le contexte d'exécution du plug-in). Vous avez utilisé le préfixe `$` pour signaler qu'il s'agit d'un objet jQuery.

Voici maintenant la définition complète de cette fonction :

```
function afficherResultat($elements) {

   var html = [];
   var i    = 0;

   // Titre
   var titre;
   if (params.srcFacebook != null
      && params.srcTwitter == null) {
      titre = 'Flux Facebook de ' + params.srcFacebook;

   } else if (params.srcTwitter != null
         && params.srcFacebook == null) {
      titre = 'Flux Twitter de ' + params.srcTwitter;

   } else {
      titre = 'Flux Facebook et Twitter de '
         + params.srcFacebook;
   }

   html[i++] = '<h1>' + titre + '</h1>';


   // Contenu
   if (lesPosts.length == 0) {
      html[i++] = 'Aucune information à afficher';

   } else {

      // On trie les données par date de création
      lesPosts.sort(function(el1, el2) {
         return el1.dtCreation < el2.dtCreation;
      });

      // Boucle sur chaque post à afficher
      $.each(lesPosts, function() {

         // Formatage de la date de création
         var dt = $.datepicker.formatDate('dd/mm/yy',
            this.dtCreation);
```

```
        // URL vers la page Facebook ou Twitter
        var url;
       if (this.type == 'facebook') {
           url = 'http://www.facebook.com/'
              + params.srcFacebook;
        } else {
          url = 'http://twitter.com/' + params.srcTwitter;
        }

        // Lien vers l'article concerné (peut être vide)
        var lien = '';
        if (this.lien != '') {
           lien = '<a href="' + this.lien + '">Plus '
              + 'd\'informations</a><br />';
        }

        html[i++] = '<div>';
        html[i++] = '<a href="' + url + '" class="' + this
       ✂ .type + '"></a>';
        html[i++] = this.message + '<br />' + lien;
        html[i++] = '<span>Le ' + dt + ' par ' + this.auteur +
       ✂ '</span>';
        html[i++] = '</div>';
     });

  }

  // Affiche le contenu dans les éléments DOM
  $elements
    .html( html.join('') )
    .addClass('theSocialPlugin');
}
```

Le but de cette fonction est de générer du code HTML, puis de l'afficher. Vous utilisez de nouveau un tableau pour construire ce code HTML.

```
var html = [];
var i    = 0;
```

Vous définissez ensuite un titre, qui résume ce que vous affichez : s'agit-il du contenu de Facebook uniquement, ou de Twitter uniquement, ou de Facebook et de Twitter ? Pour cela, vous définissez d'abord la variable `titre`, puis vous lui attribuez la valeur appropriée à l'intérieur des blocs `if`, `else if` et `else`.

```
var titre;
if(params.srcFacebook != null && params.srcTwitter == null){
   titre = 'Flux Facebook de ' + params.srcFacebook;

} else if (params.srcTwitter != null
   && params.srcFacebook == null) {
   titre = 'Flux Twitter de ' + params.srcTwitter;
```

```
} else {
   titre = 'Flux Facebook et Twitter de '
      + params.srcFacebook;
}
```

Une fois que le titre est défini, vous l'ajoutez au code HTML, à l'intérieur de la balise `<h1>`. Vous utilisez des balises standard, qui permettront de définir facilement le CSS pour le plug-in sans devoir créer des classes CSS (qui pourraient déjà être définies par l'utilisateur du plug-in).

```
html[i++] = '<h1>' + titre + '</h1>';
```

Il est possible que les pages Facebook et Twitter soient toutes les deux vides. Dans ce cas, le tableau `lesPosts` sera vide (`lesPosts.length == 0`) et vous n'aurez aucun contenu à afficher.

```
if (lesPosts.length == 0) {
   html[i++] = 'Aucune information à afficher';
}
```

Dans le cas contraire (`else`), vous avez des informations à afficher ! Le tableau `lesPosts` contient les posts provenant de Twitter et de Facebook. Vous souhaitez afficher les informations les plus récentes en premier. Pour cela, vous triez donc le contenu de ce tableau en utilisant la propriété `dtCreation` de chaque post. La fonction Java Script `sort()` prend en paramètre une fonction de comparaison de deux éléments (`el1` et `el2`) du tableau `lesPosts`.

```
lesPosts.sort(function(el1, el2) {
   return el1.dtCreation < el2.dtCreation;
});
```

Vous utilisez ensuite l'utilitaire jQuery `$.each()` pour itérer sur chaque post. À l'intérieur de cette fonction, `this` représente un post.

Vous transformez tout d'abord l'objet `dtCreation` en chaîne, à l'aide de jQuery UI.

```
var dt = $.datepicker.formatDate('dd/mm/yy',
   this.dtCreation);
```

Vous définissez ensuite la variable `url`, qui permettra d'accéder facilement à la page Facebook ou Twitter à partir de chaque entrée.

```
var url;
if (this.type == 'facebook') {
   url = 'http://www.facebook.com/' + params.srcFacebook;
} else {
   url = 'http://twitter.com/' + params.srcTwitter;
}
```

Si la propriété `lien` du post (`this.lien`) n'est pas vide, alors vous ajoutez un lien *Plus d'informations* qui redirigera l'utilisateur vers l'article complet.

```
var lien = '';
if (this.lien != '') {
   lien = '<a href="' + this.lien + '">Plus '
      + 'd\'informations</a><br />';
}
```

Vous avez maintenant toutes les variables nécessaires pour créer le contenu HTML du post en cours d'itération. Vous mettez d'abord le lien vers la page Facebook ou Twitter. Ce lien ne contient aucun texte. Vous afficherez simplement le logo Facebook ou Twitter en CSS. Pour cela, vous mettez comme classe CSS le type de l'entrée : "*facebook*" ou "*twitter*". Vous intégrez ensuite le message du post et le lien pour avoir plus d'informations, puis la date de création et l'auteur.

```
html[i++] = '<div>';
html[i++] =     '<a href="' + url + '" class="' + this.type +
✂ '"></a>';
html[i++] =     this.message + '<br />' + lien;
html[i++] =     '<span>Le ' + dt + ' par ' + this.auteur + '<
✂ /span>';
html[i++] = '</div>';
```

L'itération sur le tableau `lesPosts` est maintenant terminée. `html.join('')` contient le code HTML avec tous les posts de Facebook et de Twitter.

Pour terminer la fonction `afficherResultat()`, vous modifiez le contenu HTML des éléments DOM de l'objet jQuery sur lequel le plug-in est exécuté (`$elements`), avec le code HTML que vous venez de générer (`html.join('')`).

```
$elements
   .html( html.join('') )
   .addClass('theSocialPlugin');
```

Vous ajoutez également la classe CSS `theSocialPlugin`, qui permettra de facilement "styler" le contenu affiché.

Le corps du plug-in

Avant de tester la dernière fonction, vous devez définir le corps du plug-in.

```
if(params.srcFacebook != null || params.srcTwitter != null){

   // Message à afficher pendant le chargement
   this.html('Chargement des données…');

   // Initialisation du tableau qui contiendra les
```

```
    // données (les posts) des flux Facebook et Twitter
    var lesPosts = [];

    // Sauvegarde la valeur de this pour
    // la fonction .done()
    // Autre solution : utiliser $.proxy()
    var $this = this;

    // Récupère les données de Facebook et Twitter
    // Puis exécute la fonction "afficherResultats()"
    $.when(getFacebook(), getTwitter()).done(function() {
       afficherResultat($this);
    });
 }

return this;
```

Vous vérifiez tout d'abord que vous avez au moins une source de données à afficher. Sinon, vous n'avez absolument rien à faire, hormis retourner `this` pour le chaînage.

Vous devez charger les données de Facebook et de Twitter, ce qui peut prendre quelques secondes. Vous affichez donc le message "*Chargement des données*". Ce message sera ensuite remplacé par les posts de Facebook et de Twitter.

```
this.html('Chargement des données…');
```

Vous définissez le tableau `lesPosts`, qui contiendra les posts de Facebook et de Twitter.

```
var lesPosts = [];
```

La fonction `$.when().done()` va charger et afficher les données. Vous déclarez la variable `$this` pour pouvoir passer le contexte d'exécution du plug-in en paramètre à `afficherResultat()`.

```
var $this = this;
$.when(getFacebook(), getTwitter()).done(function() {
   afficherResultat($this);
});
```

Le code JavaScript du plug-in est maintenant fini. Vous pouvez donc le tester. Pour cela, ouvrez la page *social.html* dans votre navigateur (voir fig. 7.25).

REMARQUE

JSONP et $.when()

Lorsque vous faites des requêtes JSONP, la fonction `error()` de `$.ajax()` n'est pas exécutée en cas d'erreur. En d'autres termes, si le chargement des données Facebook ou Twitter échoue, alors la fonction `.done()` n'est jamais exécutée ! Vous avez simplement l'affichage du texte "*Chargement des données...*".

REMARQUE

Pour remédier à ce problème, vous pouvez inclure un timer, qui au bout de 5 secondes d'attente, (erreur potentielle) affiche les flux déjà récupérés sans patienter davantage.

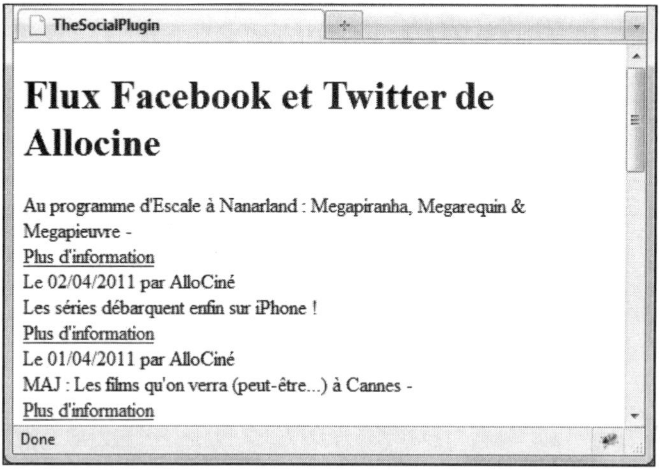

Figure 7.25 : TheSocialPlugin

"Styler" le plug-in

L'image précédente montre le résultat du plug-in, qui est assez austère. Vous devez ajouter du CSS pour le rendre un peu plus sympathique. Vous allez maintenant compléter le fichier *jquery.theSocialPlugin.css*.

La dernière instruction de la fonction `afficherResultat()` ajoute la classe CSS `theSocialPlugin` au conteneur.

```
$elements.addClass('theSocialPlugin');
```

Cela permet de facilement définir le CSS pour divers éléments du plug-in, sans multiplier les classes CSS. Si vous créez beaucoup de classes CSS dans le plug-in, vous risquez d'avoir le même nom de classe que le projet parent. Cela pourrait alors modifier l'affichage du projet parent ou du plug-in ! Une solution serait d'utiliser un préfixe pour chaque classe CSS du plug-in.

Le CSS pour le titre du plug-in est assez simple.

```
div.theSocialPlugin h1 {
   color: #3C7CBA;
   font-size: 20px;
}
```

Vous avez ensuite le CSS pour le conteneur de chaque post. Vous utilisez un peu de CSS3 (`border-radius` et `box-shadow`) pour ajouter quelques effets sympathiques. Vous définissez également un style légèrement différent (couleur de fond) lorsque la souris est au-dessus (`:hover`) de l'un de ces conteneurs.

```
div.theSocialPlugin div {
   font-size: 13px;
   overflow: auto;
   padding: 4px;

   width: 500px;
   background-color: #ECF2F9;
   margin-bottom: 10px;

   border: 1px solid #BBD2EA;
   border-radius: 3px;
   -moz-border-radius: 3px;

   -moz-box-shadow: 3px 3px 5px #DDDDDD;
   box-shadow: 3px 3px 5px #DDDDDD;
}

div.theSocialPlugin div:hover {
   background-color: #D7E3F2;
   border-color: #8EB6DD;
}
```

Les liens vers les pages Facebook et Twitter ne contiennent aucun texte. Vous mettez leur logo en CSS. Pour cela, vous devez définir la largeur et la hauteur du lien. Vous mettez également un `float` afin que le texte (message du post) commence à côté du logo et finisse en dessous.

```
div.theSocialPlugin div a.facebook,
div.theSocialPlugin div a.twitter {
   float: left;
   margin-right: 2px;
   margin-bottom: 2px;
   width: 32px;
   height: 32px;
}

div.theSocialPlugin div a.facebook {
   background-image: url('facebook.png');
}

div.theSocialPlugin div a.twitter {
   background-image: url('twitter.png');
}
```

Vous avez ensuite l'affichage des *simples* liens du plug-in (il s'agit surtout du lien *Plus d'information*).

```
div.theSocialPlugin div a {
   color: #3C7CBA;
   font-style: italic;
}

div.theSocialPlugin div a:hover {
   color: #32679C;
}
```

Vous terminez par le CSS pour la date et l'auteur, qui sont contenus dans la balise `<span>`.

```
div.theSocialPlugin div span {
   font-style: italic;
   font-size: 12px;
}
```

Vous pouvez maintenant rafraîchir la page `social.html` pour voir le plug-in avec l'ajout du CSS.

Figure 7.26 : TheSocialPlugin avec le CSS

7.4. Check-list

Ce chapitre a été riche en pratique avec la création du plug-in *TheSocialPlugin*. Les points essentiels à retenir sont :

- La création d'un plug-in de type utilitaire.

```
(function($) {
   $.monPlugin = function() {
      // …
   }
})(jQuery);
```

- La création d'un plug-in à exécuter sur un objet jQuery :

```
(function($) {
   $.fn.monPlugin = function() {
      // …
   }
})(jQuery);
```

- La gestion des paramètres des fonctions et des valeurs par défaut.

```
var optionsParDefaut = {…};
var params           = $.extend(optionsParDefaut, options);
```

- La théorie de JSONP et son utilisation avec jQuery.

```
$.ajax({
   "url": "…",
   "dataType": "jsonp",
   "success": function(obj) { … }
});
```

- L'utilisation des API de Facebook et de Twitter.

CRÉER POUR SMARTPHONES AVEC JQUERY MOBILE

jQuery Mobile est une bibliothèque JavaScript permettant de générer des sites web ergonomiques adaptés aux mobiles, avec un rendu identique sur la plupart des périphériques (iPad, iPhone, Android, BlackBerry...). Bien qu'il soit encore dans sa phase alpha de développement, jQuery Mobile est déjà utilisé par de nombreux sites et blogs.

Figure 8.1 : Le site de campagne de Barack Obama et le site du cabaret parisien Le Moulin rouge

Figure 8.2 : Le site mobile d'un blog WordPress (à gauche) et le site de slideshare (à droite)

8.1. Créer un premier site mobile en moins de 50 lignes

Les nouvelles contraintes associées à l'environnement mobile peuvent être déstabilisantes. Pour une première approche, vous allez tester l'utilisation de jQuery Mobile en créant la page d'accueil d'un site en moins de 50 lignes de code.

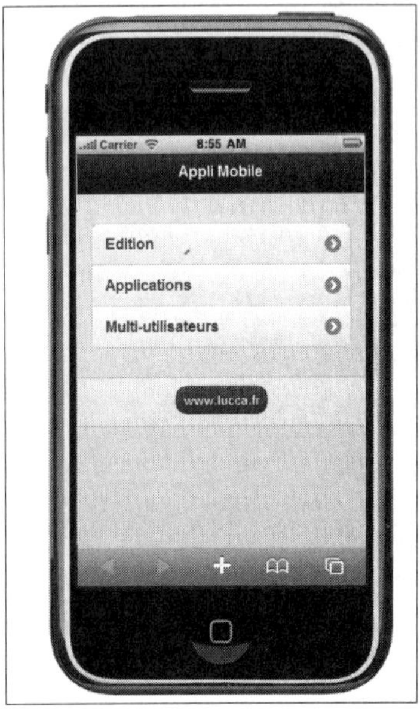

Figure 8.3 : Premier exemple

Voici le code correspondant à cette page d'accueil :

```
<!DOCTYPE html>
<html>
<head>
   <link rel="stylesheet" href="http://code.jquery.com/mobile
  ✂ /latest/jquery.mobile.min.css">
   <script src="http://code.jquery.com/jquery.min.js"></script>
   <script src="http://code.jquery.com/mobile/latest/jquery.mo-
  ✂ bile.min.js"></script>
</head>
<body>
   <div data-role="page" id="homePage">
      <div data-role="header">
         <h1>Appli Mobile</h1>
      </div>

      <div data-role="content">
         <ul data-role="listview" data-inset="true">
            <li>
```

```
            <a href="#Figgo">
              Edition
            </a>
         </li>
         <li>
            <a href="#Urba">
              Applications
            </a>
         </li>
         <li>
            <a href="#Portaii">
               Multi-utilisateurs
            </a>
        </li>
      </ul>
   </div>

   <div data-role="footer" class="ui-bar" data-theme="c"
       style="text-align: center;">
      <a href="#objectifs" data-role="button"
                           data-theme="a">
         www.lucca.fr
      </a>
   </div>

  </div>
</body>
</html>
```

Pour obtenir une page mobile, il suffit d'inclure jQuery et jQuery Mobile, puis de respecter une certaine structure de page HTML. À l'intérieur de cette structure, vous insérez du contenu HTML classique et jQuery mobile s'occupe de tout mettre en forme. Nous reviendrons en détail sur ce code au cours de ce chapitre.

8.2. Mobilité = nouvelles contraintes

La mobilité impose un ensemble de nouvelles contraintes. Ces contraintes sont comparables à celles rencontrées aux débuts de la démocratisation d'Internet : une connexion peu fiable, des performances limitées, des plateformes hétérogènes et des nouveaux types d'interactions.

La limitation de la surface disponible est parfois une contrainte saine, qui oblige le développeur à se concentrer sur le cœur de son projet et à n'afficher que les informations nécessaires en se débarrassant du superflu.

Figure 8.4 : Comparaison entre les interfaces bureau et mobile de voyages-sncf.com

Le casse-tête du multiplateforme

Le marché du mobile est très fragmenté. Entre les plateformes, les navigateurs, les différentes versions de chacun de ces éléments, et les résolutions d'écran, la diversité est de mise. Le casse-tête que l'on rencontrait avec les navigateurs de bureau (Internet Explorer, Firefox, Safari, Opéra...) est multiplié par 100 avec les mobiles. Il est impossible pour un développeur de tester son application sur toutes les combinaisons d'environnements. Le principal intérêt de jQuery Mobile est justement la solution à ce casse-tête : en effet, il permet de gommer les différences de comportement entre ces environnements.

En plus d'être accessible sur les navigateurs de bureau, jQuery Mobile est compatible avec de nombreuses plateformes, les plus importantes :

- Apple iOS ;
- Android Blackberry 6 ;
- Palm WebOS ;
- Opera Mobile ;
- Opera Mini ;
- Firefox Mobile.

Les environnements sont classés dans trois catégories :

- *Catégorie A* : jQuery Mobile sera utilisé pleinement.

- *Catégorie B* : jQuery Mobile sera utilisé au maximum (risque de problèmes de rendu et de bogues JavaScript).
- *Catégorie C* : jQuery Mobile n'apportera aucune transformation de style ou JavaScript, mais le site restera entièrement fonctionnel en pur HTML.

Platform	Version	Native	Opera Mobile				Opera Mini		Fennec		Ozone	Netfront	Phonegap
			8.5	8.65	9.5	10.0	4.0	5.0	1.0	*1.1*	0.9	4.0	0.9
iOS	v2.2.1	B											A
	v3.1.3, v3.2	A						A					A
	v4.0	A						A					A
Symbian S60	v3.1, v3.2	C	C	C		B	C	B			C	C	
	v5.0	A	C	C		A	C	A					A
Symbian UIQ	v3.0, v3.1			C							C		
	v3.2				C						C		
Symbian Platform	*3.0*	A											
BlackBerry OS	v4.5	C					C	C					
	v4.6, v4.7	C					C	B					C
	v5.0	B					C	A					A
	v6.0	A						A					A
Android	v1.5, v1.6	A											A
	v2.1	A											A
	v2.2	A				A		C		A			A
Windows Mobile	v6.1	C	C	C	C	B	C	B				C	
	v6.5.1	C	C	C	A	A	C	A					
	v7.0	A				A	C	A					
webOS	1.4.1	A											A
bada	1.0	A											
Maemo	5.0	B				B			C	B			
MeeGo	*1.1*	A				A				A			

Figure 8.5 : Tableau récapitulatif des catégories des plateformes mobiles

La classe de chaque plateforme a été attribuée en fonction de deux critères principaux :

- part de marché suffisante ;
- support des Media Queries (qui permettent d'adapter la feuille de style en fonction du type d'écran – **www.w3.org/TR/css3-mediaqueries**).

Media Queries

Les Media Queries (requêtes de média) permettent de définir le comportement de la feuille de style en fonction de la plateforme utilisée (résolution, monochrome, ratio largeur/hauteur, orientation, hauteur, largeur…).

Il est par exemple possible d'appliquer une feuille de style différente suivant l'orientation et la largeur de l'écran.

Un article détaillé sur les Media Queries est disponible sur le site d'Alsacréations (**www.alsacreations.com/article/lire/930-css3-media-queries.html**). Ce site met d'ailleurs en pratique leur utilisation. Vous le verrez en le consultant sur différents périphériques ou tout simplement en réduisant la taille de votre navigateur (sous Firefox ou Chrome).

Figure 8.6 : iPad en mode Paysage

Figure 8.7 : iPad en mode Portrait

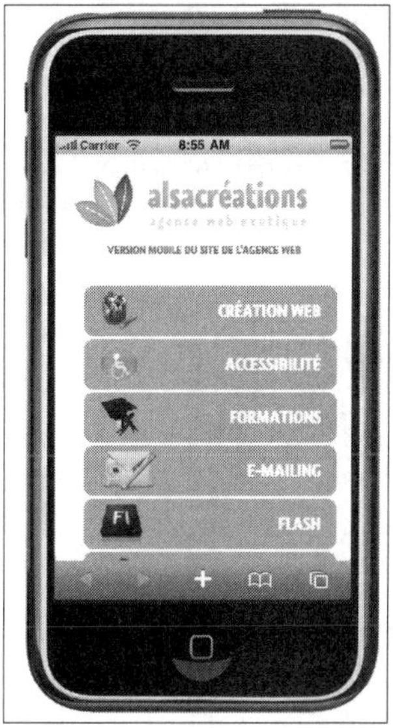

Figure 8.8 : iPhone

Les *Media Queries* se situent dans le fichier CSS.

Le style de l'iPhone :

```
@media screen and (max-width:640px) {
    ...
}
```

Le style de l'iPad en mode Portrait :

```
@media screen and (max-width: 960px) {
    ...
}
```

Il est même possible de définir un style spécifique à l'impression :

```
@media print {
    ...
}
```

Applications natives vs applications web

Les applications dédiées à une plateforme (applications natives) permettent d'utiliser 100 % des capacités du smartphone (vibreur, appareil photo...). Mais l'inconvénient est énorme : il faut créer une application par plateforme (Apple, BlackBerry, Android...), monter en compétence sur chacun de ces environnements et soumettre les applications sur chaque "store" (où l'inscription est d'ailleurs souvent payante).

jQuery Mobile est quant à lui dédié aux applications web mobiles : les WebApps. jQuery Mobile permet de développer une application web disponible sur l'ensemble des terminaux mobiles. Le code est évolutif, les mises à jour sont plus simples et elles sont entièrement maîtrisées par le développeur.

L'ergonomie est au cœur de la conception de jQuery Mobile. Pour certaines applications, il est difficile de faire la différence entre une WebApp et une application native.

Figure 8.9 : Comparaison entre un exemple pris sur le site de jQuery Mobile (à gauche) et l'application native pour iPhone lemonde.fr (à droite)

Le développement rapide du HTML 5 permettra probablement de lever les blocages de stockage de données et de communication avec les périphériques. Même si le HTML 5 est actuellement implémenté sur les navigateurs récents, les spécifications définitives ne sont prévues que pour 2014.

Enrichissement progressif et dégradation gracieuse

jQuery Mobile met en application le concept d'enrichissement en couche progressive (*progressive enhancement*). La bibliothèque mobile se base sur du HTML simple, qui est compatible avec les navigateurs les plus anciens. S'ajoutent ensuite une couche de CSS pour le style et enfin, si le navigateur le supporte, une couche de JavaScript pour les événements et les animations.

jQuery Mobile implémente également le concept de dégradation gracieuse (*graceful degradation*). Par exemple, si un navigateur n'est pas compatible avec toutes les normes CSS3, une version dégradée est proposée.

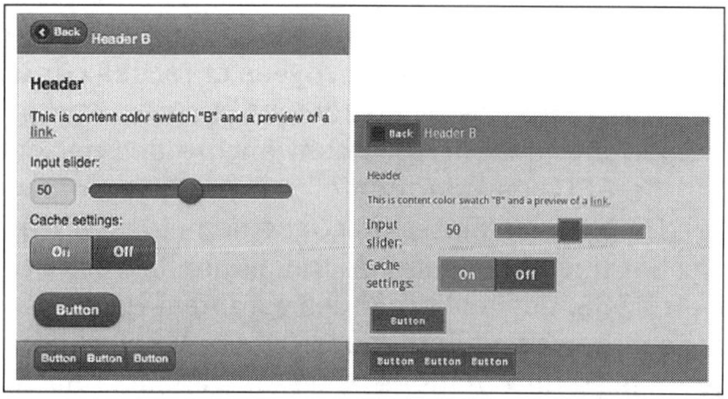

Figure 8.10 : À droite, le navigateur ne supporte pas les arrondis CSS3

Mobile = tactile ?

Il est difficile d'imaginer le branchement d'un clavier et d'une souris sur un téléphone portable. Même si certains périphériques disposent d'un clavier ou d'un trackball, l'utilisation des interactions tactiles est très fréquente sur les smartphones.

jQuery Mobile donne donc accès à de nouveaux types d'interactions :

Tableau 8.1 : Événement de jQuery Mobile

événement	**Interaction**
`tap`	Une pression rapide sur l'écran
`taphold`	Une pression de 1 seconde sur l'écran
`swipe`	Un trait horizontal de plus de 30 pixels en moins de 1 seconde ▪ `swipeleft` : un "*swipe*" vers la gauche. ▪ `swiperight` : un "*swipe*" vers la droite.
`orientationchange`	Changement d'orientation de l'écran (*Portrait*/*Paysage*)
`Pagebeforeshow`	Juste avant la transition d'affichage de la page
`Pagebeforehide`	Juste avant la transition de fermeture de la page
`Pageshow`	Juste après la transition d'affichage de la page
`Pagehide`	Juste après la transition de fermeture de la page

Les événements ne sont pas nommés de façon identique sur tous les navigateurs : la version mobile de Mozilla Firefox envoie l'événement `MozTouchDown` alors que Safari Mobile lance l'événement `touchstart`.

Comme d'habitude, jQuery Mobile propose un vocabulaire commun pour tous les navigateurs (dans ce cas, l'événement `tap`).

Débit variable et performances limitées

L'utilisation d'une connexion mobile sur un réseau 3G ou Edge rend indispensable l'optimisation des données envoyées et reçues par le périphérique. Contrairement aux "bêtes de course" que nous avons sur nos bureaux, les périphériques mobiles ont encore des performances limitées (peu de CPU, peu de mémoire, peu d'autonomie, peu d'espace disque). De plus, les pertes de connexion et les faibles débits peuvent empêcher une application de fonctionner. Avec l'utilisation des sprites, du CSS3, des bibliothèques compressées et des serveurs publics pour charger les bibliothèques, jQuery Mobile limite naturellement les quantités d'informations nécessaires pour l'utilisation d'un site mobile.

8.3. Créer un site-vitrine en 1 heure

jQuery Mobile se base sur les concepts de jQuery. Il est donc préférable de bien comprendre jQuery avant de commencer à développer son site mobile.

L'environnement de test Mobile

Au cours du développement de votre site mobile, vous allez avoir besoin de le tester. Vous pouvez très bien l'ouvrir dans Firefox, et réduire la taille de la fenêtre pour voir à quoi il ressemble. Cela peut être pratique pour avoir une idée générale du site, mais ce n'est pas suffisant.

Vous allez étudier deux solutions complémentaires pour tester votre site mobile :

- via un simulateur iPhone ;
- via votre smartphone.

Simulateur

La majorité des smartphones ont un simulateur complet, qui est en général utilisé pour le développement d'applications (non web). Comme il est question ici de développement web, un simulateur du navigateur suffit.

iBBDemo2 (**www.puresimstudios.com/ibbdemo**) est une application Adobe Air qui permet de simuler le navigateur de l'iPad et de l'iPhone. Cliquez sur *Install iBBDemo* pour lancer son installation, puis suivez les étapes.

Figure 8.11 : Installation d'iBBDemo2

Lorsque vous lancez le simulateur, il s'ouvre automatiquement en mode iPad.

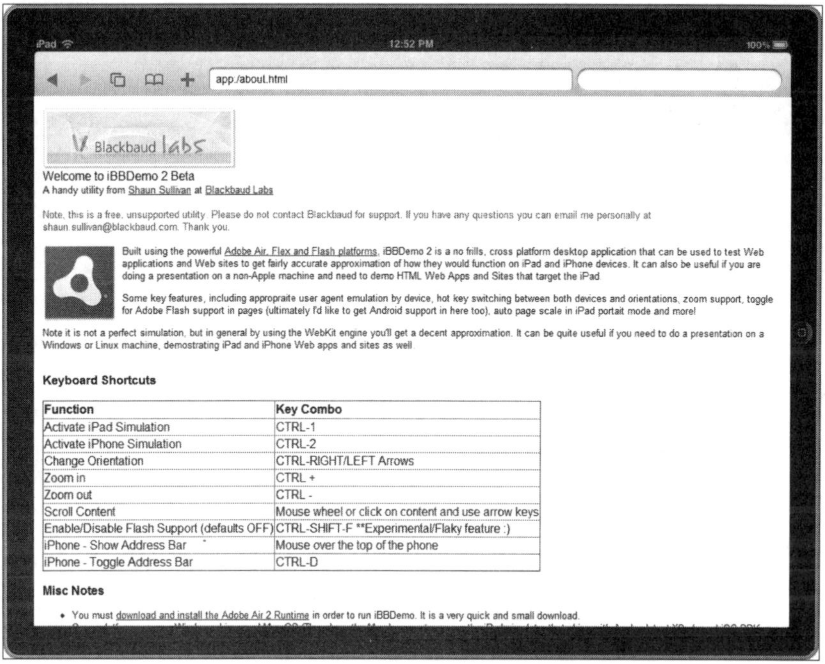

Figure 8.12 : Lancement d'iBBDemo2

Pour activer le mode iPhone, utilisez le raccourci clavier Ctrl+2 (Ctrl+1 permet de repasser en mode iPad).

Tableau 8.2 : Raccourcis clavier pour iBBDemo2	
Fonction	**Raccourci clavier**
Activer le mode iPad	Ctrl+1
Activer le mode iPhone	Ctrl+2
Changer l'orientation (Portrait/Paysage)	Ctrl+→/←
Utiliser l'ascenseur	↑/↓ (ou utilisez la molette)
iPhone : afficher la barre d'adresse	Passez la souris au-dessus de l'écran.
iPhone : afficher/masquer la barre d'adresse	Ctrl+D

Si vous saisissez l'URL de votre serveur web local (**http://localhost**) dans iBBDemo2, vous vous retrouvez bien sur votre page d'accueil de WampServer. Il suffira donc de mettre vos fichiers dans le répertoire *C:\wamp\www* pour tester votre site mobile.

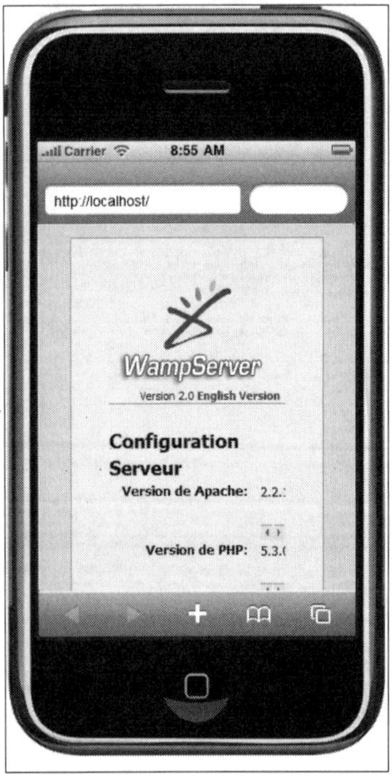

Figure 8.13 : Accès à votre serveur web local depuis iBBDemo2

iPhone ou Android

Le simulateur est très utile lors du développement, mais il ne remplace pas complètement le smartphone. Vous allez avoir besoin de tester votre site mobile sur un vrai iPhone ou Android. À vrai dire, pour bien faire, vous devriez également le tester sur BlackBerry,

Symbian OS (Nokia), etc. ; mais vous allez vous concentrer sur les deux plus populaires, iPhone et Android.

Si vous disposez d'un réseau sans fil (disponible avec la majorité des box Internet), vous allez voir comment accéder à votre serveur web local depuis votre smartphone.

Vous allez maintenant configurer votre ordinateur pour pouvoir accéder à WampServer depuis votre smartphone. Tout d'abord, assurez-vous que votre smartphone est bien connecté à votre réseau sans fil.

Étape 1 : configurer Apache

WampServer est configuré par défaut pour n'accepter que les requêtes provenant de *votre* ordinateur uniquement. Vous devez modifier cette configuration pour accepter les requêtes provenant de votre réseau local.

Pour cela, vous avez simplement besoin de créer le fichier *C:\wamp\www\.htaccess* (où *C:\wamp\www* est le dossier racine de votre site web local), avec comme contenu :

```
Deny from all
Allow from 127.0.0.1
Allow from 192.168
```

REMARQUE

Fichier .htaccess

Les fichiers *.htaccess* permettent de modifier la configuration du serveur Apache pour un dossier (et sous-dossier) donné sans devoir modifier le fichier de configuration général (*httpd.conf*).

Lorsque vous créez ce fichier, faites bien attention à son nom : il commence par un point et n'a pas d'extension.

Étape 2 : configurer le pare-feu de Windows

Windows a un pare-feu qui empêche tout ordinateur (ou smartphone) externe de se connecter à votre serveur web. Vous devez donc ajouter une règle pour autoriser les connexions au port 80 (utilisé par http).

1 Ouvrez le Panneau de configuration, puis cliquez sur **Système et sécurité/Pare-feu Windows**.

2 Dans le menu de gauche, cliquez sur **Paramètres avancés.**

3 Dans la section de gauche, cliquez sur **Règles de trafic entrant.**

4 Dans la section de droite, cliquez sur **Nouvelle règle**.

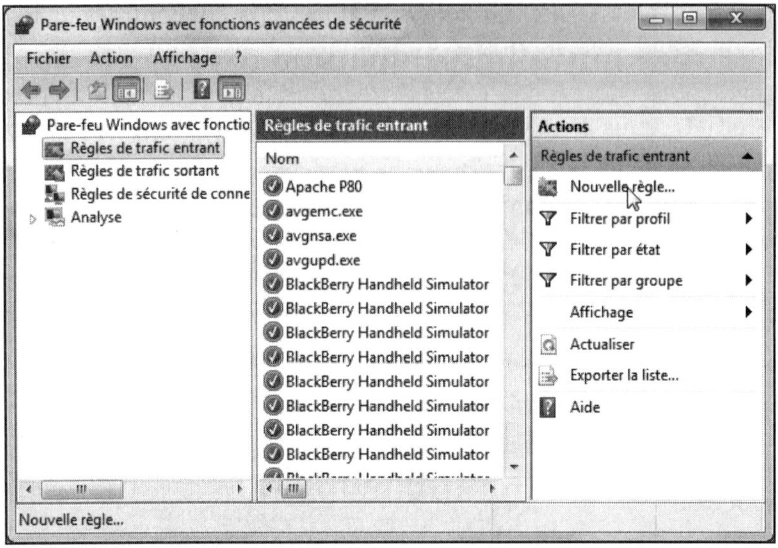

Figure 8.14 : Pare-feu : nouvelle règle de trafic entrant

5 Sélectionnez l'option *Port*, puis cliquez sur **Suivant**.

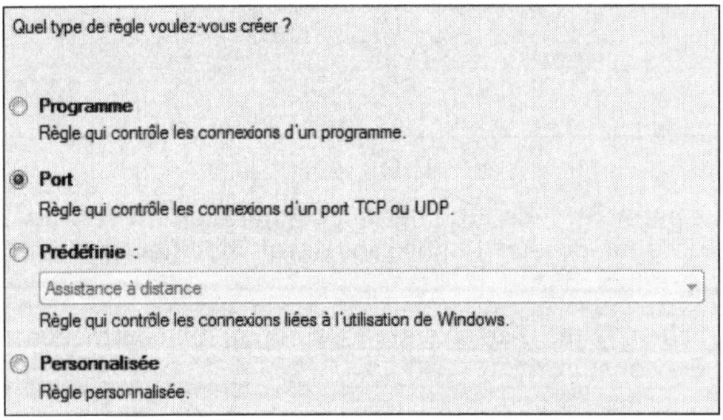

Figure 8.15 : Pare-feu : option Port

6 Choisissez l'option *TCP*, puis *Ports locaux spécifiques*, et entrez 80 dans la zone de saisie. Cliquez sur **Suivant**.

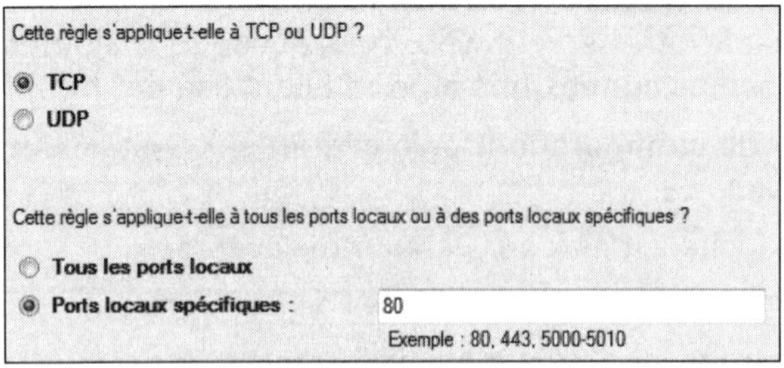

Figure 8.16 : Pare-feu : sélection du protocole et du port

7 Choisissez l'option *Autoriser la connexion* et cliquez sur **Suivant**.

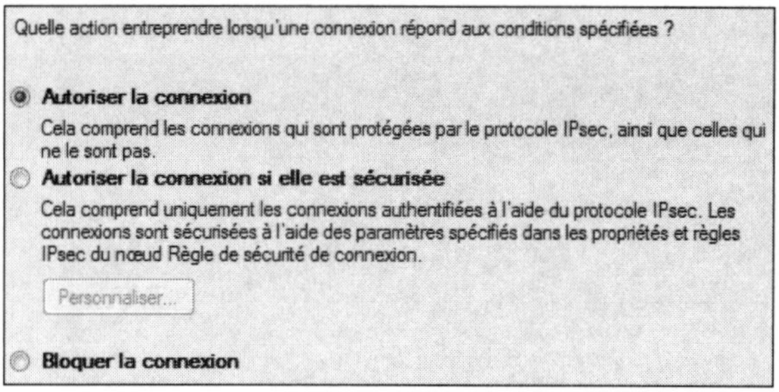

Figure 8.17 : Pare-feu : autorisation de la connexion

8 Choisissez l'option *Privé* et cliquez sur **Suivant**.

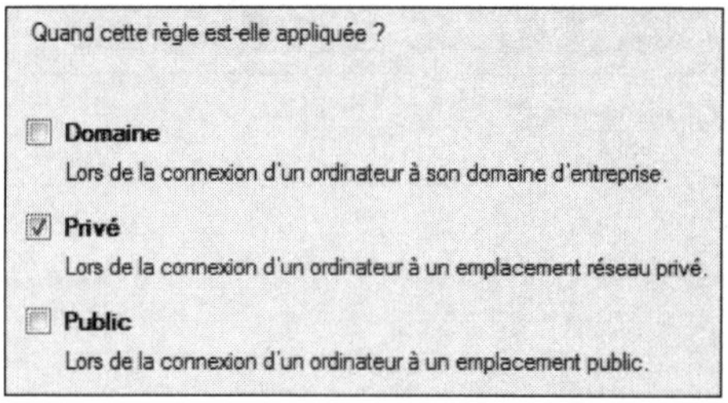

Figure 8.18 : Choix du type de réseau

9 Saisissez un nom et une description (par exemple, WampServer, port 80), puis cliquez sur **Terminer**.

Étape 3 : trouver l'adresse IP locale de l'ordinateur

Lorsque vous accédez à votre serveur web local depuis votre ordinateur, vous saisissez `http://localhost` dans la barre d'adresse. "*local host*" signifie "*cet ordinateur*" et n'a donc pas le même sens sur votre iPhone ou Android. Vous devez donc trouver l'adresse IP de votre ordinateur.

1 Appuyez sur les touches [Win]+[R].

2 Saisissez `cmd`, puis appuyez sur [↵].

3 Saisissez `ipconfig`, puis appuyez sur [↵].

4 Cherchez le nom de la connexion que vous utilisez (dans ce cas, *Connexion réseau sans fil*), et notez l'entrée *Adresse IPv4* (dans ce cas, *192.168.1.55*) (voir fig. 8.19).

Vous pouvez maintenant accéder à votre serveur web local depuis votre smartphone. Dans le navigateur de votre smartphone, saisissez l'adresse `http://`<**adresseIPv4**> (dans ce cas, `http://192.168.1.55`).

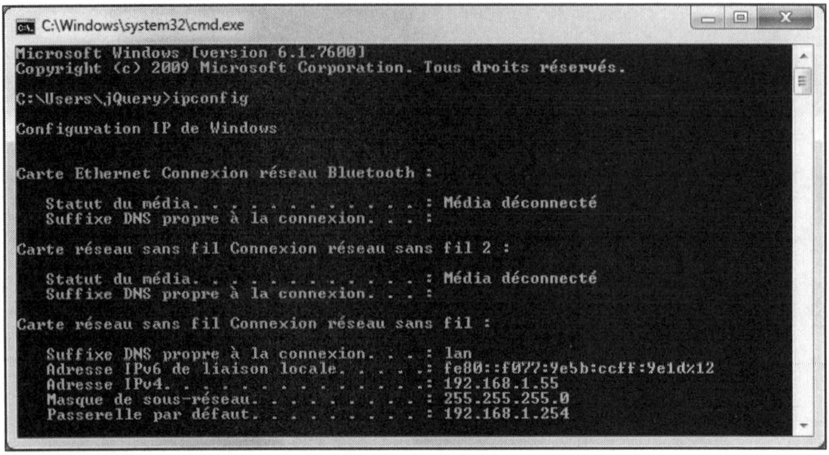

Figure 8.19 : Adresse IP de votre ordinateur sur le réseau local

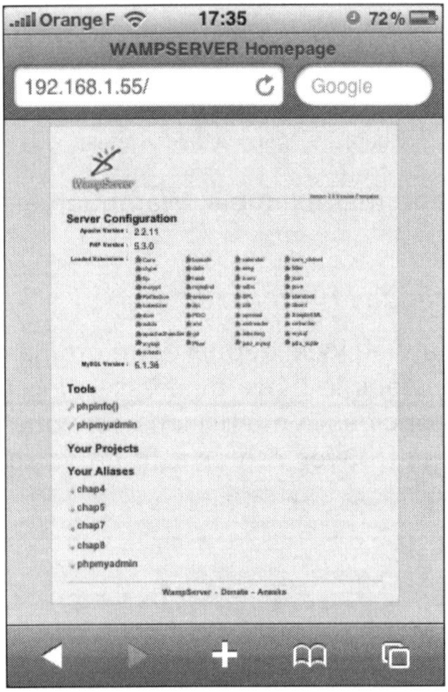

Figure 8.20 : Accès à votre serveur web local depuis un iPhone

ASTUCE

Test depuis un iPhone

Si vous avez un iPhone, vous n'avez pas besoin de trouver votre adresse IP. Vous pouvez utiliser le nom de votre ordinateur. Dans la barre d'adresse de Safari, saisissez `http://<`**`le-nom-de-votre-ordinateur`**`>`.

Si vous n'avez pas de réseau sans fil accessible par votre Smartphone, vous devrez uploader le contenu du site mobile sur votre serveur web (de votre hébergeur), puis y accéder depuis votre smartphone en 3G.

Créer une WebApp

Vous allez créer le site-vitrine d'une association. Vous explorerez ainsi les différentes fonctionnalités de jQuery Mobile. Voici un aperçu du résultat à obtenir :

Figure 8.21 : Les principales interfaces de votre site mobile

Structure HTML mobile

Dans le header de votre fichier HTML, vous devez inclure jQuery, jQuery Mobile et le fichier CSS correspondant à jQuery Mobile.

```
<head>
   <title>Association 112</title>
   <meta name="viewport" content="width=device-width,
   minimum-scale=1, maximum-scale=1">
   <link rel="stylesheet" href="http://code.jquery.com/mobile
  ✂ /latest/jquery.mobile.min.css">
   <script src="http://code.jquery.com/jquery.min.js"></script>
   <script src="http://code.jquery.com/mobile/latest/jquery.mo-
  ✂ bile.min.js"></script>
</head>
```

Cette bibliothèque est disponible en téléchargement sur **http://jquerymobile.com/download/**.

La balise `meta viewport` permet d'ouvrir la page en pleine largeur sur le navigateur `width=device-width`. Les propriétés `minimum-scale` et `maximum-scale` définissent les coefficients de zoom possibles sur le site.

Ensuite, il s'agit d'ajouter du contenu dans la balise `<body>`. Commençons par les deux premiers écrans, Homepage et Objectifs.

```
<!-- HOMEPAGE -->
<div data-role="page" id="homePage">
   <div data-role="header">
      <h1>Association 112</h1>
   </div><!-- / en-tête -->

   <div data-role="content">
      <ul data-role="listview" data-inset="true">
         <li>
            <a href="#objectifs">Objectifs</a>
         </li>
        <li>
            <a href="#listeMembres">
               Equipe
               <span class="ui-li-count ui-btn-up-c
             ✂ ui-btn-corner-all">7</span>
            </a>
         </li>
         <li>
            <a href="3regles.html">
               Les 3 règles
            </a>
         </li>
         <li id="lienActu">
            <a href="#listeActualites">
               Actualités
```

```
            <span class="ui-li-count ui-btn-up-c
            ✂ ui-btn-corner-all">3</span>
          </a>
        </li>
      </ul>
    </div><!-- /contenu -->

    <div data-role="footer" class="ui-bar">
      <a href="#objectifs">Contacts</a>
    </div><!-- /Pied de page -->
</div>


<!-- OBJECTIFS -->
<div data-role="page" id="objectifs">
    <div data-role="header">
      <h1>Objectifs</h1>
    </div><!-- /entete -->

    <div data-role="content">
      <img src="logo.gif">
      Notre association loi 1901 a pour
      objectifs d'enseigner les premiers
      secours à tous les geek.
      Nous mettons à disposition des cours sur
      Internet grâce à notre superbe site en jQuery…
      <br>
      <br>
      01 43 25 43 75
      <br>
      info@association112.fr
    </div><!-- /contenu -->

    <div data-role="footer" class="ui-bar">
      <a href="#objectifs">Contacts</a>
      <a href="#homePage" data-icon="home">Accueil</a>
    </div><!-- /Pied de page -->
</div>
```

Chaque écran est constitué d'une `<div>` ayant un attribut `data-role="page"`. La page se compose de trois sections :

- l'en-tête `data-role="header"` ;
- le contenu `data-role="content"` ;
- le pied de page `data-role="footer"`.

À l'intérieur de ces contenus figure du HTML classique.

Il est possible de naviguer entre les écrans avec des liens. Dans la homepage, un lien (`<a href="`**`#objectifs`**`">Objectifs</a>`) mène vers l'écran *Objectifs* (`<div data-role="page" id="`**`objectifs`**`">…</div>`) .

Lorsque l'utilisateur clique sur ce lien, l'ancre de la page est modifiée : vous pouvez d'ailleurs voir `#objectifs` dans l'URL de la page. Cela permet de restaurer cet écran (*Objectifs*) lorsque l'utilisateur rafraîchit la page au lieu de retourner sur la homepage.

Si vous regardez de plus près le contenu de l'écran *Homepage*, vous remarquez que la liste des sujets `<ul data-role="listview" data-inset="true">` contient des attributs qui permettent à jQuery Mobile de re-designer cette liste pour qu'elle soit plus adaptée à la navigation mobile.

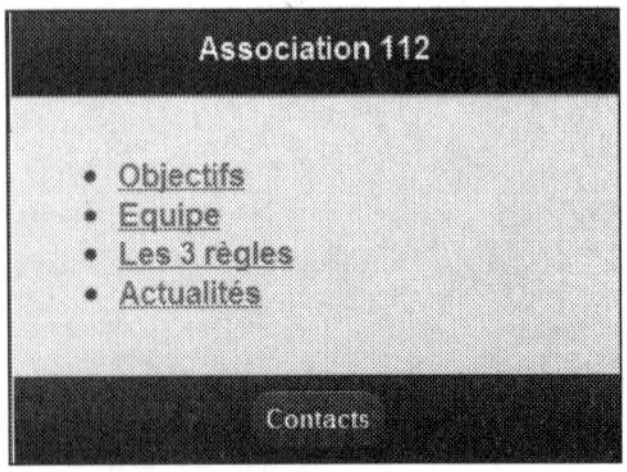

Figure 8.22 : Liste HTML classique

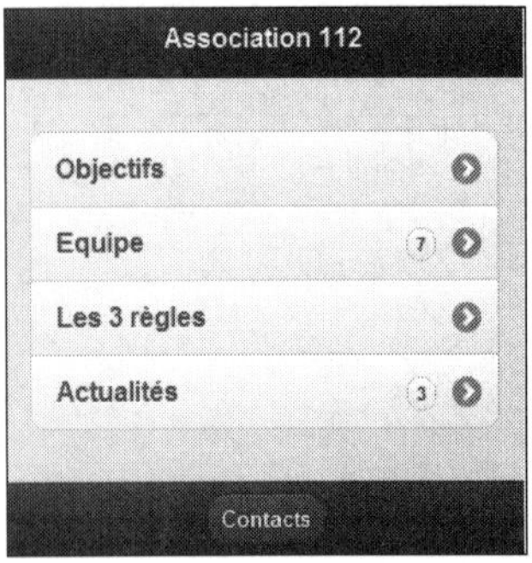

Figure 8.23 : Liste remodelée par jQuery Mobile

L'attribut `data-inset="true"` permet de donner un style "interne" à la liste déroulante, sans cet attribut la liste est affichée en toute largeur.

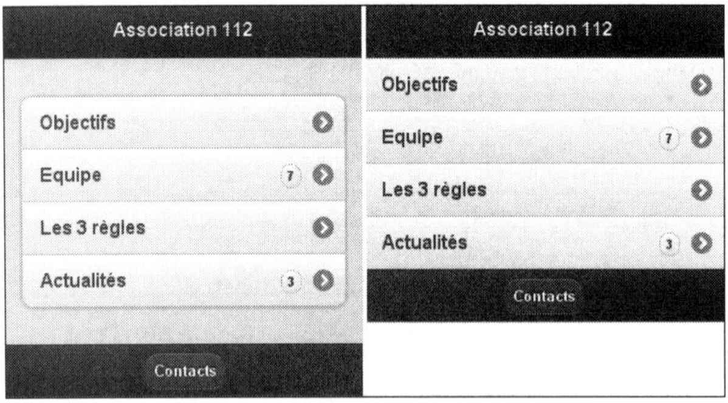

Figure 8.24 : data-inset="true" dans l'image de gauche uniquement

Cette liste contient un chiffre indiquant le nombre d'informations contenues dans cet item ; les classes (`ui-li-count`...) sont visibles dans les exemples de jQuery Mobile (**http://code.jquery.com/mobile/latest/demos/#docs/lists/lists-count.html**).

Vous allez ajouter l'écran Équipe dans le `<body>` du HTML.

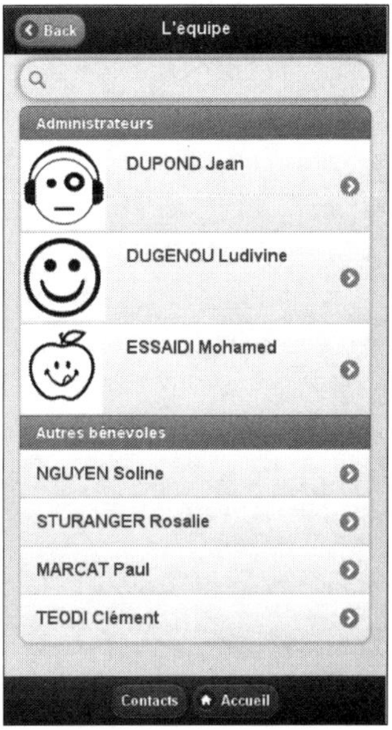

Figure 8.25 : Écran Équipe

Voici le code correspondant à cet écran :

```
<!-- EQUIPE -->
<div data-role="page" id="listeMembres">
   <div data-role="header">
      <h1>L'équipe</h1>
   </div><!-- /entete -->

   <div data-role="content">
      <ul data-role="listview" data-inset="true"
      data-filter="true">
         <li data-role="list-divider">
            Administrateurs
         </li>
         <li>
            <img src="garcon.png">
            <a href="#listeMembres.3">
               DUPOND Jean
            </a>
         </li>
         <li>
            <img src="fille.jpg">
            <a href="#listeMembres.1">
```

```
            DUGENOU Ludivine
         </a>
      </li>
      <li>
         <img src="garcon.jpg">
         <a href="#listeMembres.4">
            ESSAIDI Mohamed
         </a>
      </li>
      <li data-role="list-divider">
         Autres bénévoles
      </li>
      <li>
         <a href="#listeMembres.2">
            NGUYEN Soline
         </a>
      </li>
      <li>
         <a href="#listeMembres.7">
            STURANGER Rosalie
         </a>
      </li>
      <li>
         <a href="#listeMembres.6">
            MARCAT Paul
         </a>
      </li>
      <li>
         <a href="#listeMembres.5">
            TEODI Clément
         </a>
     </li>
    </ul>
  </div><!-- /contenu -->
  <div data-role="footer" class="ui-bar">
    <a href="#objectifs">Contacts</a>
    <a href="#homePage" data-icon="home">Accueil</a>
  </div><!-- /Pied de page -->
</div>
```

Vous utilisez une liste `<ul data-role="listview" data-inset="true" data-filter="true">` pour énumérer chacun des membres de l'équipe. L'attribut `data-filter="true"` fait apparaître un champ de recherche en haut de la liste. Les fonctionnalités de recherche sont automatiquement implémentées ; il n'y a pas besoin d'ajouter de JavaScript supplémentaire pour faire une recherche.

Figure 8.26 : Recherche de Rosalie

Les puces ayant pour attribut `data-role="list-divider"` servent de séparateur. Dans la première partie de la liste (pour les administrateurs), vous avez mis des photos en premier élément. Ces photos sont automatiquement formatées par jQuery Mobile pour s'afficher sur la partie gauche de l'item.

```
<li>
   <img src="garcon.png">
   <a href="#listeMembres.3">
      DUPOND Jean
   </a>
</li>
```

Figure 8.27 : Photo de Jean Dupond

Le lien de cette liste mène vers l'écran `listeMembres.3`. Vous allez donc inclure le HTML correspondant à la fiche de Jean Dupond dans la page.

REMARQUE

Les différents niveaux de navigation

La page correspondant à la liste des membres (`listeMembres`) est sur le premier niveau ; la page de chaque membre sur le deuxième niveau, par exemple `listeMembres.3`. Le point . sert de séparateur des niveaux. Ici l'identifiant de Jean Dupond est 3.

```
<!-- MEMBRES/DUPOND -->
<div data-role="page" id="listeMembres.3">
   <div data-role="header">
      <h1>DUPOND Jean</h1>
```

```
   </div><!-- /entete -->

   <div data-role="content">
      <img src="garcon.png">
      Jean est un le président de l'association, à
      ce titre il dirige les assemblées générales.
      Il est également pompier bénévole.
      <p>
         Tel : 0123456756 <br>
         Mail : jdupond@lucca.fr <br>
         CV : www.CVjdupond.com <br>
      </p>

   </div><!-- /contenu -->

   <div data-role="footer" class="ui-bar">
      <a href="#objectifs">Contacts</a>
      <a href="#homePage" data-icon="home">Accueil</a>
   </div><!-- /Pied de page -->
</div>
```

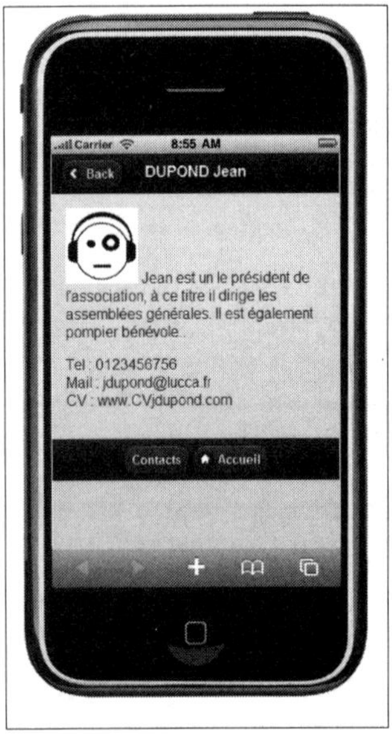

Figure 8.28 : Fiche de Jean Dupond

Lien externe

Au fil des ajouts de code de chaque écran dans la même page HTML, celle-ci devient illisible et assez lourde. Pour remédier à cela, il est possible d'appeler une page web indépendante, comme vous l'avez fait pour l'écran 3 règles.

```
<li>
   <a href="3regles.html">
      Les 3 règles
   </a>
</li>
```

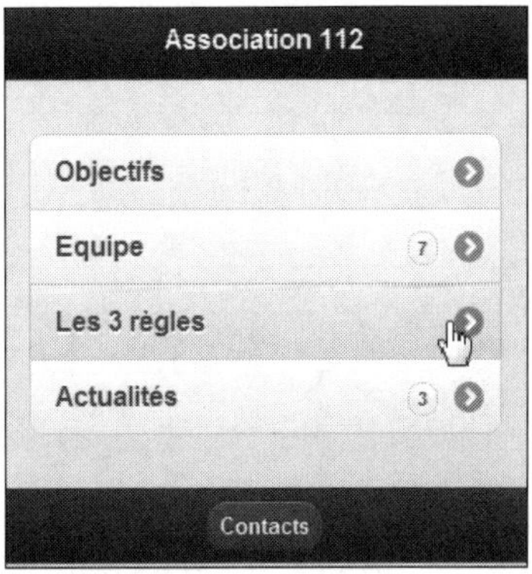

Figure 8.29 : Lien externe vers 3regles.html

Cette page est contenue dans un fichier HTML indépendant, qui n'est appelé qu'au moment où l'utilisateur sélectionne cet item.

```
<html>
 <head>
   <link rel="stylesheet" href="http://code.jquery.com/mobile
  ✂ /latest/jquery.mobile.min.css">
   <script src="http://code.jquery.com/jquery.min.js"></script>
   <script src="http://code.jquery.com/mobile/latest/jquery
  ✂ .mobile.min.js"></script>
</head>
<body>
<div data-role="page" id="3regles">
   <div data-role="header">
      <h1>3 règles de base</h1>
   </div>

   <div data-role="content">
      <div data-role="collapsible">
         <h3>Sécuriser</h3>
         <div>
            Évaluez la situation et les dangers qu'elle
            comporte et sécurisez le lieu de l'accident
           […]
         </div>
      </div>
      <div data-role="collapsible" data-collapsed="true" >
         <h3>Evaluer</h3>
         <div>
            Appréciez l'état de la victime.
            Présentez-vous et parlez-lui […]
```

```
            </div>
         </div>
        <div data-role="collapsible" data-collapsed="true">
            <h3>Prévenir les secours</h3>
            <div>
               Il est très important de bien expliquer la
               situation à vos interlocuteurs (pompiers,
               médecins du SAMU) […]
           </div>
         </div>
      </div>

      <div data-role="footer" class="ui-bar">
         <a href="#objectifs">Contacts</a>
         <a href="#homePage" data-icon="home">Accueil</a>
      </div>
   </div>
   </body>
   </html>
```

On retrouve dans ce fichier la mise en page d'un écran nécessaire à jQuery Mobile pour les traitements de mise en forme (les "rôles" `page`, puis `header`, `content` et `footer`).

On retrouve également l'attribut `collapsible`, qui permet de masquer un paragraphe.

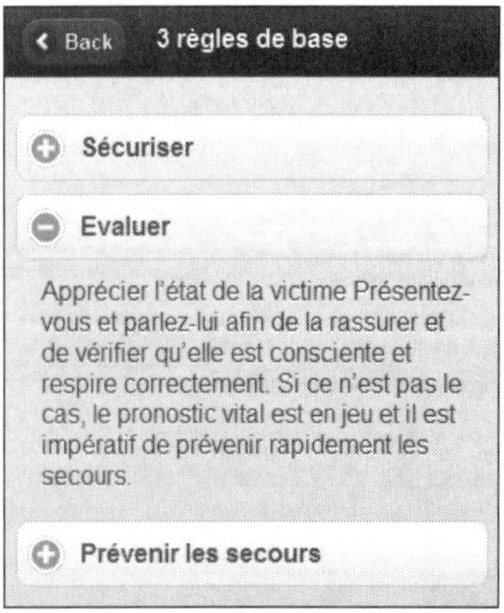

Figure 8.30 : Menus dépliables

Structure JSON mobile

Pour les actualités, vous allez générer le contenu de l'écran à partir d'un flux JSON.

Voici le code de l'écran Actualités, avec un contenu vide :

```
<!-- ACTUALITES -->
<div data-role="page" id="listeActualites">
   <div data-role="header">
```

```
        <h1>Actualités</h1>
        <a href="#listeActualites.ajouter" class="ui-btn-right"
       ✂ data-theme="a" data-icon="plus">NEW</a>
    </div>
    <div data-role="content"></div>
    <div data-role="footer" class="ui-bar">
        <a href="#objectifs">Contacts</a>
        <a href="#homePage" data-icon="home">Accueil</a>
    </div>
</div>
```

Effectuez une requête AJAX pour récupérer les données de cette page et les afficher.

```
// Génération du contenu de la page Actualités
$("#listeActualites").live(
    "pagebeforecreate",
    function(event, ui) {

        $.ajax({
            "url": "fluxActuJSON.php",
            "dataType": "json",
            "async": false,
            "context": this,
            "success": function(tblActus) {
                // Corps de la page
                var html = [];
                var i    = 0;

                $.each(tblActus, function() {
                    html[i++] = '<div data-role="collapsible" >';
                    html[i++] =    '<h3>';
                    html[i++] =       this.titre ;
                    html[i++] =    '</h3>';
                    html[i++] =    '<div>';
                    html[i++] =       this.contenu;
                    html[i++] =       '<br><br>';
                    html[i++] =       this.auteur;
                    html[i++] =    '</div>';
                    html[i++] = '</div>';
                });

                $(this)
                    .find('[data-role="content"]')
                    .html(html.join(''));
            }
        });
    }
);
```

Vous devez tout d'abord attacher votre fonction de génération de contenu à l'événement pagebeforecreate de votre écran. De cette manière, le contenu sera chargé, puis placé dans la page juste avant le début de la transition d'apparition. À l'intérieur de cette fonction, `this` fait référence à l'écran Actualités.

```
$("#listeActualites").live(
   "pagebeforecreate",
   function(event, ui) {
      //génération de contenu
   }
);
```

Ensuite, vous faites un appel au flux généré par votre fichier PHP. Cette syntaxe est la même que celle utilisée pour une page web classique.

RENVOI Reportez-vous à ce sujet au chapitre *Communiquer avec le serveur à l'aide d'AJAX*.

```
$.ajax({
   "url": "fluxActuJSON.php",
   "dataType": "json",
   "async": false,
   "context": this,
   "success": function(tblActus) {
      // Traitement du retour
   }
});
```

Vous utilisez la propriété `context` pour qu'à l'intérieur des fonctions de rappel (`success()`), `this` fasse bien référence à l'écran Actualités.

Vous utilisez une requête synchrone (`"async": false`) pour que la page soit affichée *après* le retour de la requête. Vous vous assurez ainsi que jQuery Mobile va bien remodeler le code HTML généré dans la fonction de rappel `success()`.

Voici la chaîne de caractères envoyée par `fluxActuJSON.php` :

```
[
   {
      "id": 234,
      "titre": "Recrutement",
      "contenu": "Bienvenue à Paul et Clément, nous leur
     ✂ souhaitons une bonne intégration…",
      "auteur": "jdupond@lucca.fr"
   },
   {
      "id": 236,
      "titre": "Journée d'action",
      "contenu": "Comme tous les 16 avril, nous mettons en
     ✂ place la journée d'action. Venez nombreux !",
      "auteur": "pmarcat@lucca.fr"
   },
```

```
    {
      "id": 237,
       "titre": "Site Version Mobile",
       "contenu": "Le site web de notre association est dis-
      ✂ ponible en version mobile",
       "auteur": "jdupond@lucca.fr"
    }
]
```

REMARQUE

Source des actualités

Pour des raisons de simplicité, nous montrons le code JSON des actualités générées par le fichier PHP.

En pratique, ces données sont stockées dans une base de données (table *actualites* par exemple). Le fichier PHP récupère alors ces données dans la base et génère ensuite le JSON à retourner au client. La fonction `json_encode()` (**www.php.net/json_encode**) permet de générer *automatiquement* le code JSON à partir d'un objet PHP.

Dans cet exemple, le serveur retourne donc un tableau de trois objets JavaScript. Chacun de ces objets correspond à une actualité, associée à quatre informations :

- un id ;
- un titre ;
- un contenu ;
- un auteur (adresse email).

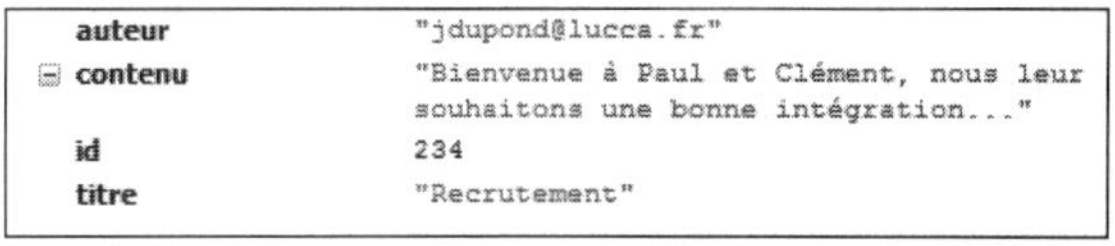

Figure 8.31 : Un objet du tableau vu avec Firebug

La fonction de traitement du retour AJAX commence par itérer sur chaque actualité pour les encapsuler dans des balises HTML.

```
$.each(tblActus, function() {
   html[i++] = '<div data-role="collapsible" >';
   html[i++] =    '<h3>';
   html[i++] =       this.titre ;
   html[i++] =    '</h3>';
   html[i++] =    '<div>';
   html[i++] =       this.contenu;
   html[i++] =       '<br><br>';
   html[i++] =       this.auteur;
   html[i++] =    '</div>';
   html[i++] = '</div>';
});
```

Puis elle injecte ce HTML dans la partie `content` de votre écran.

```
$(this).find('[data-role="content"]').html(html.join(''));
```

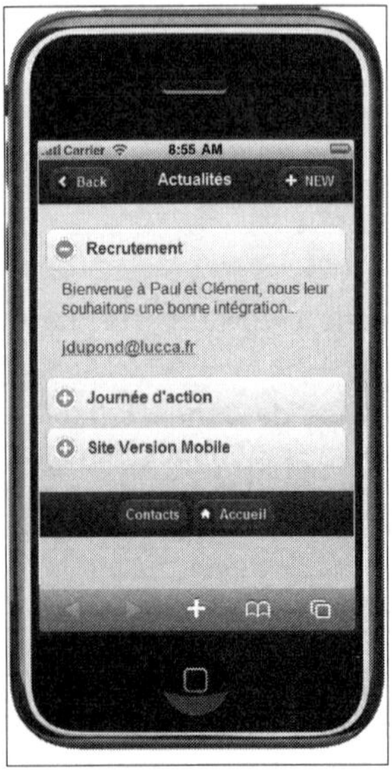

Figure 8.32 : Liste des actualités

La documentation sur l'ensemble des fonctionnalités (listes, boutons, éléments des formulaires...) est disponible sur **http://jquerymobile.com/**, sous forme d'un site mobile.

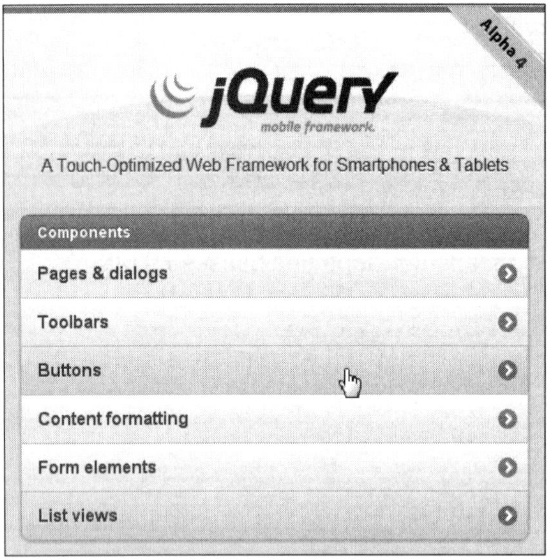

Figure 8.33 : Documentation de jQuery Mobile

Formulaire mobile

Dans l'en-tête de la liste des actualités, vous avez placé un bouton permettant l'ajout d'une actualité.

```
<a href="#listeActualites.ajouter" class="ui-btn-right"
data-theme="a" data-icon="plus">NEW</a>
```

Ce bouton mène vers cet écran :

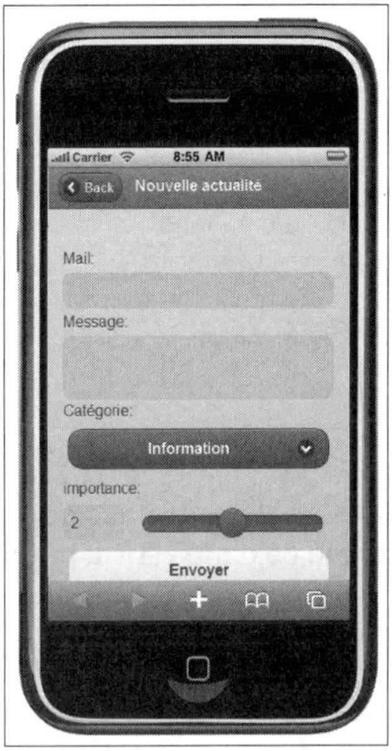

Figure 8.34 : Formulaire mobile pour la création d'une nouvelle actualité

Voici le code de ce formulaire :

```
<!-- ACTUALITES/FORMULAIRE NOUVELLE ACTUALITE -->
<div data-role="page" id="listeActualites.ajouter"
data-theme="b">
   <div data-role="header">
      <h1>Nouvelle actualité</h1>
   </div><!-- /entete -->

   <div data-role="content">
      <form method="get" action="ajouteNews.php">
         <div data-role="fieldcontain">
            <label for="mail">Mail:</label>
            <input type="text" name="mail" id="mail">

           <label for="message">Message:</label>
            <textarea name="message" id="message">
            </textarea>

            <label for="categorie" class="select">
```

```
            Catégorie:
         </label>
         <select name="categorie" id="categorie">
            <option value="Information">
               Information
            </option>
            <option value="Urgence">
               Urgence
            </option>
            <option value="Formation">
              Formation
            </option>
         </select>

         <label for="jauge">importance:</label>
         <input type="range" name="jauge" id="jauge"
         value="2" min="1" max="3" readonly="readonly">

         <input type="submit" value="Envoyer">
      </div>
   </form>
</div><!-- /contenu -->
</div>
```

Les balises HTML de formulaire sont identiques à celles utilisées pour un site web classique. jQuery Mobile transforme ce code HTML pour l'adapter à la navigation mobile.

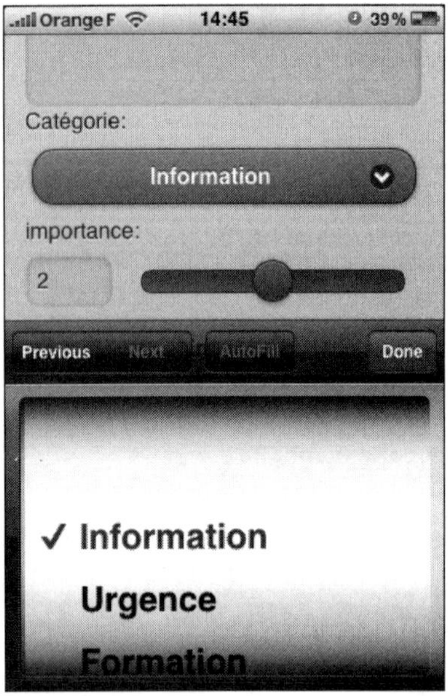

Figure 8.35 : La catégorie utilise la liste déroulante native du smartphone (iPhone dans ce cas)

Cet écran est un exemple de formulaire mobile. Il manque un script PHP (*ajouteNews.php* par exemple) chargé d'ajouter l'actualité à la base de données.

Les événements spécifiques aux mobiles

jQuery Mobile inclut des événements propres aux mobiles (`tap`, `swipe`, entre autres). Vous en avez d'ailleurs déjà utilisé un : `pagebeforecreate` pour le chargement des actualités. Vous allez maintenant inclure un autre événement un peu plus sympathique, `swipeleft` (*swipe* vers la gauche), à la page Actualités pour assurer l'accès à l'écran Ajouter une actualité.

Dans la page principale de votre site mobile (qui intègre l'écran Actualités), ajoutez le code suivant :

```
$("#listeActualites").live(
   "swipeleft",
   function(event, ui) {
      $.mobile.changePage(
         "#listeActualites.ajouter", "slide", false, true
      );
   }
);
```

Pour que l'utilisateur puisse effectuer le *swipe* sur toute la page, vous attachez l'événement à la page (`#listeActualites`), et non à une balise spécifique.

```
$("#listeActualites").live(…);
```

Lorsque l'utilisateur déclenche cet événement, vous devez simplement changer de page. Pour cela, vous utilisez la fonction `$.mobile.changePage()`, qui prend les arguments suivants :

- `to` : page à charger (par exemple *3regles.html*) ou une ancre (par exemple `#listeActualites.ajouter`).
- `transition` : l'effet de transition (`slide`, `slideup`, `slidedown`, `pop`, `fade` et `flip`). Une démo de ces transitions est disponible dans la documentation (**http://code.jquery.com/mobile/latest/demos/#docs/pages/docs-transitions.html**).
- `reverse` : direction inversée pour la transition.
- `changeHash` : met à jour l'ancre dans l'URL.

Dans cet exemple, vous affichez l'écran ayant pour identifiant `listeActualites.ajouter`, avec la transition `slide`. L'URL de la page sera mise à jour, elle finira par `#listeActualites.ajouter`.

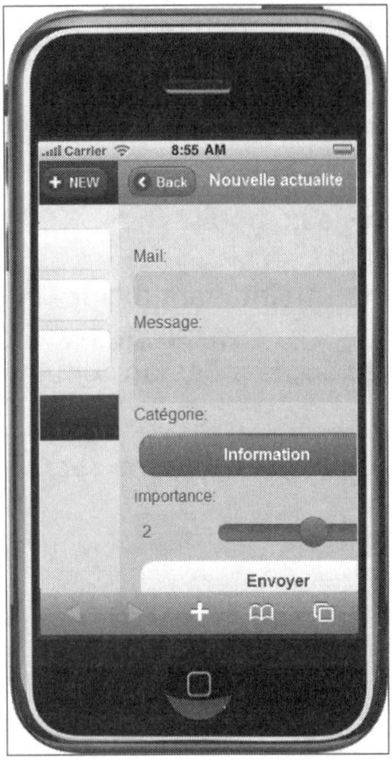

Figure 8.36 : Effet slide lors du chargement du formulaire d'ajout d'une actualité : le formulaire apparaît sur la droite, tandis que la liste des actualités disparaît sur la gauche

Détecter le navigateur pour choisir la version mobile ou non

Lorsqu'un utilisateur accède à votre site, il peut être utile de détecter s'il utilise un smartphone ou un ordinateur de bureau. Vous pouvez alors le rediriger automatiquement vers la même page, version mobile ou bureau.

On fait en général cette détection côté serveur, en utilisant la chaîne *User-Agent* retournée par le navigateur. En PHP, cette valeur est stockée dans le tableau des variables de serveur (`$_SERVER['HTTP_USER_AGENT']`).

Vous n'avez pas besoin d'écrire le code de détection vous-même ; en effet, il existe déjà de nombreuses versions sur Internet. Une classe assez complète est disponible gratuitement sur MobileESP (**http://blog.mobileesp.com**). Celle-ci permet de tester facilement une multitude de plateformes : smartphone, iPhone, iPad, iPod, Android, tablette Android, Google TV, Xbox, etc.

Pour utiliser cette classe sur votre site web, vous avez simplement besoin d'enregistrer le fichier PHP *mdetect.php* sur votre serveur (**http://mobileesp.googlecode.com/svn/PHP/mdetect.php**).

Vous pouvez ensuite l'inclure sur votre page et effectuer le test pour un smartphone :

```
<?php
require_once('mdetect.php');
$uagent_obj = new uagent_info();

if ( $uagent_obj->DetectSmartphone() ) {
   echo 'Version smartphone';
} else {
   echo 'Version bureau';
}
?>
```

REMARQUE

Redirection en PHP

La redirection vers la version mobile ou bureau peut être faite de manière complètement transparente pour l'utilisateur à l'aide de la fonction PHP `header('location: page-de-destination.php')` (**www.php.net/manual/fr/function.header.php**). L'appel à cette fonction doit être fait *avant* que tout contenu soit renvoyé au navigateur.

Figure 8.37 : Le simulateur est bien détecté comme un smartphone

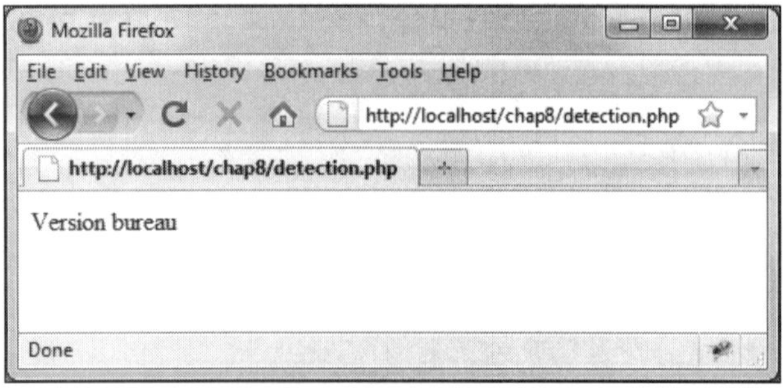

Figure 8.38 : Mozilla Firefox est bien détecté comme un navigateur "normal"

Examinons le code assez rapidement. Vous incluez tout d'abord le fichier *mdetect.php* pour avoir accès à la classe `uagent_info`.

```
require_once('mdetect.php');
```

Vous créez ensuite une nouvelle instance (objet `$uagent_obj`) avec le mot-clé `new`.

```
$uagent_obj = new uagent_info();
```

Vous pouvez ensuite tester un smartphone avec la méthode `DetectSmartphone()`, qui retourne un booléen (`true` si c'est un smartphone et `false` dans le cas contraire).

```
if ( $uagent_obj->DetectSmartphone() ) {
   // Smartphone
}
```

Le fichier *mdetect.php* est bien documenté et assez simple à comprendre. Vous pourrez donc facilement trouver des méthodes pour détecter tout type de plateforme.

Ajouter un code QR contenant l'URL du site-vitrine

Imaginons que l'utilisateur consulte votre site sur son ordinateur et qu'il veut le noter sur son smartphone. Pour cela, il doit saisir l'URL de votre site sur son mobile. Vous pouvez lui simplifier la tâche en ajoutant un code QR contenant l'URL de votre site !

DEFINITION

Code QR

Un code QR (Quick Response, "réponse rapide" en français) est un code-barres en deux dimensions qui peut contenir du texte ou des URL. Il peut être lu par un lecteur de code QR (laser) ou par un smartphone (via la caméra).

Par exemple, le code suivant contient le texte "jQuery: write less, do more" :

DEFINITION

Figure 8.39 : Code QR contenant "jQuery: write less, do more"

Il suffit de chercher `QR` sur l'App Store (Apple) ou l'Android Market pour trouver un lecteur. Si vous êtes fan de Google, vous pouvez installer l'application Rechercher Google sur l'iPhone, ou Goggles sur Android.

L'API Chart de Google (**http://code.google.com/apis/chart/**) permet de créer ses propres codes QR. Elle est utilisée par des générateurs (**http://createqrcode.appspot.com**) et également par des plug-ins jQuery comme QR Code generator (**http://plugins.jquery.com/project/QRCodeGenerator**).

Vous pouvez donc inclure ce plug-in dans un fichier HTML, et ainsi afficher un code QR vers la page mobile de votre site (dans ce cas, vers la documentation de jQuery Mobile).

```
<!DOCTYPE html>
<html>
  <head>
     <title>Code QR</title>
     <script type="text/javascript" src="jquery.min.js">
     </script>
     <script type="text/javascript" src="jquery.QRCode.js">
     </script>
     <script type="text/javascript">
        $(function() {
           $('#qr').QRCode(
              "http://code.jquery.com/mobile/latest/demos",
              {width: 200, height: 200}
           );
        });
     </script>
  </head>
  <body>
     <div id="qr"></div>
  </body>
</html>
```

Figure 8.40 : Utilisation du plug-in QR Code generator

8.4. Check-list

En se basant sur jQuery, la bibliothèque jQuery Mobile dispose de tous les atouts pour faciliter le développement d'une version mobile d'un site web. Ce qu'il faut retenir :

- jQuery Mobile permet de résoudre le problème des plateformes multiples en proposant une interface de développement commune à la plupart des environnements.
- Compte tenu de leurs particularités, les sites mobiles doivent être testés sur des simulateurs ou sur de vrais smartphones.
- jQuery Mobile se base sur une syntaxe HTML enrichie, et sur la notion d'écran :

```
<div data-role="page" id="homePage">
   <div data-role="header">
      <!-- /en-tête -->
   </div>
   <div data-role="content">
      <!-- /contenu -->
   </div>
   <div data-role="footer">
      <!-- /contenu -->
   </div>
</div>
```

- Sur les sites mobiles, les listes sont utilisées intensément. jQuery Mobile propose donc un grand nombre de fonctionnalités natives pour leur gestion (filtres, séparateurs, images...).
- Les interfaces des formulaires sont automatiquement adaptées aux mobiles (jauges, listes déroulantes, bouton On/Off...).

ANNEXES

9.1. L'objet jQuery

La fonction `$()` retourne toujours un objet jQuery. Voyons en détail la nature de cet objet jQuery.

RENVOI

Pour en savoir plus sur cette fonction, reportez-vous au chapitre : *Créer une première page avec jQuery.*

Vous allez utiliser un fichier HTML assez simple :

```
<html>
   <head>
      <title>Objet jQuery</title>
      <script type="text/javascript" src="jquery.min.js"></script>
   </head>
   <body>
      <div></div>
      <div class="maClasse"></div>
      <div id="maDIV"></div>
   </body>
</html>
```

Ce code contient trois balises <div> :

- une balise sans aucun attribut ;
- une balise avec la classe CSS `maClasse` ;
- une balise avec un identifiant `maDIV`.

Si vous saisissez `$('div')` dans la console de Firebug, vous obtenez :

```
[div, div.maClasse, div#maDIV]
```

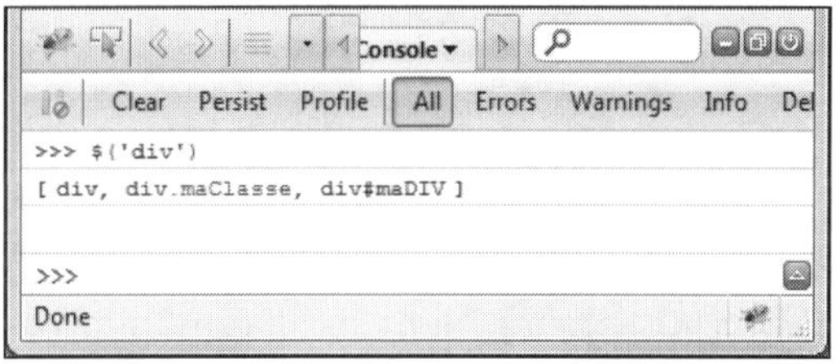

Figure 9.1 : Résultat de $('div') dans Firebug

L'objet jQuery a la propriété `length`, qui permet de connaître le nombre d'éléments qu'il contient. Vous pouvez également accéder à chaque élément via son index numérique, de `[0]` à `[length-1]`.

A priori, un objet jQuery est donc un *tableau* JavaScript contenant les éléments DOM correspondant au sélecteur donné.

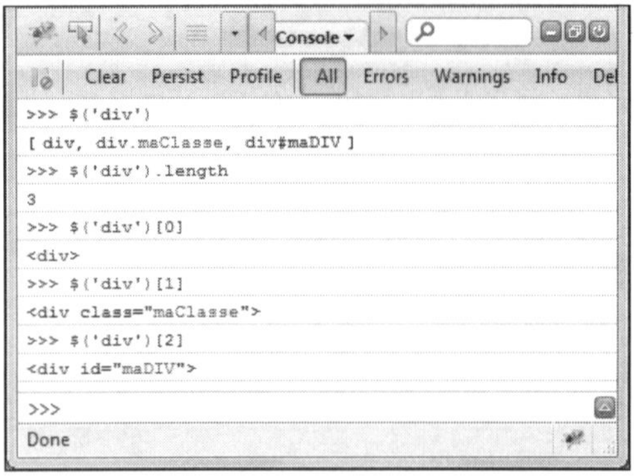

Figure 9.2 : Objet jQuery : propriété length et index de chaque élément

Les tableaux JavaScript disposent de la fonction `join(separateur)`, qui permet de concaténer toutes les entrées du tableau et de les séparer par la chaîne `separateur`. Par exemple, le code suivant :

```
tab = [1, 2, 3, 4, 5]
tab.join(' - ')
```

retourne la chaîne "1 - 2 - 3 - 4 - 5".

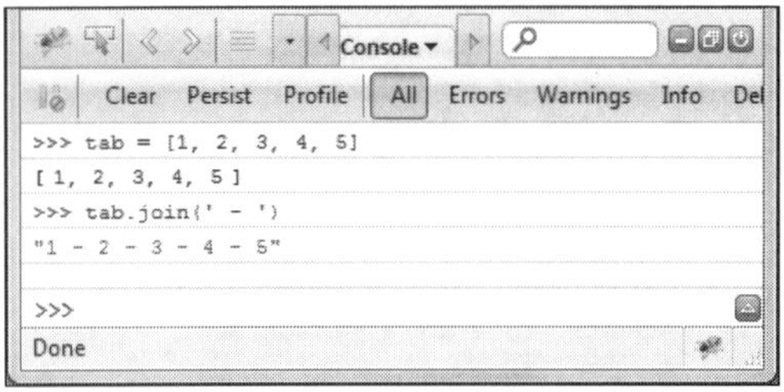

Figure 9.3 : Fonction join() des tableaux

Vous pouvez tester la même fonction sur un objet jQuery (`$('div')`).

```
objetjQuery = $('div')
objetjQuery.join(' - ')
```

Ce code renvoie une erreur "*TypeError: objetjQuery.join is not a function*". Les objets jQuery n'ont pas la fonction `join()` ; *ce ne sont donc pas des tableaux JavaScript !* Un objet jQuery serait donc simplement une collection d'éléments DOM.

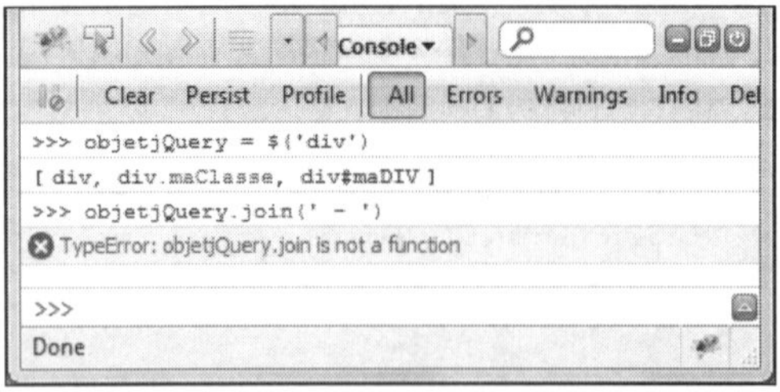

Figure 9.4 : Fonction join() sur un objet jQuery

Vous pouvez également vérifier cela avec la fonction jQuery `$.type()`, qui permet d'identifier le type d'un objet.

```
$.type(1)               // Un nombre
$.type('Une chaîne')     // Une chaîne
$.type([1, 2, 3])        // Un tableau (array)
$.type($('div'))         // Un objet jQuery
```

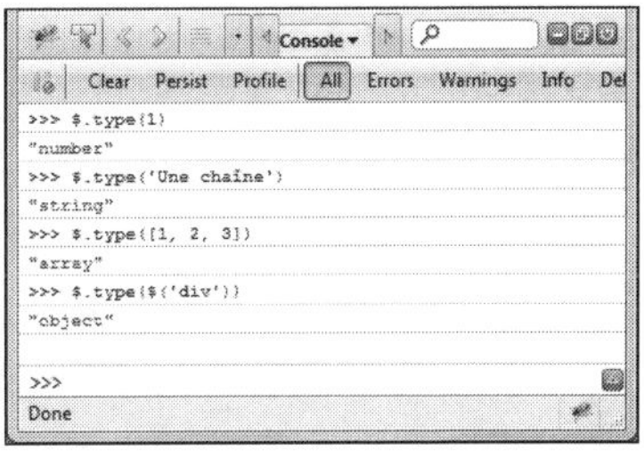

Figure 9.5 : Résultat de la fonction $.type()

La fonction JavaScript `document.getElementById()` retourne l'élément DOM correspondant à l'identifiant donné. Vous pouvez donc utiliser cette fonction pour vérifier que les éléments retournés par `$()` sont bien des éléments DOM.

Définissez tout d'abord la variable `elementDOM`, l'élément DOM qui a pour identifiant `maDIV`.

```
elementDOM = document.getElementById('maDIV')
```

Définissez ensuite la variable `objetjQuery`, l'objet jQuery qui contient seulement la `<div>` ayant pour identifiant `maDIV`.

```
objetjQuery = $('#maDIV')
```

Vous pouvez maintenant comparer l'élément DOM `elementDOM` avec le premier (et seul) élément de l'objet jQuery `objetjQuery[0]`.

```
elementDOM == objetjQuery[0]
```

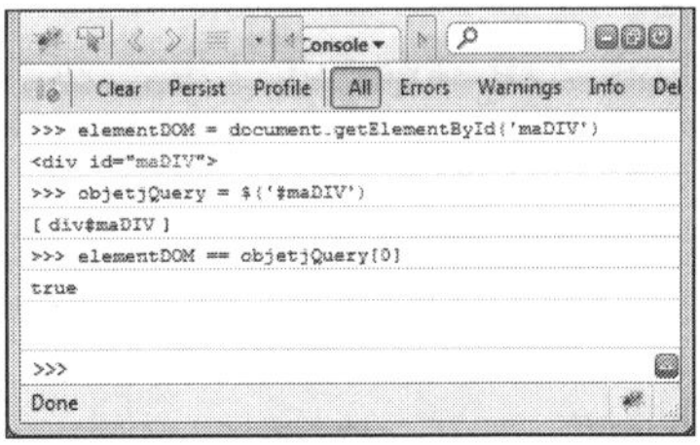

Figure 9.6 : Comparaison d'un élément DOM avec une entrée d'un objet jQuery

`elementDOM` est bien égal à `objetjQuery[0]`. L'objet jQuery contient donc bien des éléments DOM.

Un objet jQuery est donc bien une *collection d'éléments DOM !* Cette collection a ses propres fonctions (les fonctions jQuery), comme `.html()`, `.css()`, etc.

Par abus de langage, on utilise régulièrement le mot "tableau" pour désigner cette collection d'éléments DOM.

9.2. Webographie

Voici une liste des sites que nous utilisons quotidiennement pour nos développements web, et aussi quelques sites qui valent vraiment le détour !

Alsacréations

www.alsacreations.fr

Site d'une agence web de création de sites et de formation web. Ils ont une excellente gestion des CSS (allez le visiter avec Chrome ou Firefox et modifiez la taille de la fenêtre !).

Firebug

www.getfirebug.com

Site officiel de Firebug, l'extension de Firefox. Il contient de nombreuses aides pour les débutants, et pour ceux qui souhaitent approfondir leurs connaissances de cet outil indispensable au développement web.

jQuery

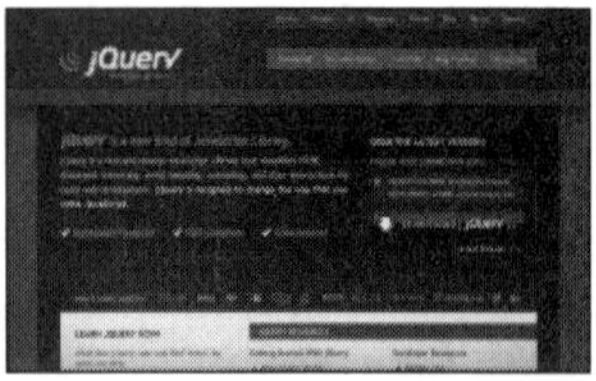

www.jquery.com

Site officiel de la bibliothèque jQuery, avec une documentation complète (mais en anglais) de toutes les fonctions jQuery. Vous trouverez également une base de données de plug-ins et des tutoriaux.

jQuery Mobile

www.jquerymobile.com

Site officiel de la bibliothèque jQuery Mobile. La documentation (en anglais) est optimisée pour les mobiles !

jQuery Project

www.jquery.org

Site du projet jQuery, qui regroupe jQuery Core, jQuery UI, Sizzle (moteur de sélecteur) et QUnit (outil de test de régressions).

jQuery UI

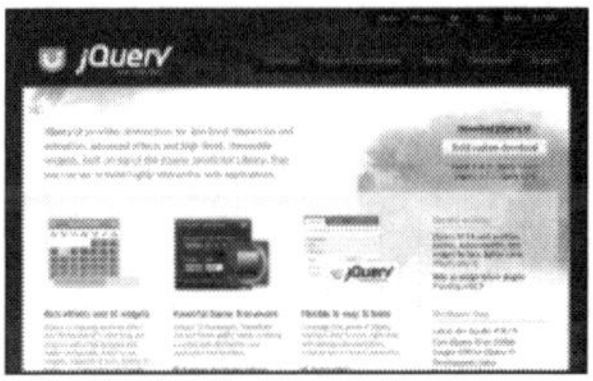

www.jqueryui.com

Site officiel du plug-in jQuery UI. Il contient la documentation de chaque effet et widget, accompagnée d'excellentes démos. Il contient également un outil permettant de customiser les thèmes des widgets.

jQuery.info

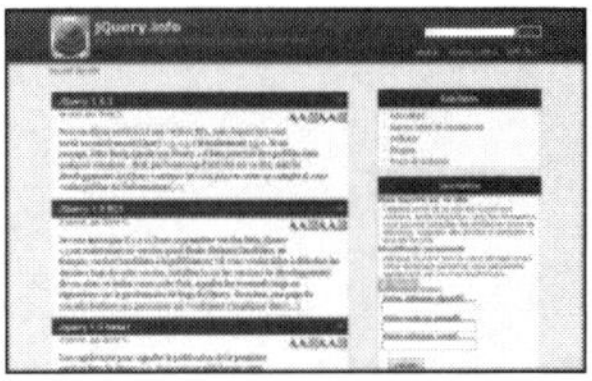

www.jquery.info

Un site français dédié à jQuery. Vous trouverez les dernières nouvelles sur jQuery, des tutoriaux, ainsi que des trucs et astuces.

Le Site du Zéro

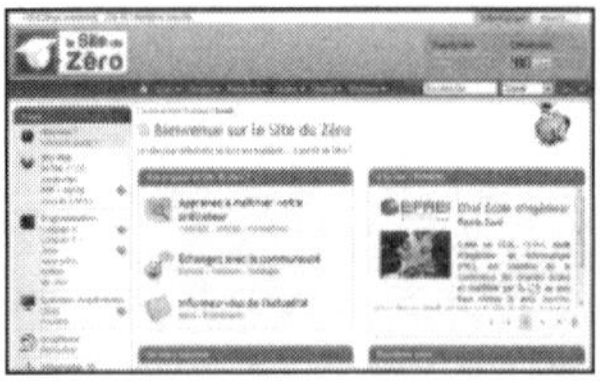

www.siteduzero.com

Site dédié à l'apprentissage des langages de programmation (C, C++, PHP, JavaScript...). Il contient également des tutoriaux sur des bibliothèques JavaScript comme jQuery et Mootools.

Mobile Web Application Best Practices

www.w3.org/TR/mwabp

Les recommandations du W3C (World Wide Web Consortium) pour le développement des applications web pour mobile (en anglais).

PHP

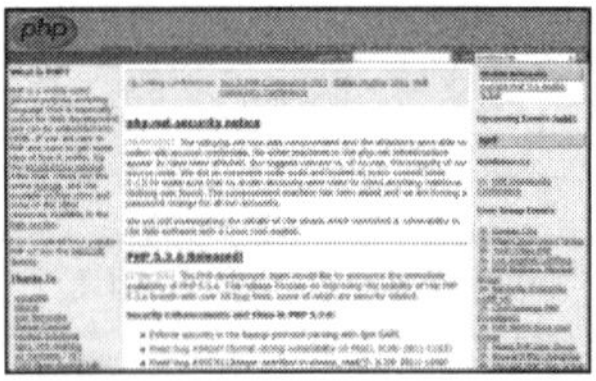

www.php.net

Site officiel du langage de programmation PHP. La documentation détaillée est disponible en français.

ToutJavaScript

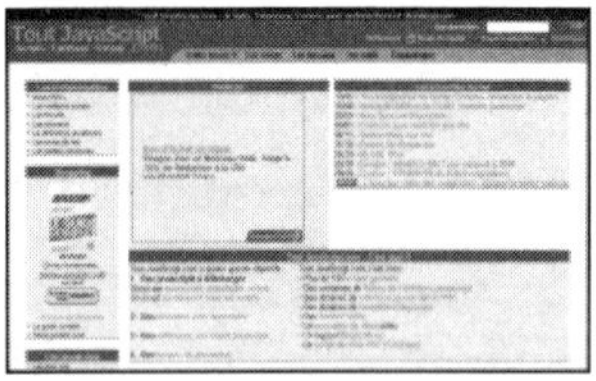

www.toutjavascript.com

Site spécialisé sur JavaScript, avec de nombreux tutoriaux. Il propose également une excellente référence de tous les objets JavaScript.

W3Schools

www.w3schools.com

Excellent site dédié aux langages de développement web (HTML, CSS, JavaScript, ASP .NET...). Il contient de nombreux tutoriaux, ainsi que des guides de référence.

WampServer

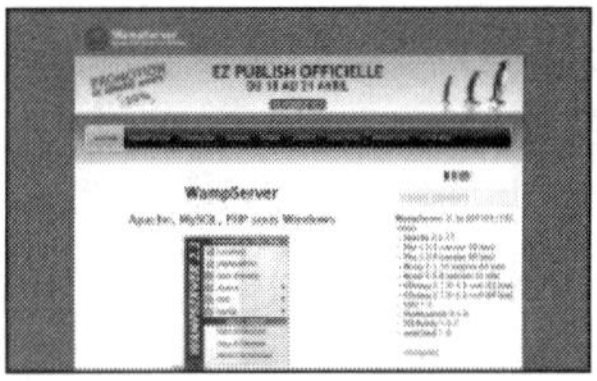

www.wampserver.com

Site officiel de WampServer, pour le développement web sous Windows. Il permet d'installer facilement et de configurer Apache, MySQL, PHP et PHPMyAdmin.

Zen Garden

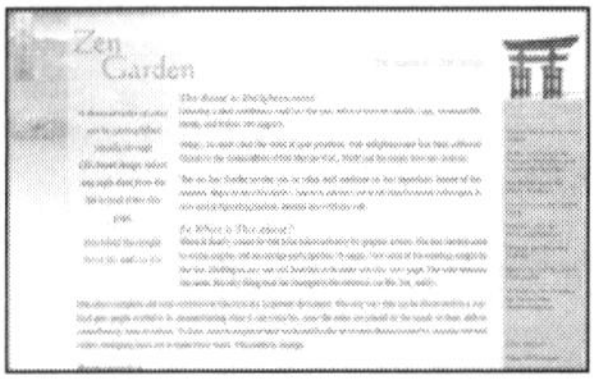

www.csszengarden.com

Site de référence pour les thèmes CSS : la présentation du site change complètement lorsque l'on change la feuille de style !

!

A

B

C

D

E

F

G

H

I

J

L

M

N

O

P

Q

R

S

T

U

V

W

X

Composé en France par Jouve

Imprimé en France. - JOUVE, 1, rue du Docteur Sauvé, 53100 MAYENNE
N° 661984V. - Dépôt légal : juin 2011